周谷城史学思想研究

邢战国 著

中国社会科学出版社

图书在版编目(CIP)数据

周谷城史学思想研究／邢战国著．—北京：中国社会科学出版社，2022.1

ISBN 978-7-5203-9163-4

Ⅰ.①周… Ⅱ.①邢… Ⅲ.①周谷城(1898-1996)—史学思想—研究 Ⅳ.①K092.6

中国版本图书馆 CIP 数据核字(2021)第 189541 号

出 版 人	赵剑英
责任编辑	安　芳
特约编辑	梁　钰
责任校对	张爱华
责任印制	李寡寡

出　　版	中国社会科学出版社
社　　址	北京鼓楼西大街甲 158 号
邮　　编	100720
网　　址	http://www.csspw.cn
发 行 部	010-84083685
门 市 部	010-84029450
经　　销	新华书店及其他书店
印　　刷	北京明恒达印务有限公司
装　　订	廊坊市广阳区广增装订厂
版　　次	2022 年 1 月第 1 版
印　　次	2022 年 1 月第 1 次印刷
开　　本	710×1000　1/16
印　　张	15.25
插　　页	2
字　　数	220 千字
定　　价	78.00 元

凡购买中国社会科学出版社图书，如有质量问题请与本社营销中心联系调换

电话：010-84083683

版权所有　　侵权必究

目　　录

绪论 …………………………………………………………（1）
 第一节　周谷城生平事略 ………………………………（1）
 第二节　选题意义 ………………………………………（6）
 第三节　研究现状 ………………………………………（7）
 第四节　研究思路和方法 ………………………………（18）

第一章　思想基础的奠定 ………………………………（20）
 第一节　《生活系统》的生成 …………………………（20）
 第二节　《生活系统》的内容 …………………………（22）
 第三节　《生活系统》的运用 …………………………（42）
 小结 ………………………………………………………（44）

第二章　中国社会史思想 ………………………………（46）
 第一节　《中国社会史论》的生成 ……………………（46）
 第二节　《中国社会史论》的内容 ……………………（49）
 第三节　《中国社会史论》的特色 ……………………（78）
 小结 ………………………………………………………（83）

第三章　中国通史思想 …………………………………（85）
 第一节　周著《中国通史》的生成 ……………………（85）
 第二节　"历史完形论"解析 …………………………（86）
 第三节　周著《中国通史》的结构 ……………………（101）

第四节　周著《中国通史》的内容 …………………………（107）
　　第五节　周著《中国通史》的特色 …………………………（143）
　　小结 ……………………………………………………………（147）

第四章　世界通史思想 ……………………………………………（149）
　　第一节　周著《世界通史》的生成 …………………………（149）
　　第二节　周著《世界通史》的结构 …………………………（150）
　　第三节　周著《世界通史》的内容 …………………………（157）
　　第四节　周著《世界通史》的特色 …………………………（176）
　　小结 ……………………………………………………………（182）

第五章　其他重要史学思想 ………………………………………（183）
　　第一节　历史分期问题 ………………………………………（183）
　　第二节　批判"欧洲中心论" …………………………………（188）
　　第三节　历史教育思想 ………………………………………（196）
　　第四节　"世界文化综合说" …………………………………（201）
　　小结 ……………………………………………………………（207）

结语 …………………………………………………………………（209）

参考文献 ……………………………………………………………（212）

附录　周谷城学术系年 ……………………………………………（226）

后记 …………………………………………………………………（240）

绪　　论

第一节　周谷城生平事略

　　周谷城（1898—1996），湖南益阳人，近现代著名史学家和社会活动家。周谷城出身于农家，周父去世得早，周母虽是文盲，却很有主见，坚持送他上学。周谷城深受其母影响，性格倔强。周谷城7岁时开始在周氏族立小学读书，前后历时8年。周谷城平时在校读书，农忙时就帮家里干活。周氏族立小学以旧学为主，周谷城在这里学到了一些古典文献知识。

　　1913年，周谷城考入湖南省立一中，开始如饥似渴地学习新知识。周谷城喜欢学习英语，古文功底扎实，擅长作文。1917年，周谷城中学毕业，考入北京高等师范学校英语部（以下简称北京高师，今北京师范大学）。北京高师条件优越，周谷城又酷爱学习，在这里简直是如鱼得水。除了学习英语之外，周谷城还广泛涉猎哲学、社会学、教育学和心理学等知识。在北京高师期间，新文化运动正走向高潮。周谷城耳濡目染，深受影响，思想变得极为活跃。五四运动时期，周谷城广泛涉猎各种新思潮书籍，有实用主义的、无政府主义的，也有不少马克思主义的。他系统阅读詹姆士、柏格森、罗素和杜威等人的哲学著作，也系统读过克鲁泡特金和蒲鲁东等人的著作。其中，最令周谷城折服的还是恩格斯的《乌托邦以及科学的社会主义》（今译《社会主义从空想到科学的发展》）。周谷城如获至宝，读之再三。受何炳松、钱玄同和王桐龄等学者影响，周谷城对历史学产生了浓厚兴趣。早在北京高师期间，周谷城已初步接受了马克思主义。北京高师毕业前夕，他出面组织并参与了一场有关"人类社会应当不应当存在单独的知识阶级"的辩论赛。周谷城还发表有《论美学》一文，并由此萌生著书立说的想法。

1921年春，周谷城提前半年离开北京高师，应邀到湖南第一师范学校（以下简称湖南一师）任教。在湖南一师，周谷城结识了同在这里任职的毛泽东。两人志趣相投，从此结下深厚友谊。为更好地学习马克思主义理论并提高自己的外文水平，周谷城从日本函购两套《资本论》（一套英文版，一套德文版）。1923年，周谷城以杜威的伦理学著作为基础编译《实验主义伦理学》一书，由商务印书馆出版。周谷城在书中指出："杜威是实验主义的创始者；他讲伦理或道德，也是以他的主义为根据。他对于伦理学上许多重要问题，都有很圆满的解决。"①周谷城虽广泛涉猎，但对各派学说都保留意见，决心构建自己的思想体系。1924年，周谷城撰写的《生活系统》一书由商务印书馆出版发行。《生活系统》奠定了周谷城的思想基础，对其后的人生道路和学术研究产生了深远影响。

大革命期间，周谷城在毛泽东的影响下参与了两湖农民运动。1926年，周谷城前往大革命策源地广州了解情况。毛泽东听说后专门找到他，邀请他到农民运动讲习所工作，周谷城因湖南一师工作未辞而婉拒。北伐军攻下长沙后，周谷城应毛泽东邀请担任湖南农民协会顾问，兼农民运动讲习所教员。在此期间，周谷城运用剩余价值学说撰写文章，揭露地租的剥削性质。1927年春，北伐军占领武汉，周谷城也来到武汉。他先是在邓演达主持的国民党中央军事委员会总政治部工作，后来又转到由毛泽东主持的全国农民协会工作，任宣传干事。1927年4月，周谷城撰写《中国农村社会之新观察》一文，刊发后社会反响强烈。大革命时期，周谷城与毛泽东、何叔衡、徐特立、夏明翰、邓演达等人交往密切。大革命失败后，两湖反动势力猖

---

① ［美］杜威：《实验主义伦理学》，周谷城编译，上海商务印书馆1923年版，"序"第1页。

绪　论

獗，周谷城只好远走上海避难。

在上海避难期间，周谷城在周予同等人的帮助下先后到中国公学、劳动大学和暨南大学附中等学校授课。此外，还为《民铎》《教育杂志》《东方杂志》撰稿。周谷城和许德珩、陈翰笙等人一道组织社会科学研究会，相约著书立说。1928年，周谷城先后翻译尼林《文化之出路》①、亚诺得《战后世界政治之关键》②《苏联的新教育》《苏联外交及其邻国》③ 等进步书籍。1929年，周谷城撰写的《农村社会新论》④《中国教育小史》⑤ 出版发行。与此同时，他还发表了多篇有关中国历史和教育的文章。这些文章因针砭时弊而触怒了反动当局，以致后来写的文章无处可发，周谷城只好另谋出路。1930年，周谷城参与发起邓演达领导的中国国民党临时行动委员会（中国农工民主党前身），该组织旨在反抗蒋介石集团的反动统治。

1930年秋，周谷城应邀前往广州中山大学任教并担任社会学系主任，从此开始大学教授生涯。周谷城聘请杨东莼讲授唯物论，张粟原讲授文化人类学，他本人讲授中国社会发展史。为让学生多了解进步理论，他还开设用英文讲授的"社会科学名著选读"课，内容有马克思、恩格斯的《共产党宣言》，摩尔根的《古代社会》，恩格斯的《家庭、私有制和国家的起源》以及黑格尔的《历史哲学》等。这些进步课程深受学生欢迎，但也招致学校当局的仇视，他们攻击周谷城宣传"赤化"，扬言以子弹对付。恰在此时，上海暨南大学聘请他去任教，周谷城也就顺势返回了上海。⑥

20世纪30年代初，周谷城的学术重点是社会学。他相继撰写了

---

① ［美］尼林：《文化之出路》，周谷城译，上海新宇宙书店1928年版。
② ［美］亚诺得：《战后世界政治之关键》，周谷城译，上海春潮书局1928年版。
③ 《苏联的新教育》和《苏联外交及其邻国》的著者为英国人，周谷城翻译这些书籍既是谋生的需要，也是宣传进步理论的需要。参阅吕涛、周骏羽编《周谷城传略》，山西人民出版社1988年版，第27页。
④ 周谷城：《农村社会新论》，上海远东图书公司1929年版。
⑤ 周谷城：《中国教育小史》，上海泰东书局1929年版。
⑥ 国务院学位委员会办公室编：《中国社会科学家自述》，上海教育出版社1997年版，第878页。

《中国社会之结构》《中国社会之变化》《中国社会之现状》三部社会学著作（后来合称《中国社会史论》），由上海新生命书局出版。在此期间，周谷城还翻译了《社会学大纲》①、《黑格尔逻辑学大纲》②和黑格尔《小逻辑》的一部分。

  1932年秋，周谷城开始在上海暨南大学任教，兼任史地系主任，主要讲授中国通史。周谷城认为，要教书就要著书。经多年努力，周著《中国通史》在1939年撰写而成，由上海开明书局出版发行。但是反动当局认定该通史有马克思主义嫌疑而加以查禁，校方也责令他改教世界史。周谷城认为要研究好中国史，就不能不了解世界史，两者结合起来，研究才能深入。③ 1940年，周谷城撰写《中国政治史》④一书，由中华书局出版。该著既不同于一般的政治思想史和政治制度史，也不同于叙述理乱兴衰的政治史，而着重阐述"支配政治的主要社会势力"。

  1941年12月，太平洋战争爆发，上海"孤岛"沦陷。周谷城在转移途中被日伪羁押几十天时间，后经营救才得以脱身。从1942年开始，周谷城在陈望道等人的引荐下前往复旦大学任教。他最初在新闻系开设"时事英语选读"课，在文学院开设"西洋通史"课，后来在史地系开设"西洋近古史"课。除教书之外，周谷城和同在重庆的郭沫若、翦伯赞、侯外庐、陶行知等知名人士过从甚密，并一道从事民主运动。与此同时，他颇为关注国际局势，相继翻译出《美国与战后新世界之关系》和《新英国与新世界之计划》两本书⑤。此外，他还发表一些政论性文章，严厉抨击国民党的专制统治，积极引导民主运动。

  1946年春，复旦大学迁回上海，周谷城担任历史系主任。国民党发动全面内战后，他和张志让、潘震亚、沈体兰、翦伯赞等人发起

---

① ［美］尼林：《社会学大纲》，周谷城译，上海大东书局1933年版。
② ［德］黑格尔：《黑格尔逻辑学大纲》，周谷城译，商务印书馆1951年版。
③ 周谷城：《周谷城自传》，《晋阳学刊》1980年第2期。
④ 该书与周著《中国通史》一脉相承，基本观点相同或接近，本书不再专门分析之。
⑤ 《美国与战后新世界之关系》和《新英国与新世界之计划》由重庆独立出版社出版，出版时间为1943年。

成立大学教授联谊会（简称"大教联"），在报纸上发表反战宣言。1947年夏，因支持学生运动，周谷城被解除系主任职务。此后，他以主要精力撰写《世界通史》。1949年，《世界通史》（前三册）撰写完成，由商务印书馆出版发行。

上海解放后，周谷城被任命为华东军政委员会教育委员会委员兼复旦大学教务长。1949年9月，周谷城还出席了在京举行的中国人民政治协商会议，参与中华人民共和国成立的筹备事宜。高校"院系调整"工作开始后，周谷城以复旦大学教务长的身份努力邀请各地著名学者到复旦大学工作，成效显著。他还大力整顿校风、校纪，使教学工作得以正常开展。

周谷城为上海的哲学社会科学做了不少工作。1951年，受郭沫若和翦伯赞等人的委托，周谷城发起成立中国新史学会上海分会（后改为上海市历史学会），并长期担任会长一职。在周谷城等人的努力下，上海史学会发展成具有一定影响力的学术团体。1956年，周谷城参加上海市哲学社会科学学会联合会（今上海社科联）的筹备工作，该会1958年3月成立，他当选为副主席。

与此同时，周谷城仍在复旦大学从事教学、科研活动。20世纪50年代初，周谷城撰文阐发中国奴隶社会问题，在古史分期上提出独树一帜的历史分期观。1956年，周谷城出版《古史零证》一书，显示出他在古史考证方面的深厚功力。20世纪五六十年代，周谷城接连发表文章，猛烈批判"欧洲中心论"。

中华人民共和国成立初期，受苏联学术影响，中国学术界曾出现把形式逻辑和辩证法混为一谈的不良倾向。周谷城虽不是专业的逻辑学家，但是他有深厚的逻辑学素养。他撰文讨论形式逻辑和辩证法问题，阐述两者之间的区别和联系。周谷城的学术观点很快就受到批判和围攻，但他顽强辩论。

20世纪60年代初期，周谷城相继发表《史学与美学》等三篇文章[①]，

[①] 周谷城：《史学与美学》，《光明日报》1961年3月16日；周谷城：《礼乐新解》，《文汇报》1962年2月9日；周谷城：《艺术创作的历史地位》，《新建设》1962年第12期。

结果引发一场全国性大论战。他在文章中系统阐述史学、美学和哲学问题，招致"斗争哲学"的激烈围攻和批判。在"文化大革命"期间，周谷城受到迫害，但他始终没有屈服，也没有意志消沉。

"文化大革命"结束后，周谷城重获解放，心情激动①，虽年事已高，仍壮心不已。他一面参加繁忙的社会活动，一面坚持教学、科研活动。他先后担任上海市人大常委会副主任兼文教委员会主任，上海市政协副主席，全国人大常委会副委员长兼教育科学文化卫生委员会主任委员，第五届全国政协常委，中国农工民主党上海市委员会主任委员、中央委员会委员、主席团成员、副主席、主席、名誉主席等多项职务，为党和国家的大政方针建言献策。② 周谷城还领导了上海社联、上海史学会等学术团体的恢复工作，并担任中国历史学会的执行主席。周谷城满腔热情地投入教学、科研之中，坚持登台授课，培养出"文化大革命"后我国第一批硕士和博士。与此同时，他还为新时期文化科教事业的发展而奔走呼吁，极力倡导文化及文化史研究，力主中西文化交流。周谷城重视历史的教育功能，对新时期的历史教育工作提出了不少真知灼见。

第二节 选题意义

周谷城"纵说今古，横说中外"，治学广泛，涵盖史学、哲学、美学、社会学、教育学、政治学、经济学和逻辑学等领域。周谷城高寿98岁，堪称世纪老人，其学术生涯从"五四"时期直到20世纪90年代前期，几乎历经20世纪的每个重要时期。周谷城学术成果丰

---

① 周谷城在座谈会上十分激动地说："今天我们是忆苦思甜，忆过去受'四人帮'迫害之苦，思今日之甜，知识分子第二次解放是甜，'臭老九'不臭了是甜；民主党派摘掉资产阶级政党的帽子，是革命的、进步的、为人民服务的政党是甜；知识分子原是专政对象，现在成为依靠对象，成为工人阶级一部分是甜；有学术民主是甜。"复旦大学档案馆馆藏资料，校统战部档：80—11号，1979年2月9日，第45页（未刊）。

② 武克全：《"纵论今古，横说中外"的学术大家——周谷城传》，转引自姜义华主编《史魂：上海十大史学家》，上海辞书出版社2002年版，第146页。

厚，有专著十多部，论文200多篇。① 周谷城独力撰写的《中国通史》和《世界通史》两部不同凡响的通史著作，在史学界堪称绝无仅有。周谷城不仅是学术大家，也是知名的社会活动家。其对"欧洲中心论"的批判以及与"斗争哲学"的激烈交锋，堪称领时代风气之先。

综上所述，系统研究周谷城史学思想，具有重要的学术价值和意义。大而言之，周谷城史学思想是20世纪中国史学思想发展历程的难得"样本"。通过"样本"剖析，我们可以更好地揭示20世纪中国史学思想的发展历程，对于推进中国近现代史研究也大有裨益。小而言之，系统研究周谷城史学思想，是学术传承的需要。遗憾的是，学界尚无系统研究周谷城史学思想的学术专著，既有成果大都是专题论文或人物传记，本书主要系统梳理了周谷城代表性的史学著作与观点，以期为研究周谷城史学思想提供有益参考。

第三节 研究现状

一 海外研究现状

海外研究周谷城学术思想较少且零散。1949年2月，哈佛燕京学社的邓嗣禹撰文评述中国史学成就，文中论及周著《中国通史》。邓嗣禹认为，周著《中国通史》打破按照朝代编写通史的旧框框，但存在列举史料过多，对诸如义和团运动等重大历史事件关注不够等问题。② 1954年2月，美国学者史华慈撰文述评"中国社会史论战"，认为"中国社会史论战"基本上是党派论争，但也有一些没有明确政治归属的人（例如周谷城）参与了论战，并认为他们在论战中只是把马克思主义作为解释历史的工具而加以使用。③ 1965年10月，

---

① 详见笔者整理"附录：周谷城学术系年"。
② Teng. S. Y, "Chinese Historiography in the Last Fifty Years", *The Far Eastern Quarterly*, Vol. 8, No. (Feb., 1949), pp. 131–161.
③ Benjamin Schwatz, "A Marxist Controversy on China", *The Far Eastern Quarterly*, Vol. 13, No. (Feb., 1954), pp. 143–153.

有美国学者撰文述评周谷城与"斗争哲学"的论战,认为周谷城之所以遭受学术批判,是因为他主张艺术要以真情感人,而不是含糊、抽象的阶级情感。① 1966年6月,有美国学者撰文指出,周谷城否认阶级情感的重要性,主张把艺术从意识形态中分离出来。② 1978年,美国学者阿里夫·德里克撰写的《革命与历史:中国马克思主义历史学的起源,1919—1937》一书出版发行。阿里夫·德里克认为,周著《中国通史》注重史实,灵活运用马克思主义,可能是中国学者运用历史唯物主义阐释中国历史的最好范例。③

二 国内研究现状

（一）1949 年前

民国时期,学界对周谷城的学术研究已有所关注。1928年,沪江大学附属中学《沪潮月刊》创刊号刊载吴汝柏著《读周谷城〈孔子之政治学说及其演化形势〉》一文,该文批评周谷城把孔子的等级差别观念误读为阶级思想。④ 1934年,《图书评论》杂志第6期论文分类摘要中对周谷城的《黑格尔逻辑引端》和《文字与教育》两文有所涉及。⑤

1939年8月,周著《中国通史》一书编纂而成,由开明书店出版发行。该通史出版发行后引起学界关注。《图书季刊》杂志在新书评论中指出:"此书即系功力所到之心得著述,取材范围,除摘录正史外,对于中外学者整理发现之各种新资料,均加采集,所引史料,无不注明出处,以资检查,且附有说明,裨益了解。是编原系大学讲

---

① Adam Oliver, "Rectification of Mainland China Intellectuals, 1964 – 1965", *Asian Survey*, No. 10 (Oct., 1965), pp. 457 – 490.

② D. W. Fokkema, "Chinese Criticism of Humanism: Campaigns Against the Intellectuals, 1964 -1965", *The China Quarterly*, No. 26 (Apr.-Jun., 1966), pp. 68 – 81.

③ [美]阿里夫·德里克:《革命与历史:中国马克思主义历史学的起源,1919—1937》,翁贺凯译,江苏人民出版社2005年版,第176页。

④ 吴汝柏:《读周谷城〈孔子之政治学说及其演化形势〉》,《沪潮月刊》1928年创刊号。

⑤ 周谷城:《黑格尔逻辑引端》,《新中华》1933年第18期;周谷城:《文字与教育》,《东方杂志》1933年第30卷第24号。

义,通体教材,详而不简明,繁而无统制,所容既广,所取必杂,然而材料充实,持论偏于唯物,是不同于一班之史论者也。"① 与《图书季刊》语气大为不同的是,"中央大学"教授缪凤林指责周著《中国通史》史料运用不当且充满毒素:"作者似乎信奉某种现在号称匪党的主义,以阶级斗争一观念贯穿全文。"② 邓恭三对周著《中国通史》的批评更是长篇大论,义理方面指责"历史完形论"纯属自我标榜,实则似是而非和无的放矢,历史阐释太机械、太牵强和太粗疏,通读全书以致"陷入五里雾中";取材方面在肯定通史作者功力深厚的同时批评通史作者史料引用不当;行文方面指责通史缺乏文字锤炼、可读性差,特别是因史料过多而耗费大量篇幅。③ 金毓黻十分看重通史的简明有序和脉络贯通,认为周著《中国通史》以"鸟瞰法"叙述中国史而最得通史要领。④

(二)20世纪五六十年代的学术批评

20世纪五六十年代,批判周谷城学术的文章潮水般涌来。这些批判性文章虽指出周谷城学术中的一些问题,但大都存在吹毛求疵、断章取义和夸大其词等问题,有的更是上纲上线、乱戴帽子和乱打棍子。

对周谷城《生活系统》的批判。有批评者认为,《生活系统》所谓的"无差别境界论"从周敦颐、程明道、柏格森和杜威那里抄袭而来。⑤ 另有批评者认为,周谷城在中华人民共和国成立后的哲学体系仍是"生活系统论",而该论由杜威的实用主义和柏格森的直觉主义杂拌而成。⑥ 还有批评者认为,《生活系统》鼓吹杜威的实用主义,并把杜威哲学作为自己的理论根据,认为《生活系统》的形而上学

---

① 《图书介绍》,《图书季刊》1940年第2期。
② 缪凤林:《周谷城著中国通史上下册》,《中央周刊》1939年第49期。
③ 邓恭三:《评周谷城著中国通史》,《中国青年(重庆)》1942年第2—3期。
④ 金毓黻:《静晗室日记》,辽沈书社1993年版,第5003页。
⑤ 胡啸、虞伟人:《"合二而一"论的一个标本》,《学术月刊》1964年第10期。
⑥ 李习东:《周谷城的实用主义认识论》,《新建设》1965年第2期。

来自柏格森的唯心主义,"无差别境界论"则是受了柏格森哲学的影响。①

对周谷城《中国社会史论》的批判。批评者认为,周谷城的《中国社会史论》宣扬生存竞争的历史观。②该书认为,帝国主义侵略引起中国的产业革命,而产业革命是近代以来中国社会发生变化的根本原因所在。批评者则认为,周谷城除了鼓吹近代中国经济发展的"外铄论"之外,还鼓吹近代中国的"欧化"道路。③该书认为,与新式工厂相比,旧式工厂主与工人关系较为融洽。批评者指责此观点为阶级合作论。④该书认为,张之洞的"中体西用"说具有时代的代表性,因而在中国资本主义思想的形成中占有重要地位。批评者则认为,张之洞是反动的大地主、大买办的代表,而周谷城竟然为之翻案。⑤该书在论述历次中国农民暴动的结果时指出,阶级对立的历史为有乱无变的历史。批评者则认为周谷城竭力鼓吹"天不变,道亦不变"的反动思想。⑥该书在论述义和团运动与八国联军战争时说"大反抗引起了大压迫"。批评者则认为,周谷城鼓吹投降主义道路。⑦

对周著《中国通史》的批判。"历史完形论"是周著《中国通史》的指导性理论,该理论注重历史的客观性和完整性。批评者则认为,周谷城以所谓的"客观"和"完整"为幌子,借以反对马克思

---

① 汝信:《货色从何而来?同谁划清界限?——评周谷城反动观点的几个理论来源》,《人民日报》1965年2月25日。
② 杨宽:《评周谷城先生的"生存竞争"历史观》,《文汇报》1964年11月21日。
③ 史言般:《批判周谷城关于中国近代经济发展的谬论》,《光明日报》1965年1月27日。
④ 王思治:《周谷城的"阶级合作论"反动历史观》,《光明日报》1964年11月5日。
⑤ 罗思鼎:《评周谷城所谓"张之洞—梁启超—胡适"的道路》,《学术月刊》1965年第2期。
⑥ 倪凤翰:《驳周谷城对农民起义的诬蔑》,《史学月刊》1965年第4期。
⑦ 孙克服:《驳周谷城为帝国主义侵略战争作辩护的谬论》,《史学月刊》1965年第5期。

绪　论

主义史学，因而是极端反动的历史唯心主义。① 批评者指责周著《中国通史》为秦桧的投降卖国行为曲解和辩护，是散布民族投降主义②。批评者指责该通史诋毁农民起义，称农民起义为暴动或民乱，把农民对地主的阶级斗争贬低为生存竞争，把农民起义的作用诬蔑为破坏等。③ 与此相应，批评者指责该通史美化、歌颂压迫者和反动事物。④ 批评者尤为不满该通史有关帝国主义的论述，认为该通史为帝国主义开脱罪行，美化帝国主义的作用。⑤ 有论者指责该通史宣扬知识分子中心论，特别是夸大知识分子的阶级调和作用。⑥ 此外，该通史有关地主与佃客"相反相成"的论述，对广学会有开通社会风气作用的论述，以及对某些历史人物和历史事件的论述都受到了指责和批评。⑦

对周著《世界通史》的批评。该通史第一篇主要内容是世界古文化及其传播问题，有论者指责该通史宣扬反动的"中国文化西来说"⑧。该通史对古罗马地主和农民关系的客观论述被指责为散布阶级矛盾调和论，抹杀奴隶和奴隶主之间的阶级斗争。⑨ 该通史对近代西方海外开拓和殖民统治的客观论述，被批评者指责为对殖民主义歌

---

① 林弘：《"历史完形论"批判——评周谷城先生的反动史学理论》，《历史研究》1965 年第 1 期。

② 金应熙：《周谷城是怎样袒护秦桧、赞成投降、诋毁主战派的》，《红旗杂志》1964 年第 17、18 期；罗思鼎：《为什么要替秦桧翻案?》，《文汇报》1964 年 11 月 5 日；项立岭、孙恭恂等：《周谷城是怎样为秦桧、张邦昌翻案的——评周著〈中国通史〉宣传民族投降主义的反动观点》，《解放日报》1964 年 10 月 16 日。

③ 顾诚：《周谷城在〈中国通史〉中是怎样诬蔑农民起义的》，《光明日报》1964 年 10 月 27 日；倪凤翰：《驳周谷城对农民起义的诬蔑》，《史学月刊》1965 年第 4 期。

④ 王知常：《批判周谷城〈中国通史〉》，《学术月刊》1958 年第 11 期；徐克林：《评周谷城"阶级次序"论的本质》，《史学月刊》1965 年第 6 期；刘达永：《驳周谷城对反动军队的辩护》，《史学月刊》1965 年第 4 期。

⑤ 王庆成：《驳周谷城对太平天国革命的歪曲和对曾国藩、外国侵略者的美化》，《新建设》1964 年第 12 期；孙克服：《驳周谷城为帝国主义侵略战争作辩护的谬论》，《史学月刊》1965 年第 5 期。

⑥ 罗思鼎：《周谷城历史观的面面观》，《解放日报》1964 年 11 月 15 日。

⑦ 古田：《评周谷城著〈中国通史〉》，《新建设》1958 年第 7 期。

⑧ 莫任南：《批判周谷城为帝国主义侵略效劳的"中国文化西来说"》，《史学月刊》1965 年第 6 期。

⑨ 魏杞文：《周谷城歪曲了古罗马的阶级斗争》，《光明日报》1964 年 12 月 3 日。

功颂德。① 有论者把该通史存在的主要问题归结为宣传反动的"文化传播说"、抹杀阶级斗争、美化剥削阶级和为殖民主义辩护三个方面。② 有论者指责该通史表面上打着反对"欧洲中心论"的幌子，但实际上是贩运"欧洲中心论"的私货。③ 另有批评者指责该通史拿中国历史和西方历史简单类比，以此认定该通史作者为十足的"欧洲中心论"者。④

对周谷城历史观的批判。有批评者以周谷城"地主佃客相反相成"等话语为口实，认为他宣传阶级合作、美化阶级剥削的历史观。⑤ 有论者则以周著《中国通史》的有关叙述为依据，指责他宣扬阶级调和论。⑥ 周谷城认为，理学既是统治阶级的施政依据，也是被统治阶级作顺民的依据，但批评者以此指责他鼓吹阶级调和论。⑦ 周谷城对种族斗争以及农民暴动等诸多问题的客观论述，被论者指责为宣扬生存竞争的历史观。⑧ 有论者指责他歪曲和抹杀阶级斗争理论，并认为其根源在于其阶级合作论或阶级调和论。⑨

对"无差别境界论"和"时代精神汇合论"的批判。此类文章大多收录在生活·读书·新知三联书店出版的《关于周谷城的美学思想问题》三册合订本中。批评者认为，"无差别境界论"系周谷城主

---

① 司武臣：《周谷城在〈世界通史〉中是怎样为殖民主义作辩护的》，《史学月刊》1965年第1期；陆晓冰：《周谷城是殖民主义强盗的辩护士》，《光明日报》1965年1月13日。

② 史彤：《周谷城著〈中国通史〉的反动观点》，《新建设》1965年第1期。

③ 程秋原：《评周谷城著〈世界通史〉》，《光明日报》1965年3月10日。

④ 张芝联：《周谷城是彻头彻尾的"欧洲中心论"者》，《光明日报》1964年12月3日。

⑤ 李星：《周谷城的反动历史观和"时代精神汇合论"》，《人民日报》1964年9月3日。

⑥ 宁可：《从〈中国通史〉（封建社会部分）看周谷城的阶级调和论》，《新建设》1965年第2期。

⑦ 牛致功：《从"理学"的实质看周谷城的阶级调和论》，《史学月刊》1965年第3期。

⑧ 罗思鼎：《周谷城历史观的面面观》，《解放日报》1964年11月15日；杨宽：《评周谷城先生的"生存竞争"历史观》，《文汇报》1964年11月21日；易寿成：《周谷城是怎样用"生存竞争"论来反对阶级观点的？》，《光明日报》1964年11月15日。

⑨ 裴汝诚：《周谷城是如何诋毁马克思主义的阶级斗争观点的》，《学术月刊》1964年第11期；施仁诚：《周谷城的反动历史观的核心及其哲学基础》，《光明日报》1964年12月24日。

观臆造，现实生活中绝不可能存在无矛盾的"无差别境界"①。批评者还认为，"无差别境界论"反映了一些人厌弃斗争、不愿继续革命的情绪。②有论者认为，周谷城所向往的"无差别境界"就是资产阶级的民主政治和资本主义社会。③姚文元认为，周谷城的"无差别境界论"反映出一些人不热心社会主义革命，而热衷于巩固和建设新民主主义社会。④批评者认为，时代精神只能是彻底的革命精神。⑤姚文元指出，周谷城"时代精神汇合论"所谓的"统一整体"只能是"杂凑的一锅"，不仅阉割了时代精神的革命灵魂，而且起到了维持反动腐朽思想的作用。⑥还有论者认为，周谷城"时代精神汇合论"所推崇的"统一整体"是杨献珍"合二而一"论的翻版。⑦

（三）改革开放后的研究现状

1978年后，经拨乱反正和解放思想，学界重新确立实事求是的学术路线。周谷城史学的独特价值和魅力日益为学界所认同和推崇，相关学术成果大量出现。1996年，周谷城去世，周谷城研究随即升温。概括起来看，新时期的相关成果可大致划分为著作和论文两大类：

1. 著作类

其一，莫志斌著《周谷城传》。该书约30万字，对周谷城的生平事迹和学术成就有较为全面的研究和叙述，对周谷城史学思想也有较多的关注和阐述。

---

① 吴汉亭：《评周谷城先生的美学观点》，《合肥师范学院学报》1963年第4期；茹行：《从哲学观点评周谷城先生的艺术观点》，《新建设》1963年第10期；叶秀山：《评周谷城先生的"绝对境界"说》，《新建设》1964年第1期。
② 刘纲纪：《论所谓："无差别的境界"》，《文汇报》1963年11月14日；汝信：《评周谷城的艺术观的哲学基础》，《红旗》1964年第12期。
③ 罗思鼎：《周谷城历史观的面面观》，《解放日报》1964年11月15日；杨宽：《评周谷城先生的"生存竞争"历史观》，《文汇报》1964年11月21日。
④ 姚文元：《评周谷城先生的矛盾观》，《光明日报》1964年6月10日。
⑤ 孟伟哉：《反动腐朽的精神不是时代精神》，《光明日报》1964年7月27日；刘纲纪：《时代精神只能是革命阶级的精神》，《人民日报》1964年8月2日。
⑥ 姚文元：《略论时代精神问题》，《光明日报》1963年9月24日。
⑦ 李泽厚：《两种宇宙观的分歧》，《人民日报》1964年8月20日。

关于周谷城的《生活系统》。莫志斌指出："所谓'生活系统'，也就是生活科学、社会原理、历史哲学。"莫志斌对《生活系统》给予高度评价："这种人生观的提出对于会通古今、融合中西，以及调和科学与人生观来说，堪称为一个楷模。"①

关于周谷城的《中国社会史论》。莫志斌认为，周谷城的《中国社会史论》与大革命失败后的"中国社会史论战"有密切关系，该著最大的理论特色就是运用唯物史观和阶级斗争理论，因而革命色彩浓厚。莫志斌对该著给予充分肯定："对中国社会的结构、中国社会的现状以及近代社会的变化，作了极为全面和深刻的分析，从而得出令人信服的结论。"②

关于周著《中国通史》。莫志斌认为，"历史完形论"是唯物史观指导下的史学理论，周著《中国通史》是"独立深思，自创新说，成一家之言"，而且注意中外对比，视野开阔，富于启发性。莫志斌强调："周谷城的《中国通史》，无论是在谋篇布局，还是史论结合等方面，都有其独特之处。"③

关于周著《世界通史》。莫志斌认为，周谷城的首要关注点是世界通史的统一整体性和有机组织；其次是反对"欧洲中心论"。他指出：周著《世界通史》"打破国别史集合的世界史旧框架，力求从部分与全体的对立统一角度，综合鸟瞰人类社会发展中的全局或统一整体"。④

关于周谷城《史学与美学》一文。莫志斌认为，该文是周谷城早年美学研究的新发展，其观点新颖。⑤ 至于"无差别境界论"和"时代精神汇合论"，莫志斌认为是周谷城的"新见"，因为"见解独特、新鲜"而引起学术大争论。莫志斌后来再次专文阐发该问题，但仍然

---

① 莫志斌：《周谷城传》，湖南师范大学出版社1997年版，第41页。
② 莫志斌：《周谷城传》，湖南师范大学出版社1997年版，第114页。
③ 莫志斌：《周谷城传》，湖南师范大学出版社1997年版，第161页。
④ 莫志斌：《周谷城传》，湖南师范大学出版社1997年版，第217页。
⑤ 莫志斌：《周谷城传》，湖南师范大学出版社1997年版，第243页。

没有提出周谷城"生活系统论"与"斗争哲学"激烈交锋的问题①。

其二,武克全著《"纵说今古,横说中外"的学术大家——周谷城传》。该著篇幅短小,加之题材所限,对周谷城史学思想的专门论述也很有限。武先生指出,周谷城《生活系统》把精神状态与治学相联系,而不同的精神状态与不同的学术相联系,这就决定了周谷城治学领域的广泛。他认为,周著《中国通史》是周谷城的代表作之一,在中国通史著作中占有重要地位。周著《世界通史》无论是整体结构还是具体论断都有鲜明的个性和创见,是一部珍贵的科学著作。武先生认为,周谷城的《史学与美学》等文章探讨了如何正确认识"时代精神"和"矛盾"的问题,以及如何正确认识道德、科学和艺术的功能问题,这与当时居于支配地位的"斗争哲学"相对立。关于文化及文化史问题,武先生认为,周谷城既不认同"全盘西化",也不认同"全盘中化"或"全盘东化",而"文化综合说"是其毕生治学的总结论。②

其三,张光武著《周谷城画传》。该画传篇幅短小,文字有限,对周谷城史学思想的观照也就更为有限。张光武认为,周谷城在北京高师期间受到"五四"精神熏陶,"五四"精神促使他在学术上不断地解放思想、追求新知和创新。他指出,周谷城在大革命时期撰写的《论租谷》文章,是在毛泽东的鼓励下为湖南农民运动讲习所写的讲稿。张光武认为,《中国社会史论》是《中国通史》的奠基之作,周谷城在三卷史论中力图揭示中国社会变化的原因,从中寻求改造中国的出路。③

其四,赵梅春著《二十世纪中国通史编撰研究》。赵先生认为,周著《中国通史》是以进化史观为指导、以新纪事本末体为体例编撰而成的新型通史,全书观点鲜明、结构严谨、脉络清晰,是20世纪三四十年代的代表性通史之一。但是该通史也存在过于注重历史完

---

① 莫志斌:《敢创新说,追求真理——周谷城与20世纪60年代初期的学术大论争》,《湖南城市学院学报》2005年第3期。
② 武克全:《"纵论今古,横说中外"的学术大家——周谷城传》,转引自姜义华主编《史魂:上海十大史学家》,上海辞书出版社2002年版,第148页。
③ 张光武:《周谷城画传》,上海书店出版社、复旦大学出版社2005年版,第78页。

整性的问题,在史料取舍方面存在不足,对学术文化方面关注不够。①

2. 论文类

现有论文集一部,即上海社科联编辑的《周谷城学术思想研究论文集》,其中有数篇文章专文探讨周谷城的史学成就和史学思想。此外,尚有一些相关论文散见各处。兹择要介绍之。

其一,姜义华先生认为,周谷城在《史学与美学》等文章中所阐发的历史哲学和"斗争哲学"针锋相对,论战的性质并非"学术讨论",而是政治批判。②该文对"斗争哲学"的实质和表现,以及"无差别境界论"和"时代精神汇合论"的历史背景及其意蕴都有分析。

其二,顾晓鸣先生认为,周谷城具有世界眼光,能够以健康和平等的心态看待世界与自我,既反对偏颇、荒谬的"欧洲中心论",又避免廉价的民族至上。该文认为,"时代精神汇合论"与"统一整体和分别反映"的理论基础都是"历史完形论",问题的要害则是部分与整体的辩证关系。③

其三,张家哲先生认为,周谷城很早就接受了马克思主义,而且很早就以唯物史观指导其史学研究,但始终没有陷入教条主义陷阱,更没有"以阶级斗争为纲"④。他指出,周谷城的"历史完形论"也运用到世界通史的研究中。他肯定周谷城把自然史写入《世界通史》的编写方法,认为周著《世界通史》实现了自然史和人类史的有机统一。

其四,徐复芝认为,周谷城在当时的历史条件下不可能公开标榜马克思主义,而"历史完形论"是他对马克思主义唯物史观的新阐释。他指出,周著《中国通史》的坎坷经历从一个侧面反映出中国现代史学的曲折历程,并认为该通史在诸多中国通史著作中占有特殊

---

① 赵梅春:《二十世纪中国通史编撰研究》,中国社会科学出版社2007年版,第26页。

② 姜义华:《"斗争哲学"重围中的孤军之战——周谷城六十年代历史哲学辩论重评》,《复旦学报》1998年第4期。

③ 顾晓鸣:《学者何为?周谷城之楷模——兼论周谷城先生历史观和方法论的当代性》,《复旦学报》1998年第4期。

④ 张家哲:《学习周谷老研究世界史的理论和方法》,《社会科学》(上海)1998年第11期。

的重要地位。①

其五,姜玢认为,周谷城走上学术研究之路并取得丰硕成果与其"始乃转俗成真,终乃回真向俗",即求真源于致用的思想历程有关。② 她指出,中国史在周著《世界通史》占有相当篇幅无可厚非,而据此指责周谷城为"中国中心论"或"汉族中心论"则毫无根据。

其六,李勇认为,从"历史完形论"的内在要求出发,周著《世界通史》着力阐释世界史的有机整体性,其实质就是"整体史观"或者"全球史观"。他同时指出,周著《世界通史》尚处于"整体史观"或者"全球史观"的浅层次,表现在反对"欧洲中心论"的不彻底和浓厚的民族意识上。③

其七,王秀青认为,周谷城是中外史学比较研究的倡导者,其目的是反对"欧洲中心论",揭示中外历史发展的异同,并解决中外历史分期问题等。④

其八,陶用舒和易永卿认为,周谷城早在五四运动时期就开始运用马克思主义来考察中国社会和历史,与郭沫若、范文澜和翦伯赞等人一道成为中国第一批杰出的马克思主义史学家。他们进而指出,在学贯中西和融汇古今方面,周谷城是最为突出的史学家。⑤

其九,王永祥认为,周谷城坚守新史学宗旨,其核心理念为进化论,在此基础上大胆吸收、运用马克思主义理论,并率先大量运用中外历史比较法,周著通史从形式到内容都独具特色和创新性,但也存在明显缺陷。⑥

---

① 徐复芝:《风风雨雨五十年——周谷城〈中国通史〉的不寻常经历》,转引自《周谷城学术思想研究论文集》,上海社会科学院出版社1998年版,第89页。
② 姜玢:《周谷城的史学成就与他的〈世界通史〉》,转引自《周谷城学术思想研究论文集》,上海社会科学院出版社1998年版,第117页。
③ 李勇:《论周谷城世界通史编纂思想及实践与当代"整体史"观和"全球史"观的相关性》,《学术探索》2004年第6期。
④ 王秀青:《周谷城与中外历史比较研究》,《淮阴师范学院学报》2004年第4期。
⑤ 陶用舒、易永卿:《论周谷城的史学贡献》,《湖南城市学院学报》2004年第5期。
⑥ 王永祥:《"新史学"与周谷城的通史编纂》,《人文杂志》2015年第2期。

周谷城史学思想研究

第四节 研究思路和方法

在资料搜集上,本书力求全面搜集周谷城所发表的相关论著。①此外,本书竭力搜集国内外有关周谷城研究特别是周谷城史学思想研究方面的论著。资料及相关研究的充分掌握为本课题的深入开展奠定了坚实基础。

一 研究思路

史学思想的内涵有广义、狭义之分。广义的史学思想包括两部分:一是史学家对客观历史的认知;二是史学家对史学工作的认知。一些史学工作者倾向于狭义的史学思想,把史学家对客观历史的认知部分归于历史思想,而把史学家对史学工作的认知部分归于史学思想。本书取广义的史学思想含义。关于史学思想的研究思路,吴怀祺先生认为,"要考察史学思想和哲学思潮的关系","要考察史学思想的渊源流变","要研究史学思想各个部分之间的关系","要结合有关的著作研究"。② 吴怀祺先生的见解对本书研究无疑具有很大的启发意义。

周谷城史学思想体系博大,尤其是时间跨度大,对其系统研究和整体考察既是关键所在,也是难点所在。就既有成果看,大多是专题研究,纵向考察和整体研究不够。本书拟从两方面着力:一是纵向考察,对周谷城史学思想的产生和演变历程加以整体性把握;二是横向考察,对推动周谷城史学思想演变的社会因素加以横向考察。就技术层面而言,本书主要围绕周谷城的代表性史学论著和观点展开。具体如下:

(一)《生活系统》一书奠定周谷城的思想基础,对其人生道路、学术研究和史学思想影响都很大。本书拟就周谷城《生活系统》一

---

① 周谷城的所有著述在其生前已得以发表。参阅陈毛弟《"世纪老人"的高风亮节——记周谷城同志对身后事的安排》,转引自《周谷城学术思想研究论文集》,上海社会科学院出版社1998年版,第18页。

② 吴怀祺:《宋代史学思想史》,黄山书社1992年版,第23—27页。

书的生成、基本内容、基本特点和运用情况加以分析。

（二）周谷城《中国社会史论》较好地体现了周谷城在大革命时期及其后的思想状况和学术成果，在其史学思想的形成和演变历程中占有重要地位。本书围绕该著深入考察并详加讨论。

（三）周谷城的《中国通史》是其史学代表作，在其史学思想中占有突出地位。该通史以"历史完形论"为指导，而"历史完形论"堪称近代以来中国通史理论的拓荒之作，有其特殊的重要性。周著《中国通史》有其独到的学术价值，值得深入研究。

（四）周谷城的《世界通史》是又一部代表性著作，在其史学思想中占有突出地位。该世界通史打破诸多陈腐的编史理念，是近代以来中国史学界世界通史研究的拓荒之作，具有独特的学术价值。

（五）1949年后，周谷城史学思想的主要内容有历史分期观、批判"欧洲中心论"、历史教育思想和"世界文化综合说"四个方面。

二 研究方法

本书以马克思主义理论为指导，注意跨学科研究和整体考察相结合。具体而言，综合运用历史学和其他人文社会科学的研究方法，专门研究与整体考察相结合，以丰富的文献资料为基础，对周谷城史学思想的来龙去脉、基本内容和学术特色作出实事求是的阐述和评价，以更好地总结和传承其史学遗产。

第一章　思想基础的奠定

周谷城史学思想的哲学基础奠基于周谷城早年撰写的《生活系统》一书，兹予专门讨论。

第一节　《生活系统》的生成

周谷城本人反复强调《生活系统》一书的重要性："我搞出一个体系来了，成了一家之言，那就是《生活系统》。""我后来的工作，如果称得上是治学，却实是依这个框框进行的。"①

周谷城为什么要撰写这样一本书呢？这本书究竟要阐明什么问题呢？有论者分析："《生活系统》力图表明……任何思想都不是偶然产生的，而是来自现实生活；生活本身使人有所感，从而产生了各种看法和见解。"②周谷城在《生活系统》"自序"中指出："我写这书的目的只有一个。就是要说明生活进行所必须经过的几种很明显的状态。换言之，就是要说明生活的真相。"《生活系统》立意阐明"生活的真相"，这与当时激烈进行的"科玄论战"有关。1923年2月，旅欧考察归来的张君劢在清华大学作题为"人生观"的演讲，对"科学万能"的认识倾向提出批评，演讲词发表于《清华周刊》第272期。同年4月12日，丁文江在北京《努力周报》上发表长文《玄学与科学——评张君劢的"人生观"》，把张的人生观哲学斥为

---

① 周谷城：《我是怎样研究起史学来的》，《文史知识》1983年第10期。
② 张志哲：《博大精深周谷城》，《史学月刊》1986年第4期。

"玄学"，称张君劢"玄学鬼附身"。一场声势浩大、由众多名流参与的"科玄论战"由此而起。

针对"科玄论战"等现象暴露出来的问题，《生活系统》尖锐地指出："开口我的人生观，闭口我的人生观。对于生活的本身，全不细心去研究一下。我以为这样不研究生活的本身，全凭自己的意见，来高谈那虚无缥缈的人生观，终究是谈不出什么结果的。"①

然而《生活系统》绝不仅是对"科玄论战"的思考和回应。因为周谷城后来又明确指出："全书讲的是人和环境间关系之协调。"②《生活系统》为什么如此关注这个问题呢？这与近代中国所面临的时代课题有关。新文化运动时期，西学的奔涌而来，世界形势的跌宕起伏，时代危机的加剧，促使国人重估"自我"与外界，急切寻求"自我"与外界的应对相处之道。这也正是《生活系统》聚焦"人和环境间关系之协调"问题的根本原因所在。面对时代危机，社会各界竞相发声，大谈社会改造，著书立说蔚然成风，各种论争此起彼伏，思想界热闹非凡。与此同时，一些似是而非、荒诞不经的主张大行其道，各种奇谈怪论也不胫而走，正所谓"异说纷纷"。思想界呈现鱼龙混杂之势，所谓的人生观问题也就成为热门话题。套用一句时髦的话说，这是最好的时代，也是最糟的时代。

面对时代的喧嚣，周谷城没有随波逐流。利用北京高师的有利条件和新文化运动营造的宽松氛围，周谷城既广泛涉猎又独立思考，既不迷信也不盲从，考虑构建自己的思想体系。"五四时代我博览群书，社会学、心理学我读得最多，各派哲学家罗素的、柏格森的、詹姆士的、杜威的、英国席勒的，都涉猎过不少"，"无政府党人的思想涉猎了一点，共产主义思想也涉猎了一点，资产阶级思想就不用说了"。尽管广泛涉猎各家学说，但没有哪一派令他十分满意。"当时我思想活跃，想自己组成一个体系；年纪轻，野心大，总以为只要自己多读

---

① 周谷城：《生活系统》，上海商务印书馆1928年版，第1页。
② 周谷城：《生活系统》"新版序言"，转引自《周谷城文选》，辽宁教育出版社1990年版，第4页。

一点书，总可以自立成家。"①

1921年春，周谷城提前半年离开北京高师，前往湖南一师任教。在湖南一师，他自编教学讲义，开始了著书立说的学术生涯。1924年，周谷城的《生活系统》一书撰写而成并由商务印书馆出版发行，以后又多次再版。吴稚晖在"五四"时期的"评书"活动影响很大：一是批评胡适的《中国哲学史大纲》"只有三分中国思想，倒有七分美国思想"；二是批评梁漱溟的《印度哲学概论》"只有三分印度思想，倒有七分中国思想"；三是批评朱谦之的《周易哲学》"只有三分中国思想，却有七分印度思想"。吴稚晖也看到了周谷城的《生活系统》，但没有提出什么批评意见。周谷城对该书的独创性充满自豪感："我这个系统是独一无二的系统。"②

《生活系统》在20世纪60年代还出过油印本。20世纪80年代末，《生活系统》收入上海书店《民国丛书》第一编第三卷。1990年8月，辽宁教育出版社编辑出版《周谷城文选》，收录有《生活系统》一书，并附有周谷城撰写的新版序言。

第二节 《生活系统》的内容

《生活系统》所谓的"生活"不仅指狭义的个体生活，更指广义的团体生活和社会生活；"系统"则是由"一些较为普遍、较为永久的、较为可靠之原理"组成。要而言之，《生活系统》阐述的是生活原理、社会科学和历史哲学。③

除"自序"之外，《生活系统》正文共分七章：第一章"绪论"、第二章"自我与环境分立"、第三章"自我与环境之浑然一体"、第四章"信仰生活"、第五章"物我浑然一体的生活之动摇与生活之进化"、第六章"科学在生活上之位置"、第七章"结论"，全书约九万

---

① 吕涛、周骏羽编：《周谷城传略》，山西人民出版社1988年版，第24页。
② 吕涛、周骏羽编：《周谷城传略》，山西人民出版社1988年版，第22页。
③ 莫志斌：《周谷城传》，湖南师范大学出版社1997年版，第35页。

字。综合观之,《生活系统》的主要内容为:批驳有悖生活真相的各种论调和主张;阐明生活的三种基本情状;探讨生活的进化问题;论述科学的重要作用。

一 批驳有悖生活真相的各种人生观

《生活系统》认为,人类生活无论如何复杂,但其完整内容应包括无问题的生活、有问题的生活和介于两者之间的过渡生活,这就是人类生活的基本真相。《生活系统》进而指出,人生观就是人们对生活的基本态度,而确立科学人生观的起码要求和基本前提就是对生活真相的确切认识和完整把握。生活是人生观的前提和基础,确立人生观,就必须严加区分生活和人生观。《生活系统》认为,生活为客观的,人生观为主观的,生活的根本方向是生,而不是死。①

《生活系统》进而对各种草率的人生观逐一述评。

其一,奋斗型的人生观。这种人生观认为,生活只是奋斗,奋斗之外,便无所谓生活;如要生活,只有不断努力、不断吃苦、不断奋斗。该书质问说:"生活果只是奋斗否?奋斗之外,果无他种生活否?世上果有为吃苦而吃苦、为奋斗而奋斗的人吗?"② 奋斗型人生观的偏颇性不难发现。

其二,自然型的人生观。这种人生观认为,自我与环境之间不仅没有对立和冲突,而且很调和、很融洽,浑然一体。《生活系统》认为,自然型人生观孤立、静止地看待生活,其片面性也很明显。

其三,信仰型的人生观。人类欲望的变化多端,自然环境的变幻莫测,社会现象的纷繁复杂,利害祸福的难以预料,这些都是滋生信仰型人生观的社会土壤。《生活系统》虽认可信仰产生的合理性,但并不认为生活就是信仰、信仰就是一切。在《生活系统》看来,信仰型人生观也错在对生活的片面理解上。

---

① 在20世纪60年代,这成了学界批评周谷城鼓吹生存竞争观的罪证。参阅罗思鼎《周谷城历史观的面面观》,《解放日报》1964年11月15日。
② 周谷城:《生活系统》,商务印书馆1928年版,第9页。

《生活系统》强调,只有了解生活的真相才能确立正确的人生观,而上述人生观无一不有悖于生活的真相。《生活系统》注重生活的客观性和完整性,这对周谷城其后的学术研究有重要影响。①

除了剖析上述三种最为基本的生活主张外,《生活系统》对于一些改进型的人生观也逐一剖析和评述。

其一,"以科学代自然"论。该论认为,与世无争的自然生活已难以在物竞天择的现实世界存在;如要图存,就必须摒弃自然生活,同时尽力采取科学生活或奋斗型生活。该论想当然地将西方文明视为动态的物质文明,而将中国文明视为静止的精神文明,"主张吸取西洋文明,排斥中国旧有的文明",其武断性显而易见。②《生活系统》尖锐地指出:"所谓以科学生活代自然生活之说,不是不通,便是笼统。"③

其二,"以自然代科学"论。第一次世界大战使西方国家遭受重创,悲观失望情绪由此弥漫开来,"以自然代科学"论油然而生。该论也是想当然地将西方文明视为科学生活,而将东方文明视为自然生活,认为西洋文明快要破产了,而唯有东方文明才能拯救世界。《生活系统》认为,"以自然代科学"论破绽百出,其偏颇固不待言。

其三,"以美育代宗教"论。蔡元培认为,人类生活的大方向就是由不自由、不平等的"差别境界"达到自由、平等的"无差别境界",而美育能够引导人类生活进入"无差别境界",因而主张"以美育代宗教"。《生活系统》则认为,美育和宗教有着本质的不同,两者不可能简单地互相代替。④

---

① 这一思想在其后周谷城提出的"历史完形论"中表现得最为突出。参阅周谷城《中国通史》"导论—历史完形论"部分,上海开明书店1948年版。
② 杜威等人明确否认此论。他指出:"今若言西方文明,纯是物质的,早已破坏了、消灭了,决不能勾留到今;其所以能勾留到今者,即因其文明之发达,系属精神的。"杜威:《科学与人生之关系》,郑宗海译,载《民国日报》1920年6月20日、21日。又见袁刚编:《民治主义与现代社会——杜威在华讲演集》,北京大学出版社2004年版,第271页。
③ 周谷城:《生活系统》,商务印书馆1928年版,第18页。
④ "以美育代宗教"论忽视了美育和宗教之间的根本不同,本身就缺乏可行性。有论者指出,蔡元培的"以美育代宗教"论理论薄弱,难以为学界所认同。参阅张晓唯《蔡元培评传》,百花洲文艺出版社1993年版,第163页。

就上述分析看,"以科学代自然"论和"以自然代科学"论都倾向于把中国人的生活视为自然生活,而把西洋人的生活视为科学生活。在他们看来,两者似乎根本对立而又截然不同。很明显,这些论调有其很大的武断性和片面性。

《生活系统》还对一些机械、拼凑型的人生观加以剖析和述评。

其一,"中西参将"说。该论认为,中国贫弱已极,而要图强,唯有采取西洋的科学技术,同时又保存中国的国粹,也就是"中西参将"。例如,梁漱溟一面认定东西文化截然不同,一面又主张"中西参将"。他强调:"对于西方文化是全盘承受……批评的把中国原来的态度重新拿出来。"① 此话着实含糊不清,令人费解难懂。

其二,"科学的艺术化"。该论既看到科学的重要性,也看到艺术生活的美妙之处,于是主张科学的艺术化。《生活系统》质问说:"所谓科学的艺术化,是要将科学化成艺术呢,还是要将科学艺术合而为一呢?"很明显,这样的做法只能是"科学既不成其科学,艺术复不成其艺术"。②

其三,"科学艺术信仰三者均衡发展"。该论主张科学、艺术和信仰三者均衡发展,认为这样的生活必然是完美无缺的。很明显,这也是一种主观臆想的人生观。《生活系统》批评说:"没有弄清生活之真相。没有明白生活进行的状态。总以为生活是一件空间的东西,可以分割,可以合拢。哪知道事实上全不是这样。"

上述主张,或者只看到生活的一面,或者只偏重生活的一面,结果都与事实不符,因而毫无科学性可言。《生活系统》批评说:"彼不察实情者,总以为生活是一根直线,总以为生活只有一种情状……各人看见了生活之一面,便以为生活只有这一面。于是各人妄立主张,各人固执一说。"③

要确立科学的人生观,就要努力了解生活的全部真相,同时还要

---

① 梁漱溟:《东西文化及其哲学》,上海商务印书馆1922年版,第202页。
② 周谷城:《生活系统》,上海商务印书馆1928年版,第22页。
③ 周谷城:《生活系统》,上海商务印书馆1928年版,第178、174页。

尽力摒除各种主观成见和武断。

《生活系统》认为，"知、情、意"是人类心理在时间上断接相续的三种基本情状，但绝不是并立拼合的三个方面或者三种元素。拼凑型人生观的谬误就在于，把属于知识的科学、属于情感的艺术和属于意志的信仰机械地拼凑在一起。与此同时，也总有一些突出其中一种情状而忽略其他情状的人生观。《生活系统》指出："承认一种情状，便忽略其他的情状。以为所出现的那种情状，便是独一无二的，便可以笼罩生活的全部。殊不知，各种情状，可以随时出现，可以随时互易。"

五四运动前后，法国哲学家柏格森的生命哲学在中国风行一时。①柏氏认为："生活只是生命向前奔流。生活的根本状态，为物我混融的，为绝对自由的。理智作用，只是后起的，解决困难的手段。理智的我，是站在物以外的，与物对立的。至于根本的我，乃直觉的，与物混融一体的。"《生活系统》认同柏氏把物我混融视为生活的根本状态，但也明确指出其偏颇性："物我浑融的状态，本是生活一种根本状态，但承认了这一种根本状态，而不承认他种可以有的状态为根本的，那却不可。"

与柏格森生命哲学颇为不同的是，德国哲学家倭铿等人鼓吹所谓的"精神生活"。近代以降，由于战事频发，且破坏性极大，而战争的根源说到底与财富争夺大有关系。有鉴于此，倭铿等人竭力鼓吹"精神生活"而贬低"物质生活"。《生活系统》对其偏颇性提出批评："永久的精神界，何时是达到的时候？何人可以达到？未达到之先，所过的生活，是生活否？如不是生活，那么未曾过生活的人正多哩！如果在此现前的物质界奋斗，也有相当的价值，那么生活的价值，便不是单在精神界了。"②

---

① 1919年，杜威来华讲演，他在"现代的三个哲学家"讲演中系统介绍了柏格森哲学。1921年12月，《民铎》杂志第3卷第1号刊出了"柏格森号"，专门介绍柏格森的生命哲学。参阅陈卫平、施志伟《生命的冲动——柏格森和他的哲学》，生活·读书·新知三联书店1988年版，第148—149页。

② 周谷城：《生活系统》，上海商务印书馆1928年版，第27页。

杜威哲学在当时的中国思想界红极一时，社会影响很大。杜氏认为，生活就是经验，经验是用来应付生活环境的，而应付环境就是解决生活中所遇到的困难。究其实质看，杜氏只关注物我浑融与物我对立两种生活情状的交替。而罗素则注意到知、情、意三种生活情状，较之杜威更为全面。《生活系统》颇为认同罗素哲学，而对实用主义多有批评。①

如上所述，《生活系统》对柏格森生命哲学和杜威实用主义哲学都有批评。然而让人不解的是，"斗争哲学"肆虐时期，一些批评者无端指责《生活系统》抄袭柏格森的生命哲学和杜威的实用主义哲学："周谷城从柏格森的直觉主义和杜威的实用主义那里各取得一些东西，用以构成'自己的哲学体系'——折衷主义的杂拌。"②

上述观点和理论都有其明显缺陷，而其原因何在？《生活系统》总结了一些原因：其一，没有认清生活的真相。其二，研究生活真相的困难。生活真相的揭示有赖于科学发达，科学不发达，也就难以认清生活的真相。其三，脱离生活的实际，缺乏科学态度，主观武断。其四，急功近利，一知半解便急于致用。

基于上述总结，《生活系统》对人生观问题提出切实忠告：其一，要研究生活的真相，不要急于确立人生观；其二，采用科学方法分析事实，摒弃各种主观武断和成见；其三，以生物的和心理的事实来研究生活本身。③人类具有生物性和社会性两种基本属性，研究人类生活自然不能脱离这两种基本属性。一些批评者却无端指责周谷城阉割人的社会性而大谈生物性："这纯粹是把人的活动归结为生物的

---

① 周谷城对杜威哲学一贯持批评态度。参阅周谷城《中国社会之现状》，上海新生命书局1933年版，第394—395页；又见周谷城《实用主义批判》，《新建设》1955年第3期。周谷城的"历史完形论"借鉴和运用了罗素的"逻辑原子论"，而且始终推崇罗素哲学。

② 李习东：《周谷城的实用主义认识论》，《新建设》1965年第2期。

③ 胡适在《〈科学与人生观〉序》中显著地强调了生物学和心理学对于人生观的重要性。参阅胡适《〈科学与人生观〉序》，转引自《胡适作品集》第8集，台北：远流出版公司1986年版，第34页。

活动。"①

二 讨论生活的基本情状

《生活系统》从心理学的角度对生活的基本情状加以研究。一般心理学认为，人类心理有"知、情、意"之分，此三者是构成生活的三种"元素"，分别对应于科学、艺术和信仰，可在空间上随意处置。与此相应，人类生活有所谓"知"的生活、"情"的生活和"意"的生活，也就是科学生活、情感生活和意志生活。《生活系统》则认为，"知、情、意"三种生活情状只是时间上的接续相连而不是空间上的并立共存；与此相应，科学生活、情感生活和意志生活也只能是在时间上的断接相续，而不是在空间上的并立共存。

《生活系统》认为，生活是变动不息的统一体。物我浑融的生活难免转入物我分立的生活，物我分立的生活又难免为信仰生活所代替，信仰生活再转入物我浑融的生活，三者依次递进、轮转不息。人类生活正是在此种轮转中不断进化。生活轮转不息，社会进化不已，古今中外，概莫能外。

《生活系统》中的"我"既指狭义的个人，也泛指社会、团体和国家等。但一些批评者望文生义，硬是指责周谷城以自我为中心："周谷城的生活观是唯我主义的生活观。"②

（一）物我分立

《生活系统》认为，人类渴望无问题、无困难的生活，也就是物我浑融的生活，这样的生活也叫自然生活，或曰"无差别境界"。但有问题、有困难的生活，即物我分立的生活，却常常难以避免，甚至更为常见。《生活系统》指出："安宁平顺的生活，我与物浑融为一体的生活，我与自然相游乐的生活，一定是人人所欢迎的。无所为而为的生活，不知其然而然的生活，更是人人所欢迎的。然欢迎此种生活为一事，生活是否永久如此为又一事。我们就事实看去，此种生

---

① 李习东：《周谷城的实用主义认识论》，《新建设》1965年第2期。
② 李习东：《周谷城的实用主义认识论》，《新建设》1965年第2期。

活，固是人人所常常遇到的，然生活上之困难及问题，也是人人所遇着的。"①

物我浑融的生活最为人类所向往。也正因为此，柏格森的生命哲学和周谷城的《生活系统》都视其为生活的"正向"。但对于奋斗型人生观来说，这样的生活纯属子虚乌有，绝对不可想象，认为这种观点十分有害。②

环境、心向和行动在物我浑融的生活中浑然一体，但当生活发生问题或困难时，三者就会分离，相互区别开来。环境、心向和行动三者分显之后，自我与环境呈冲突之状，而冲突常常导致自我行动的失败。自我行动失败，自我便感到极其痛苦和难堪，这时生活已转入痛苦难堪的阶段。身体的活动开始向思想的活动过渡。《生活系统》指出："行动的失败，心理的痛苦，交相为战，遂成为一段痛苦难堪的生活。这段生活，算是身体的活动与思想的活动一个交关。是二者过渡时的一个情状。"③

无问题的生活有一重要特点，即身心一致。与此相应，有问题的生活则表现为身心不一致。自我处于身心不统一的时候，思想便要产生。周谷城便以此揭示革命思想的起源问题，"古今中外历史上被压迫者起义的领袖，多是自己受了社会不平等的影响，发生主客观之间的矛盾，心身统一的动摇，因而痛苦难安，发出怒吼"④。文学作品大都产生于这一令人痛苦难堪的生活阶段。这一观点在周谷城美学中得到进一步的发挥和运用，"真实的感情由生活的困境逼出，或由生活的顺境引起，形成理想，体现而为艺术品，或形象化而成为具有形象的艺术作品"⑤。周谷城的这些论点被"斗争哲学"指责为散布资产阶级人性论。⑥

---

① 周谷城：《生活系统》，上海商务印书馆1928年版，第31页。
② 张银荣：《"无差别境界"论是一帖麻醉剂》，《人民日报》1965年1月20日。
③ 周谷城：《生活系统》，上海商务印书馆1928年版，第44页。
④ 周谷城：《评茹行先生的艺术论评》，《新建设》1963年第9期。
⑤ 周谷城：《艺术创作的历史地位》，《新建设》1962年第12期。
⑥ 胡啸、姚介后、樊森：《周谷城"真实感情"说的真实面目》，《学术月刊》1965年第1期。

身心"交战"期过后,思想便完全出现。思想既经出现,便从消极的限制行动转向积极的解放行动和指导行动。解放行动和指导行动是思想的首要责任。思想活动时的生活情状,可以概括如下:

其一,环境中的各种现象明朗化。行动顺利之时,物我浑融一体,自我并没有清醒地认识到环境中的各种现象。但当行动失败后,物我分立,自我开始刻意认识环境,环境也就清晰明白起来。

其二,价值观念及价值判断涌现。自我在无问题的生活中只是生活,很少有价值观念或价值判断。但当生活出现问题时,自我就被迫考虑价值问题并作出价值判断。

其三,自我获得自由。当行动顺利的时候,自我就是行动,也无所谓自由不自由。但当行动失败的时候,自我开始脱离行动而获得自由,"到了思想的境界,身体的行动即已停止,所谓自我,就只是思想的行动"。

环境的明朗、价值观的出现以及自我自由的获得都根源于思想的责任未尽。思想的最初责任在于限制行动,但其最终作用却是解放行动。为此,思想要认清局面、寻找出路并拟订切实可行的计划。"真正的计划,乃断定现前的局面之后,所拟定的新局面。"① 新局面拟定好之后,行动便可解放了。

生活出现问题或陷入困境之后,思想就要发挥作用,就要寻找出路。抛开主观成见看,这样的认识和论述似乎再正常不过了。但批评者却无端指责说:"这正是柏格森的主观唯心主义的'生命哲学'的不折不扣的翻版!"②

新局面是行动的航线,但为了避免新的失败,思想就要为行动"导航"。《生活系统》指出:"为免除失败计,我们的思想乃从新拟的局面中,去其最不可航行者,取其最可航行者。"③

简言之,思想有三个重要作用:一为限制行动;二为解放行动;

---

① 周谷城:《生活系统》,上海商务印书馆1928年版,第46—47页。
② 胡啸、姚介后、樊森:《周谷城"真实感情"说的真实面目》,《学术月刊》1965年第1期。
③ 周谷城:《生活系统》,上海商务印书馆1928年版,第49页。

三为指导行动。思想与行动之间有密切关系。《生活系统》指出："思想用事时，行动停止；行动用事时，思想停止。二者在时间上为继续的，各为生活之一段，并非生活上并立的两个方面。"

《生活系统》对行动与思想的异同点加以细致分析，认为其相同点有三：第一，思想与行动都是生活。思想是生活的一段，行动也是生活的一段，二者在时间上周转相连；第二，行动当然是行动，思想也是行动。认为思想只是行动的工具，这种理解并不确切；第三，行动越完全，越有准则，越顺利，生活就越好。思想也是这样，越完全，越有准则，越顺利，生活也就越好。

思想与行动有何不同呢？《生活系统》提出五点不同。其一，行动是具体的，而思想是抽象的。其二，行动遇到障碍且无法打破时，行动就行不通了。而思想遇着障碍仍可畅行无阻。其三，思想创造行动路线，行动则依着路线进行。其四，思想是限制、解放和指导行动的，而行动是被限制、被解放和被指导的。其五，行动遇到障碍或失败时，思想便出现；思想是创造局面和改造局面的，其作用在于解放行动和指导行动。①

《生活系统》从生活事实出发，对思想的本质加以深究。其一，思想是生活的一段，是不具体的行动，随环境变化而产生或消失。其二，思想能够改造旧局面，拟定新局面，起解放行动和指导行动的作用。其三，思想活动时，自我就是思想，思想也就是自我的生活。

（二）自我与环境浑然一体

有问题的生活是生活的常态之一，也是不得已而有之的一种生活状态。与此相对应的就是物我浑融的生活状态，从事实看，这种生活状态也很普遍。

无问题的生活有什么特征呢？《生活系统》概括为三点。其一，行动不遇障碍。其二，没有独立的心理活动。其三，环境能够适合自

---

① 周谷城对人类思想的起源及其作用的解释后来被指责为抄袭杜威的实用主义。参阅汝信《货色从何而来？同谁划清界限？——评周谷城反动观点的几个理论来源》，《人民日报》1965年2月25日。

我的活动。在《生活系统》看来，无问题的生活"只是一个一往直前的行动。环境吧，心向吧，都与这一往直前的活动，浑然成为一体。所谓自我，也就只是这个一往直前的活动。这个浑然一体的、一往直前的活动，即是生活本来之面目"。①

在物我浑融的生活状态中，自我无须思考即可行动自如。但批评者却认为，人之为人就在于思想，无思想的生活或者无目的的生活则是不可思议的。他们想当然地批评说："周谷城的生活观是反理性的生活观。"② 不难看出，批评者所谓的理性实则并无多少理性可言。

无问题的生活，其突出特点是主客观相一致，即物我浑融。有人却不肯承认这一事实，他们强调主客观在任何情况下都相互分立和不调和。《生活系统》依据事实指出："环境是很顺利的，是没有障碍的，是与动作之方向一致的……二者只是不期然而然的调和迎合。"

无问题的生活在哲学上有不同说法。蔡元培认为现象界是有差别的境界，而实体界则是"绝对的无差别境界"，生活的目标就是由现象界达到实体界。蔡元培把"绝对的无差别境界"描述为："及达实体界，则意识界之营求泯，人我之见亦化。合现象世界个别之意见为浑同，而得与实体界吻合焉。"③ "绝对的无差别境界"也就是无问题的生活境界，即物我浑融的境界。

有"差别境界"，自然就有"无差别境界"，这是基本事实，也是起码的辩证法。"斗争哲学"只承认"差别境界"的存在，而矢口否认"无差别境界"存在的可能性。他们批评说："'无差别境界'纯系主观的臆造，客观上是任何时候、任何地方都充满着矛盾，矛盾是普遍的、绝对的。"④

《生活系统》认为，"乐"也是描述物我浑融的生活："'乐'不

---

① 周谷城：《生活系统》，上海商务印书馆1928年版，第64页。
② 李习东：《周谷城的实用主义认识论》，《新建设》1965年第2期。
③ 周谷城：《生活系统》，上海商务印书馆1928年版，第77—78页。
④ 胡啸、虞伟人：《"合二而一"论的一个标本——驳周谷城先生的"无差别境界"说》，《学术月刊》1964年10月。

就是物我浑然一体的情状吗？不就是物我不分，内外浑然一体的情状吗？"① 20 世纪 60 年代初，周谷城在《礼乐新解》一文中对"乐"的哲学意义加以探讨，其理论观点和《生活系统》对"乐"的见解几乎完全一致。②

就事实看，《生活系统》所阐发的无问题生活也是普遍的客观存在，从马克思主义哲学的对立统一学说看，无问题的生活也就是矛盾解决之后或矛盾处于统一、平衡之时的生活。但在"斗争哲学"看来，无问题的生活是不可思议的，也是根本不可能存在的。批评者对其中的"无差别境界论"尤为不解和反感："周谷城要人们过的'无差别境界'的生活，是蒙昧主义的生活……'无差别境界'的生活又是享乐主义的生活。"③

（三）信仰生活

《生活系统》认为，思想的作用表现为限制行动、解放行动和指导行动，而其最终目的则是要取消思想自身。思想为什么要取消其自身呢？简言之，身体的活动才是生活的"正面"，而思想的活动令人痛苦不安，是生活的"反面"。

《生活系统》认为，生活就像水之就下一样，自然而然地要避开苦痛之境而趋向平顺之境，由苦痛之境转入平顺之境的过程即为信仰生活。《生活系统》分析说："苦痛之境，本是生活所不当有的，不是生活之正面。而生活本来之方向又是朝平顺物我浑然之境流着的。故一入苦痛之境，便特别不安，特别不自然，急于要恢复那自然平顺之境……由苦痛之境转入平顺，断非一步可以达到的，中间必有一番经过。这番经过，即是信仰生活。"④

就上述文字看，"苦境"和"乐境"是生活中的两种基本境界。"苦境"是"差别境界"，"乐境"则是"无差别境界"，是生活的"正面"。人们处于"苦境"之时，必然要急于转向"乐境"，这应当

---

① 周谷城：《生活系统》，上海商务印书馆 1928 年版，第 79 页。
② 周谷城：《礼乐新解》，《文汇报》1962 年 2 月 9 日。
③ 李习东：《周谷城实用主义的认识论》，《新建设》1965 年第 2 期。
④ 周谷城：《生活系统》，上海商务印书馆 1928 年版，第 83 页。

是生活的自然法则和必然趋向。20 世纪 60 年代初，周谷城在《礼乐新解》一文中运用上述理论阐释"礼""乐"问题："由礼到乐，由劳到逸，由紧张到轻松，由纪律严明到心情舒畅，由矛盾对立到矛盾统一，由对立斗争到问题解决，由差别境界到绝对境界，由科学境界到艺术境界，亦断而相续，前进未有已时也。"①

《生活系统》所理解的苦、乐有五个要点。其一，苦、乐与生活不能分离。快乐是生活，痛苦也是生活，两者都是生活的情状。其二，苦、乐是任何人的生活都必然有的情状，因为有问题的生活和无问题的生活是人人都要经过的。其三，苦、乐之境是变动不居的，可互相转化。其四，苦、乐之境并非直接相连，两者之间为信仰生活。其五，"苦境"驱使行动向前，"乐境"诱使行动向前，两者共同促使信仰生活前行。

信仰生活究竟为何物？人们对此众说纷纭。《生活系统》则认为，通过分析信仰生活与他种生活的有机联系就可以认识这种生活。人们遇到问题而生活不下去或无路可走时就会竭力去寻找生活的出路，而当生活出路找到后，人们就会沿着出路而努力前行。"找出路"属于思想活动，是信仰生活的准备阶段，"找到出路"后就进入信仰生活了。

人们总是习惯性认为，信仰是意志的，思想是知识的，前者属行，后者属知，两者迥然不同，信仰不可能来自思想。《生活系统》基于事实而认定信仰来自思想，"我们只要拿这等信仰的来路或前进一步的生活情状看一下，便知道信仰出自思想之说，是很平常的"。②《生活系统》认为，思想是解释事实、拟定局面的，新局面拟定好了，行动便依照而行。由此可见，信仰并非天生，而是出自思想之后。思想有高下优劣之分，信仰自然也有高下优劣之分。

信仰是一种心理倾向，其所倾向的目标来自思想，这个目标就是思想所拟定的新局面。思想拟定好新局面，也就是确定好目标后，信

---

① 周谷城：《礼乐新解》，《文汇报》1962 年 2 月 9 日。
② 周谷城：《生活系统》，上海商务印书馆 1928 年版，第 92 页。

仰便朝着这个目标努力。常人所谓的信仰，指的就是思想所确定的目标以及对目标的心向。

信仰生活处于"苦境"和"乐境"之间，是前者趋向后者的过渡，信仰生活主要表现为意志的活动。周谷城在其后《史学与美学》一文中阐发美学问题时即运用了这一观点："由安于现实到与现实不能相安的时候，精神的活动表现为思考，为找出路，为制定方案，即理智的活动。方案是要否定原来的现实的，同时也是要实现其自身而为新现实的。一经制定，我们即照着做；不犹豫，奋勇前进，以期他的完全实现；这即意志的活动。"①

行动、信仰和信仰目标的出现意味着信仰生活的开始。信仰生活只是生活的一段，而绝非固定不变。信仰的目标实现了，信仰生活就会转入物我浑融的自然生活。针对以偏概全、夸大信仰以至绝对化的错误倾向，《生活系统》批评说："信仰之有意义，只因他有实现的可能性。倘无此可能性，便不是我们之所谓信仰了……信仰如果实现了，信仰生活不就消灭了吗？不就随着转入他种生活情状里了吗？"②

人们不免疑惑，举凡信仰都能实现吗？周谷城认为，透过信仰的表象而从其实际意义看，信仰是可以实现的。信仰的价值和意义就在于能够实现，绝对不可能实现的信仰和本来就不打算实现的信仰也就不能称其为信仰。

信仰问题既抽象又复杂，似乎很难理解和把握。但《生活系统》追根究底，剥茧抽丝，较好地揭示出信仰的实质。信仰虽有高下优劣之分，但它们无不来自思想，而且也可以用思想去分析，这就抹去了信仰的诸多神秘色彩。但也有论者对此提出质疑，认为周谷城把信仰一概归诸人类的思想有武断之嫌。③

三 阐释生活的进化

《生活系统》认为，物我浑融的生活、物我分立的生活和信仰生

---

① 周谷城：《史学与美学》，《光明日报》1961年3月16日。
② 周谷城：《生活系统》，上海商务印书馆1928年版，第101页。
③ 莫志斌：《周谷城传》，湖南师范大学出版社1997年版，第43页。

活构成生活的完整形态。物我浑融的生活难免转入物我分立的生活，物我分立的生活又为信仰生活所取代，信仰生活再转入物我浑融的生活。生活轮转不息，社会演进不已。

人类生活由三种基本情状一段一段地相续而成，表现为"断而相续"。周谷城以此观察历史，提出了不少独到看法。他在《史学与美学》一文中指出："不断的历史实成于一段一段的斗争。换句话说是断而相续的。"① 有批评者据此指责周谷城鼓吹"断而相续论"②。

（一）物我浑融生活的动摇

生活进化的第一步缘自物我浑融生活的动摇。生活的动摇缘自物我双方的变动，而物我双方的变动又缘自永无休止的运动。物我双方变动的结果导致彼此不协调和互相冲突。物我之间的相互冲突表明生活遇到困难，无问题的生活也就一变而为有问题的生活。

物我变动的结果每每引起困难的出现，但我们何以知道生活遇到困难了呢？有人说是先天理性告诉我们的；有人说是后天经验告诉我们的；有人说是自我感情告诉我的；还有人认为是知识和思想告诉我们的。《生活系统》则认为，困难只是一种生活情状，只用观察生活事实，便可轻易看出。

《生活系统》崇尚理性，但并不迷信理性。《生活系统》认为，从观察生活事实出发，诸如"判断生活是否遇到困难"之类的问题便会迎刃而解，这样的问题本无须借助什么高深的知识或理性等。周谷城的这些平实之论也被自视理性和自命不凡的"斗争哲学"指责为非理性的直觉主义。③

（二）生活的进化

《生活系统》所理解的生活进化，其含义有三：一是环境得到改善；二是自我得到改善；三是生活本身的轮转。《生活系统》认为，研究生活进化的切入点就是考察自我、环境以及自我活动这三方面。

---

① 周谷城：《史学与美学》，《光明日报》1961年3月16日。
② 史丁：《周谷城"断而相续论"的由来》，《文汇报》1964年11月21日。
③ 参阅汝信《货色从何而来？同谁划清界限？——评周谷城反动观点的几个理论来源》，《人民日报》1965年2月25日第6版。

生活的本质就是活动。物我浑融的生活是无阻碍的向前活动，物我分立的生活表现为心理活动。生活到了信仰之境时，身体活动和心理活动趋于并行。而举凡活动都会有一定的结果和影响，"不是改造客观方面之环境，便是改造主观方面之自我。不是两者同时改造，便是单独改造一面"①。

周谷城在解读农民起义问题时就运用了上述理论。"历史上每经过一次极大的农民暴动，便有三件大事得到改造：一则丧失统治能力的旧的统治阶级崩溃下去，新统治阶级，渐渐从暴动过程中训练出来，重新统治农民：这算是统治阶级的改造。二则不甘压迫起而暴动的农民，在暴动的过程中，死亡流窜渐就消灭；剩下来只是些柔弱如绵羊一般的顺民，最便于受人统治：这算是被压迫阶级的改造。三则两方对立的局面渐渐由动态转入静态，即由变乱进到太平：这算是阶级对立局面的改造"②。

《生活系统》认为，人类活动的结果大致可划分为两大类：一是有利于生活进行的；一是不利于生活进行的。前者一般都会保存起来，而后者要设法消灭掉。何以如此呢？《生活系统》分析说："生活的本来面目，是物我浑然一体的向前奔流……以前这个奔流的结果，对于以后这个奔流，如果没有障碍，反之，且能促进或帮助，那么便是好的，便会保存起来……反之，且是很有障碍的，那便是坏的，那便要设法去消灭。"③

也就是说，举凡有利于人类生活的结果都要保存起来，反之必然要加以淘汰。社会制度的兴衰更替和生活经验的代谢变迁即属此种情况。人类生活进化的实质就是不断地除旧布新，也就是新陈代谢。但怎样判断既有社会制度和经验的好坏与否呢？评价的标准又是什么呢？《生活系统》明确指出："拿着生活的本来面目作标准去衡量一切。凡合乎这个标准的便承认之，因其可以促进生活，可以帮助生

---

① 周谷城：《生活系统》，上海商务印书馆1928年版，第119页。
② 周谷城：《中国社会之现状》，上海新生命书局1933年版，第42页。
③ 周谷城：《生活系统》，上海商务印书馆1928年版，第121页。

活，使生活进行得更顺利。不适合这个标准的，便否认之，因其阻碍生活，使不能顺畅进行。"① 换言之，认清生活的方向才是正确判断的关键，而认清生活的方向，则有赖于科学进步和历史演进。生活的根本方向认清后，先知先觉的人就起而倡之，而普通大众也终会群起响应，人类社会在此过程中不断进化起来。

生活的进化源于物我双方的变动。生活变动不已，社会也就进化不已。生活一旦发生动摇，思想就会出现。思想的出现在于解决困难，在于拟定新局面。也就是说，思想在生活进化中扮演着重要角色，"进化之可能多赖思想，思想在生活上竟是进化之母"②。《生活系统》把人类生活进化的关键归结为人的思想，这的确是真知灼见。恩格斯曾明确指出："迅速前进的文明完全被归功于头脑，归功于头脑的发展和活动。"③

《生活系统》认为，生活遇到困难时，思想便开始出现。杜威来华演讲时也明确指出："困难是思想的起源。"④ 两者观点的接近或一致本无可厚非，也并非不可理解。但一些批评者却认定人的思想只能起源于社会实践，指责周谷城贩卖杜威的实用主义理论。⑤

四 科学的作用

《生活系统》认为，科学在生活轮转中居于关键地位，对于社会进化极其重要。《生活系统》对科学问题加以全面分析，对科学的求真和致用关系加以深入探讨。依照常理，生活陷入困境之时，思想便出来拟定新局面。新局面的拟定可能会出现多种情况：

其一，以不拟定代拟定。持此种生活态度的人也很明了生活遇到了困难，知道应当想办法克服困难，也知道困难并非不能克服，但他们又斤斤计较个人得失，总感到付出太多、代价太大而人生苦短，不

---

① 周谷城：《生活系统》，上海商务印书馆 1928 年版，第 125 页。
② 周谷城：《生活系统》，上海商务印书馆 1928 年版，第 128—129 页。
③ 《马克思恩格斯选集》第 4 卷，人民出版社 1995 年版，第 381 页。
④ [美] 杜威：《试验论理学》，刘伯明译，上海泰东图书局 1920 年版，第 16 页。
⑤ 李习东：《周谷城的实用主义认识论》，《新建设》1965 年第 2 期。

如索性由他去吧。很显然，这是一种得过且过、苟且偷安的生活态度。

其二，拟定超现实的新局面。持此种观点的人认为，当前的局面已糟糕透顶，也忍无可忍，于是便制定出一个与当前局面彻底决裂的新局面。问题是这样的新局面因超越现实而根本就无法实现。

其三，认为现实大致不错而勉强迁就之。持此种观点的人总认为当前的形势基本还好，主张安分守己，也要求别人随遇而安。这些人极力维护社会现状而反对变革，是顽固守旧分子。

其四，从现实出发而拟定出解决办法。生活一旦出现问题，就要积极应对，并制订出切实可行的行动计划："既不完全与旧局面脱离关系，又不完全据守着旧的局面。既不完全超现实而拟新局面，又不否认新局面，且很努力地设法拟定新局面。"

《生活系统》的上述议论显然是有感而发。近代中国积贫积弱亟待改变，但又因于保守主义和激进主义之争。在《生活系统》看来，保守主义顽固守旧，固不足取；激进主义脱离现实而空想未来，也不足取；而从现实出发拟定切实可行的解决办法则最为可取。既迎难而上又妥善应对，这样的生活态度最为可取。

《生活系统》认为，要拟定出切实可行的解决办法，首先要弄清"旧局面"里的困难，以确定解决办法。其次就是拟定好"新局面"。生活的特色就在于拟定"新局面"，社会进化的源泉也在于拟定"新局面"，思想之所以为思想，就在于拟定"新局面"。"新局面"有直接和间接之分，"所拟定之局面，如果为直接解放行动的，为解放一己之行动的，为暂时的，为特殊的，便谓之计划。所拟定之局面，如果为间接解放行动的，为解放大多数人之行动的，为永久的，为普遍的，便谓之科学"[①]。

20世纪60年代初，周谷城有感于"大跃进"运动的荒唐及其失败，在运用上述理论阐发史学、美学和哲学问题时着意阐发了科学的重要性。"生活过程就是斗争过程。在这过程中，随时有问题，随时

---

① 周谷城：《生活系统》，上海商务印书馆1928年版，第140页。

要解决。解决问题的办法，起码就要用理智，进行科学分析。殆客观规律找到了，解决问题的关键就找到了，便提出解决问题的方案。"①《生活系统》对科学满怀信心，认为科学在当下虽然还很幼稚，但科学的进步却永无止境。

《生活系统》认为，科学的本质就是逻辑关系。"就科学的知识而论，完全是些关系构成的……罗素先生常说'逻辑构成的关系'。我们之所谓科学的知识，很与他之所谓'逻辑构成的关系'相近。"②罗素极为重视逻辑分析法，认为哲学的本质就是逻辑分析③，罗素的"逻辑原子论"也就是逻辑分析主义，最为注重细致入微的逻辑分析。④周谷城颇为推崇罗素哲学，《生活系统》就很注重逻辑分析，其后的学术研究同样如此。例如，周谷城的"历史完形论"就直接引用了该理论。⑤

如何判断逻辑关系的正确与否呢？《生活系统》提出以实践来验证："关系之创始，只靠我们用思想去拟。关系之成立，必须用实验来证。"⑥ 由此可见，《生活系统》尽管对杜威哲学多有批评，但还是借鉴、吸收了其中的合理因素。

五四运动后，学界在科学问题上有所谓玄学派、实用主义派和纯科学派之分。玄学派因贬低科学而受到其他两派的一致攻击⑦，以致声名狼藉。杜威来华讲学后，实用主义学派一跃成为主流学派。实用主义学派固然重视科学，但又急功近利，急于致用。他们既攻击玄学派，也攻击纯科学派的不重功利。

---

① 周谷城：《礼乐新解》，《文汇报》1962年2月9日。
② 周谷城：《生活系统》，上海商务印书馆1928年版，第146—147页。
③ ［英］罗素：《逻辑与知识（1901—1950年论文集）》，苑莉均译，商务印书馆1996年版，第414页。
④ 金岳霖：《罗素哲学》，上海人民出版社1988年版，第54页。
⑤ 周谷城：《中国通史》"导论—历史完形论"，上海开明书店1948年版，第11—12页。
⑥ 周谷城：《生活系统》，上海商务印书馆1928年版，第148页。
⑦ 罗素对柏格森哲学持批评态度，而丁文江在"科玄论战"中对其老友张君劢很不客气地指出："张君劢是作者的朋友，玄学却是科学的对头。"参阅丁文江《玄学与科学——评张君劢〈人生观〉》，《努力周报》第48、49期，1923年4月。

应当如何对待科学呢?《生活系统》从科学的成立过程和存在的理由两方面加以分析:"科学尚在进行之时,尚未成立之时,如果杂以功利观念,那么便求不出可靠的真理。科学成立之后(前曾说过无绝对完全之科学,但一部分一部分的成立是有的),若无功利观念,反倒失去了科学的价值。"

《生活系统》认为,科学研究的过程解决"科学是什么"的问题,而科学存在的理由则是"科学能什么"的问题。只有前者的问题解决了,才能谈得上后者的解决。《生活系统》强调:"我们必先求出科学之真,然后讲求科学之用。求真之时,只能为求真而求真。真既求出了,然后来讲用。"①

《生活系统》并不否认科学的致用性,但明确反对急功近利的科学观,认为眼前无用不等于将来也无用,更不能因为眼前无用就认为科学无用。科学固然是为了应用,但急功近利并不利于科学研究。

科学是思想所拟定的精密计划,在物我分立的生活向信仰生活的转换中充当重要媒介。《生活系统》乐观地指出:"将来科学进步,世间万物,都被科学说明了的时候,人类对于世间万物都拟得有相当的局面,划得有相当航线的时候,生活前途便顺畅了。"②

《生活系统》把科学视为社会发展和历史演变的关键因素,同时也是实现美好生活的关键。周谷城对科学的乐观期盼可能与"科玄论战"后的"唯科学主义"倾向多少有关。有论者甚至认为"唯科学主义"在20世纪三四十年代还进一步发展成了"科学崇拜"。③ 周谷城一贯重视科学,在其后的学术研究中也多有强调。他在其后的《中国史学之进化》一书中更是精辟地指出:"吾人应断言一句曰:发展科学实为推进中国现代化之最大工程。"④

---

① 周谷城:《生活系统》,上海商务印书馆1928年版,第151页。
② 周谷城:《生活系统》,上海商务印书馆1928年版,第162页。
③ [美]郭颖颐:《中国现代思想中的唯科学主义(1900—1950)》,雷颐译,江苏人民出版社1990年版,第117页。近代中国是否存在唯科学主义问题?学界对此看法不一。例如,姜义华先生就明确否认该问题的存在。
④ 周谷城:《中国史学之进化》,上海生活书店1947年版,第3—4页。

第三节 《生活系统》的运用

《生活系统》奠定了周谷城的思想基础,对其人生道路、学术研究和史学思想都有深远影响。正如他本人反复所强调:"我搞出一个体系来了,成了一家之言,那就是《生活系统》"①,"我后来的工作,如果称得上是治学,却实是依这个框框进行的"②。就其重要性和独特性看,我们不妨把周谷城《生活系统》一书的哲学思想和认识称为"生活系统论"。

"生活系统论"注重求真与致用的统一,周谷城本人正是求真与致用相统一的典范。周谷城是著述等身的学者,同时也是大革命的参与者、爱国民主人士和著名社会活动家。正如他自己所总结:"我这个人一辈子所做的事可以说就是教学科研与反帝爱国。"③

周谷城治学领域广泛,这同样与"生活系统论"有关:要阐明生活的全部真相,就不能不综合研究和跨学科研究。正如他本人所指出:"我写书和写文章,好像很杂;既写历史,又写逻辑,又写美学。但这不是偶然的,在我的思想系统中非写这些不可。这一点……《生活系统》一书中已决定了。"④

周谷城"纵论今古,横说中外",更因独力撰著《中国通史》和《世界通史》两部通史著作而享誉史学界。对于周谷城来说,这并非不可思议。因为在他看来,要研究中国史而不了解世界史是很不方便的。同样,要著《世界通史》而缺少中国史也是很不完整的。抱残守缺、画地为牢与"生活系统论"格格不入。

周谷城的"历史完形论"强调历史的客观性和完整性,这与"生活系统论"注重客观与全面的思想基调相一致。周谷城率先起来批判"欧洲中心论",这同样不是偶然的。周谷城的"生活系统论"

---

① 吕涛、周骏羽编:《周谷城传略》,山西人民出版社1988年版,第24页。
② 周谷城:《我是怎样研究起史学来的》,《文史知识》1983年第10期。
③ 吕涛、周骏羽编:《周谷城传略》,山西人民出版社1988年版,第4页。
④ 吕涛、周骏羽编:《周谷城传略》,山西人民出版社1988年版,第21页。

和"历史完形论"追求客观和完整,而"欧洲中心论"则是偏颇狭隘之见,谈不上什么客观和完整。

"大跃进"运动失败后,周谷城先后发表《史学与美学》《礼乐新解》《艺术创作的历史地位》等论文,系统阐发史学、美学和艺术问题,其中的"无差别境界论"和"时代精神汇合论"引发"斗争哲学"的激烈批判和围攻。两者激烈冲突的实质,是"生活系统论"与"斗争哲学"的迥异。面对狂风骤雨般的批判和围攻,周谷城坚持辩论,表现得底气十足,"我坚持自己的观点,认为自己的主张是对的"①。

改革开放后,中西文化问题又成热点问题。崇洋媚外思潮急剧抬头,有人高调鼓吹全盘西化,甚至恨不得照搬美国。但与此同时,也有人大谈"东方文化回归"论,俨然舍我其谁。周谷城提出了"世界文化综合说",认为世界文化的发展趋势不会是纯粹的西方化,也不会是纯粹的东方化,而是走向综合。周谷城"世界文化综合说"的思想基础仍是"生活系统论"。

总之,"生活系统论"在周谷城史学中的运用是全面的和系统的,它内在地规定着周谷城史学的方方面面。"生活系统论"较多地涉及杜威、罗素、柏格森、边沁等现代西方名家以及梁漱溟、蔡元培、胡适、梁启超、张君劢等人的哲学思想,而且以进化论为基调,对中国传统文化中的哲学思想也有不少分析和讨论,但对马克思主义所论不多,似乎是有所轻视或者不太认同。其实不然,"生活系统论"虽有很大的独创性,但也有倾向性,那就是倾向于马克思主义。② 早在北京高师求学期间,周谷城已初步接受了马克思主义,后来受毛泽东的影响还参与了轰轰烈烈的大革命。周谷城的《中国社会史论》等著作还大量运用了马克思主义理论。事实充分表明,周谷城深受马克思主义影响,"生活系统论"倾向于马克思主义。长期以来,学界对周

---

① 吕涛、周骏羽编:《周谷城传略》,山西人民出版社1988年版,第24页。
② 吕涛、周骏羽编:《周谷城传略》,山西人民出版社1988年版,第24页。

谷城史学的属性纠缠不清①，问题的根源则是没有看到或充分估计到周谷城"生活系统论"的重要性、独特性和倾向性。

小　结

近代以来，"西学东渐"从最初的涓涓细流演变成了五四运动时期的滚滚大潮，中西文化的交锋也达到高潮。②近代中国面临新的价值取向和抉择，文化重估与重建工作成了迫切而重大的时代课题。面对中西文化的激烈碰撞，思想界出现了本位文化论、中体西用论、西体中用论和全盘西化论等基本立场。这些基本立场大都存在含糊、笼统和非此即彼的问题，倾向于把中西文化对立起来，不是以前者排斥后者，就是以后者排斥前者，低估了或者说看不到两者的相容、共通之处。③

在上述基本立场之下是一些似是而非的社会学说和主张。这些似是而非的学说和主张以各种人生观的形式在社会上广泛传播和蔓延，虽声势浩大，但实际意义有限。轰动一时的"科玄论战"就是在这种情况下爆发的。④一方认定科学快要破产了；另一方竟宣称科学万能，双方各执一端，使论战陷入空泛之争。不了解生活真相而空谈理论和社会改造，这种空泛、浮躁的社会心态既不利于理论建设也不利于社会改造，其消极影响显而易见。

《生活系统》不愿空谈理论和人生观问题，也不愿空谈社会改造，而对产生上述问题的生活本身和社会实际加以深入探讨。在力求完整理解和准确把握生活真相的基础上，《生活系统》找到了人类生活的相容、共通之处：人类生活由物我浑融之境、物我分立之境和信仰之

---

① 或曰马克思主义史学，或曰资产阶级史学，或曰封建主义史学等，而周谷城本人反复强调的是《生活系统》的独特性、倾向性和重要性。
② 何兆武：《中西文化交流史论》，中国青年出版社2001年版，第186页。
③ 莫志斌：《周谷城传》，湖南师范大学出版社1997年版，第40页。
④ ［美］周策纵：《五四运动——现代中国的思想革命》，周子平等译，江苏人民出版社1999年版，第340页。

境组成，三者依次递进、轮转不息；生活每轮转一次便进化一次，生活轮转不息，也就进化不已。找到了人类生活的相容共通之处，也就找到了人类社会进化的关键，找到了中国文化重估和重建的关键。《生活系统》强调思想是"进化之母"，强调科学在其中的重要性，这些无疑都是真知灼见。

中西文化问题、传统与现代化问题和科学与人生观的问题是当时聚讼纷纭的时代难题，《生活系统》却相当妥善地处理了这些时代难题。我们在《生活系统》中看不到中西文化的冲突与对立，看不到传统与现代化的冲突和对立，也看不到科学与人生观的冲突与对立，我们看到的是它们彼此之间的包容与调和，以及自然而然的演变和进化。《生活系统》在贯通中西和融汇古今方面堪称典范。

《生活系统》在阐发社会科学和历史哲学等问题时综合运用心理学、生物学、社会学、哲学和历史学等方面的知识，实现科学、道德和艺术三大领域的有机统一，开辟了跨学科研究和综合研究的思想体系。这样的思想体系是周谷城在此后的学术研究中"纵论今古、横说中外"的内在逻辑。

不可否认，《生活系统》也有其局限性。《生活系统》主要是系统考察人类社会的物我关系，对其他方面关涉不多。现实生活中的诸多问题，诸如战争、谋杀、压迫、剥削、争夺、仇恨等，就不只是物我关系的问题，而主要是人际关系的问题。①

尽管《生活系统》提出较为稳妥可靠的生活主张，但在革命战争年代，毕竟是坐而论道，对社会变革意义不大。大革命兴起后，周谷城起而践行，成为大革命的积极参与者。

---

① 莫志斌：《周谷城传》，湖南师范大学出版社1997年版，第42页。

第二章　中国社会史思想

周谷城的社会史思想主要体现在周著《中国社会史论》*一书中，现围绕该书深入考察并予以专门讨论。

第一节　《中国社会史论》的生成

早在北京高师期间，周谷城在广泛涉猎中接触到马克思主义并产生了强烈共鸣。在湖南一师任教期间，周谷城撰写出《生活系统》一书，形成独特的"生活系统论"。"生活系统论"虽有很大的独创性，但也有倾向性，那就是倾向于马克思主义。① "生活系统"视科学为生活进化的关键，又倾向于马克思主义，周谷城也就很自然地把马克思主义学说作为科学而加以研究。他采用"货到付款"的办法，函购了两套《资本论》，一套英文版，一套德文版，潜心钻研马克思主义理论。"生活系统论"既求真又致用，这是周谷城走出校园，参与大革命的思想基础。在湖南一师期间，周谷城与毛泽东过从甚密，

---

* 周谷城《中国社会史论》由《中国社会之结构》《中国社会之变化》《中国社会之现状》三部著作组成，此三部著作分别出版于1930年、1931年和1933年，由上海新生命书局出版发行。1988年，此三部著作修订后由齐鲁书社出版发行，合称《中国社会史论》，分上、中、下三篇，分别对应此三部著作。《中国社会史论》增加一个简要的"总序"，原有"弁言"被删除。除个别词句和段落有所变动外，基本内容不变。1989年，上海书店《民国丛书》第一编全文收录《中国社会之结构》《中国社会之变化》《中国社会之现状》三部著作。2009年，湖南教育出版社"湖湘文库"收录重印周谷城《中国社会史论》。为行文方便，本书采用《中国社会史论》提法，但参考依据仍主要是《中国社会之结构》《中国社会之变化》《中国社会之现状》三部著作的内容。

① 吕涛、周骏羽编：《周谷城传略》，山西人民出版社1988年版，第22页。

深受影响。毛泽东曾在湖南一师大礼堂形象地讲解阶级斗争问题："比如一条大河，你在里面游泳老不上岸，既不爬上那一边，也不爬上这一边，终究是要被水淹死的。阶级斗争中，资产阶级与无产阶级之间，没有中立之余地。要么站在资产阶级一边要么站在无产阶级一边，而站在资产阶级一边，终究要被无产阶级消灭的。"① 毛泽东的讲话促使周谷城走上大革命之路。他回忆说："当时形势变化很快，逼迫你要参加实际的斗争，如果只在室内读书，讲体系，根本不行，只有参加北伐的革命斗争，这是国共合作时的一场革命斗争，是以马克思主义为核心的，理论是马克思主义的，形式上是国共合作的。"②

1925 年，周谷城到大革命策源地广州参观，了解革命形势。北伐军攻克长沙后，周谷城参加了湖南农民协会，从事多项实际工作，并运用剩余价值论撰写出两篇论租谷的文章，揭露租谷的剥削性质。1927 年，北伐军占领武汉，周谷城也来到武汉，先是在邓演达领导的总政治部工作，后来又到毛泽东主持的全国农民运动协会工作。在此期间，周谷城撰写出《农村社会之新观察》一文，得到邓演达和毛泽东等人的一致好评，在武汉《中央副刊》刊发后，社会反响强烈。《农村社会之新观察》一文撰写于大革命时期，集中反映周谷城在大革命时期的思想倾向和社会主张，堪称《中国社会史论》的先声。文章分别论述了"耕地之由公有到私有""地主与佃户的关系""地租论""农民的无产化""封建之局""帝国主义与农民"六个问题。

周谷城认为，中国的土地制度经历了从公有到私有的演变历程。土地私有制出现后，土地兼并和阶级压迫现象随之出现，社会贫富悬殊等问题也愈演愈烈。地主与佃农之间，即为剥削和被剥削的关系，地租的实质就是地主剥削农民而来的剩余劳动。土地私有制必然造成农民普遍贫穷和破产的趋势。"随时随地，有落伍之虞，随时随地有化作无业游民之虞。加之以封建阶级之压迫，大地主之环攻，其穷也

---

① 周谷城：《我随毛主席从事农民运动的回忆》，《光明日报》1983 年 12 月 10 日。
② 周谷城：《我随毛主席从事农民运动的回忆》，《光明日报》1983 年 12 月 10 日。

殆如流水之就下而莫可御。"① 土地私有制一面造成农民普遍贫穷和破产的趋势；另一面不断制造出土豪劣绅和其他封建势力。周谷城认为，帝国主义与封建势力沆瀣一气，进一步构成压迫农民的铜墙铁壁，加速了中国农村的破产趋势。

　　大革命失败后，反动势力看到周谷城《农村社会之新观察》一文，认定该文作者必定是共产党而要抓人。② 周谷城只好远走上海避难。他在上海主要以译书、卖文为生。1929 年，周谷城出版了两本书，一是《中国教育小史》；二是《农村社会新论》。在此期间，周谷城因发表一些针砭时弊的文章而得罪反动当局，导致文章无处可发。1930 年秋，周谷城应邀到中山大学社会学系任教，并担任系主任一职。在此前后，周谷城的《中国社会之结构》《中国社会之变化》《中国社会之现状》三部系列之作相继撰写而成，均由上海新生命书局出版发行。1987 年，齐鲁书社将此三部著作合并为一本书，个别词句有变动，基本内容不变，定名为《中国社会史论》，分上、下两册，60 余万字。2009 年，湖湘文库编辑收录周谷城《中国社会史论》，合订为一册，由湖南教育出版社出版发行。

　　该著是周谷城史学体系的重要组成部分。周著《中国社会史论》是如何生成的呢？周谷城从现实出发而研究中国社会和历史，全书问题意识浓厚，现实感强烈。周谷城是大革命的参与者，又是锐意求真的学者，面对空前剧烈的社会变动，弄清和阐明中国社会的真相也就势所必然。《论租谷》《农村社会之新观察》等文章正是周谷城在大革命时期探索中国社会真相的初步成果。大革命从形势大好到惨遭失败，这对周谷城、对每一个革命者来说都触动很大，他们不能不深刻反省大革命失败的原因及大革命失败后中国社会的去向。这种反思很自然地聚焦于对中国社会性质的判断，而弄清中国社会性质就不能不研究中国社会史。从大革命的参与者到中国社会和社会史研究的探索

---

① 周谷城：《农村社会之新观察》，《中央副刊》，1927 年 4 月连载。
② 周谷城回忆："《农村社会之新观察》一出来，他们要捉人，说是共产党写的。"参阅吕涛、周骏羽编《周谷城传略》，山西人民出版社 1988 年版，第 26 页。

者，周谷城正是这样自然而然地走过来的。旷日持久、影响深远的"中国社会史论战"也是在这样的时代背景和社会氛围下发生的。①周谷城没有过多地卷入这场争论②，但论战显然使他深受触动和启发。

在此期间，周谷城与邓演达等人关系密切，参与创办"第三党"活动。"第三党"主张平民革命，坚决反抗国民党"右派"的反动统治，但也明确反对共产国际干预中国革命。③ 周谷城与邓演达"莫逆于心两共鸣"④，其《中国社会史论》借鉴和吸收了邓演达的某些思想和主张。此外，陶希圣对周谷城也有一定影响⑤，其《中国社会史论》也借鉴和吸收了陶希圣的某些见解。

总之，《中国社会史论》是周谷城大革命时期思想观念的继承和发展。大革命失败后，周谷城游离于党派之外，身份超脱，能够在独立思考的基础上广泛借鉴和吸收"中国社会史论战"的积极成果，以及邓演达与陶希圣等人的一些理论思考。

第二节 《中国社会史论》的内容

周谷城的《中国社会史论》由上、中、下三篇组成，分别对应于周谷城的《中国社会之结构》《中国社会之变化》和《中国社会之现状》三部系列著作。此三篇虽侧重点不同，但也有不少交叉重复之处，且前后变化较大。上篇五章，分别为"结构之始""统治阶级""被压迫的民众""知识分子"和"社会结构与新形势"。中篇四章，分别为"帝国主义与产业革命""都市的发展""农村的崩溃"和

---

① [美]阿里夫·德里克：《革命与历史：中国马克思主义历史学的起源，1919—1937》，翁贺凯译，江苏人民出版社 2005 年版，第 34—35 页。

② 周谷城表示他只想把注意力集中到最为迫切的现实问题上，而不愿过多地理会这场论战。周谷城：《中国社会之现状》"弁言"，上海新生命书局 1933 年版，第 2 页。

③ 邱挺、郭晓春：《邓演达生平与思想》，甘肃人民出版社 1985 年版，第 186—259 页。

④ 《邓演达生平与思想》，甘肃人民出版社 1985 年版，第 1 页。

⑤ 周谷城《中国社会史论》三书均由陶希圣等人主办的新生命书局出版，周谷城在《中国社会之结构》"弁言"中谈到陶希圣对其学术思想的影响："我因同陶希圣先生谈话，受了他的暗示，自己的见解变了。"

"都市发展与农村崩溃中的军阀"。下篇六章，分别为"一部斗争的中国史""经济之辩证的动态""社会阶级的重组""维持阶级次序之工具——政治""维持阶级次序之工具——教育"和"思想的变动"。

周谷城《中国社会史论》既是历史学著作又是社会学著作，两者浑然一体，很难截然分开。通观全书，周谷城《中国社会史论》的主要内容有：一部斗争的中国史、对中国经济的历史考察、对社会阶级的历史考察、对中国政治的历史考察、对中国教育的历史考察、对学术思想的历史考察、对近代中国的历史考察和对知识分子的历史考察。

一 一部斗争的中国史

远古时期的民族关系究竟是以和平共处为主还是以对立斗争为主，学界多有分歧。周谷城坚持认为，一部中国史就是一部斗争史，因为"我们在中国历史上所看见的民族，却是相互斗争的"①。从斗争的内容和性质上看，中国史可细分为以下几个阶段。秦以前为第一阶段——由民族斗争到阶级对立。秦至鸦片战争前为第二阶段——阶级对立时期。鸦片战争后为第三阶段——由阶级对立到新的民族斗争。自"今"以后为第四阶段——由新的民族斗争到新的阶级对立。

周谷城认为，远古时期，民族斗争不断，汉族在激烈的民族斗争中胜出，于是民族斗争让位于阶级斗争，阶级社会就此形成。民族斗争的根源则是生存竞争，"人类为着自己的生存，就非斗争不可"②。

周谷城认为，政治与民族斗争和阶级斗争的关系都很密切。周初，汉民族在激烈的民族斗争中获胜，封建制随之建立。秦代建立大一统的中央集权国家，民族斗争转化为阶级对立，封建制为中央集权制所取代。周谷城指出："掌握政治权力的是君主及特权者；构成政治机括的是官僚；依靠政治保护的是地主。几千年以来的中国政治，

---

① 周谷城：《中国社会史论》，湖南教育出版社2009年版，第8页。
② 周谷城：《关于历史哲学》，《史地丛刊》1933年第11期。

便是这种三位一体的政治。"① 与此相近，陶希圣也有地主、士大夫和官僚三位一体的说法。②

周谷城认为，政治是阶级压迫和剥削的工具，而每当统治阶级腐化不堪时农民暴动就随之而起，但农民暴动的结果依然是阶级对立局面。他指出："社会上尽管有极大的动乱，尽管有长期的纷扰，然社会制度从不变更，阶级对立的局面从不动摇。"周谷城因此大为感慨中国史的有乱无变。农民暴动的根本原因则是统治阶级的残暴："历代农民的暴动，都是统治阶级残酷的镇压之下发生的。"③ 农民暴动主要针对统治阶级，但也存在很大的盲目性和破坏性。

学界大都认为，农民暴动不可能真正解决社会问题，更不可能改变社会性质。邓演达指出："农民在过去奋斗的结果，只有被狡黠的新兴封建主诈骗，只有造成新封建的统治，结果是朝代循环不已的兴亡，而农民问题始终得不到解决。"④ 陶希圣认为："数千年改朝易代的斗争，从没有社会革命及民主革命的性质。"⑤

从鸦片战争开始，中国在新一轮的民族斗争中惨遭失败。周谷城认为，帝国主义的军事侵略是手段，经济侵略是目的，前者以后者为转移。鸦片战争前，列强通过鸦片贸易大获不义之财，但在中国禁烟后就发动军事侵略。他指出，八国联军战争迫使清廷完全屈服，帝国主义的经济、文化侵略从此畅行无阻。但与此同时，中国人民也在觉醒，反帝运动随之兴起。

二 对中国经济的历史考察

周谷城最为关注的经济问题是土地制度。他认为，土地集中是中国经济的基本特征，也是中国社会的基本特征。土地私有是私有制的必然

---

① 周谷城：《中国社会之现状》，上海新生命书局1933年版，第38页。
② 陶希圣：《中国社会之史的分析》，上海新生命书局1935年版，第53页。
③ 周谷城：《中国社会之现状》，上海新生命书局1933年版，第42—43页。
④ 邓演达：《现在大家应该注意的是什么？》（一九二七年二月十七日），转引自《邓演达历史资料》，华中理工大学出版社1988年版，第39页。
⑤ 陶希圣：《中国社会之史的分析》，上海新生命书局1935年版，第37页。

产物，而土地集中则是私有制下的必然产物。翦伯赞指出："自从战争加大了贵族的威权以后，大批的奴隶都由氏族的公有，一变而为贵族个人的私有，除了一部分当作货物而用于交易以外，大部分是被役使于荒旷的土地之开垦，这样一来，土地便开始其个人私有的过程。"① 土地问题是社会各界都很关注的问题。李达指出："农民问题的中心，是土地问题，土地问题不解决农村经济没有复兴的可能，新式产业也没有发展的可能，占人口过半数的农民生活问题，便不能解决。"②

周谷城对商业资本问题很关注，认为"自秦汉以来至于今日，商业资本在中国的发达却成了绝对不可否认的事实"③。陶希圣有类似观点，认为中国社会自秦汉以后不再是封建制度，而是商业资本支配下的小生产制。④ 学界对商业资本的认识存在严重分歧。陶希圣和周谷城等人强调商业资本的重要性，但也有不少人不以为然。翦伯赞指出："商业资本只是生产之一种从属，他只能作用于各时代的既存的生产方法之基础上，而自身不能为独立之发展，更不能创立一种独立的生产方法，因而也不能形成一个独立的社会。"⑤

国际资本进入中国后，既有的地租、商业资本和高利贷资本在国际资本的引领下开始转入城市并进入新式工商业。⑥ 国际资本和国内资本的交互作用引起中国经济的变动，"一方面由旧式的变成新式的；另一方面由中国的变成世界的一部分"。商业资本更加活跃起来，"中国有的是农业品，而工业品感到缺乏，外国有的是工业品，而农业品感到缺乏。中外的情形如此，中国的商业之突飞猛进，乃成了事理上之必然"⑦。李达对近代中国商业资本的畸形发展也有论述："在

---

① 翦伯赞：《前封建时期之中国农村社会》，《三民半月刊》第5卷第9期，1930年。
② 《李达文集》编写组编：《李达文集》，人民出版社1980年版，第493页。
③ 周谷城：《中国社会之现状》，上海新生命书局1933年版，第94页。
④ 陶希圣：《中国前代之革命》，《新生命》第3卷第1号，1929年5月。
⑤ 翦伯赞：《"商业资本主义社会问题"之清算》，《世界文化》1936年创刊号。
⑥ 陶希圣对此转变也有所论述："自帝国主义的经济势力，发展中国的城市经济并破坏中国的农村经济以后，投资的方向因之一变，而群趋于工商业的经营。"参阅陶希圣《中国社会之史的分析》，上海新生命书局1935年版，第24页。
⑦ 周谷城：《中国社会之现状》，上海新生命书局1933年版，第99页。

国际帝国主义侵略中的中国，工业资本的集积虽然遇到许多困难，而商业资本的集积，却是比较容易得多。"①

周谷城认为，帝国主义对中国的商品倾销和原料掠夺致使农村手工业衰落，"外来商品这样流入，一方面把中国农业品吸收过去，以扩大或延续资本主义国家的生产；另一方面乃把中国固有的手工业冲撞至七零八落"②。邓演达指出："开关以后，帝国主义者以廉价商品侵入农村，家庭手工业于是崩坏。"③

周谷城认为，挽回利权运动正是在此背景下应运而生。社会资金日益投向实业活动，旧式经济逐渐变为新式经济。"因为它能使旧的生产制度渐渐变成新的生产制度，能弄出轮船火车来代替帆船骡马，能弄出工厂机器来代替家庭手工，能弄出新式银行来代替钱庄票号，能弄出新的社会阶级来代替旧的社会阶级。"④

周谷城认为，民族资本与国际资本的关系颇为复杂。"国际资本主义者的资本，在中国活动的形式或为商品，或为投资，或为债款，处处与中国原有的资本及新聚积的资本发生关系。其关系的式样，或为互相调和，或为互相冲突，或为互相融合，或为互相竞争。"⑤ 民族资本与国际资本的交互作用把中国经济纳入世界经济体系，中国经济逐渐沦为国际资本主义的附庸。刘梦云（张闻天笔名）指出："帝国主义之所以在中国创造最小限度的资本主义的企业与资本主义的关系，并不是为了要发展中国的资本主义使中国变成一个资本主义国家，而是为了要使中国变成它的殖民地，变成它的附庸。"⑥ 由于国际资本的压制和束缚，民族资本很难发展起来。"中国的新式产业，目前还停顿在粗工业的时期之中，还没有向前发展的曙光，并且显出

---

① 《李达文集》编写组编：《李达文集》，人民出版社1980年版，第467页。
② 周谷城：《中国社会之现状》，上海新生命书局1933年版，第102页。
③ 邓演达：《中国国民党临时行动委员会政治主张》，转引自《邓演达历史资料》，华中理工大学出版社1988年版，第213页。
④ 周谷城：《中国社会之现状》，上海新生命书局1933年版，第116页。
⑤ 周谷城：《中国社会之现状》，上海新生命书局1933年版，第115页。
⑥ 刘梦云：《中国经济之性质问题的研究》，《读书杂志》中国社会史论战专号第1辑，1931年。

了新生产力颇受障碍的现象。"① 有论者分析帝国主义的作用时指出："帝国主义在中国一方面推动资本主义的发展；一方面阻碍资本主义。"②

周谷城认为，民族资本与国际资本既相融合又相竞争，结果却是国际资本获得了更多、更大的发展。他指出："中国经济发展之日，就是国际资本主义在华势力雄厚之时。中国经济愈发展，国际资本主义在华的势力愈雄厚。"③ 李达也有相应分析："中国近代产业的大部分是直接间接受了国际资本主义的支配，同时和这个对抗的本国人自己经营的近代工业，也渐渐的发展起来了。"④

周谷城认为，国际资本主义的商品倾销和资本输出固然可以直接地或间接地促进中国经济的发展，但从另一方面看，中国经济也在帮助国际资本主义发展，而且成为主要结果。商品市场、原料市场和投资市场是国际资本主义的生命线，中国却在给它们帮大忙。"近代的中国，成了世界问题的重心；世界的安危，几乎完全系于中国；其唯一无二的原因，颇为中国能帮助国际资本主义继续发展。"⑤

民族资本与国际资本的融合与竞争，在客观上有助于中国产业革命的发展。但这些客观、平实之论被"斗争哲学"指责为"是跪在帝国主义面前乞讨活命的奴才哲学！"⑥

三 对社会阶级的历史考察

阶级观点是马克思主义理论的基本观点，阶级分析法是马克思主义理论的基本方法。马克思主义传入中国后，中国社会是否是阶级社会，中国社会是否适用马克思主义理论日益成为学界争论的焦点问

---

① 《李达文集》编写组编：《李达文集》，人民出版社1980年版，第476页。
② 罗敦伟：《中国社会史论战总评及中国社会结构的新分析》，《中国社会》1934年创刊号。
③ 周谷城：《中国社会之现状》，上海新生命书局1933年版，第127页。
④ 《李达文集》编写组编：《李达文集》，人民出版社1980年版，第458页。
⑤ 周谷城：《中国社会之现状》，上海新生命书局1933年版，第139页。
⑥ 史言般：《批判周谷城关于中国近代经济发展的谬论》，《光明日报》1965年1月27日。

题。大革命时期，国共两党在该问题上发生严重分歧，也是两党关系破裂的重要原因。中国共产党坚持认为中国社会的阶级性和马克思主义理论对中国社会的适用性，在此基础上坚决主张开展阶级斗争。国民党则是恰恰相反，他们否认中国社会的阶级性和马克思主义理论对中国社会的适用性，因而坚决反对开展阶级斗争。

周谷城认为，中国社会属于阶级社会，中国的社会结构就是不平等的阶级结构。他旗帜鲜明地指出："我写这本小书，目的只是要把中国社会之阶级的结构，或不平等的结构暴露出来。中国社会里的不平等、有阶级，是很明显的事。"① 他进一步指出："我写这本书的目的，只在把中国社会里面压迫与被压迫或剥削与被剥削的残酷事实找出来。"②

周谷城认为，中国传统社会的统治阶级包括特权者、官僚和地主。③ 周谷城将地主阶级列入统治阶级阵营不是偶然的，因为革命者都很关注地主阶级对农民阶级的剥削问题。陶希圣认为："中国社会之支配的势力还是直接剥削中国直接生产者农民阶级的地主阶级。"④ 邓演达指出："农民需纳生产品百分之五十交地主，为农民根本的痛苦，故农民要求不拿地租给地主，即要得到土地。"⑤ 中国共产党更明确指出："第一个逼迫农民的自然是地东。"⑥

周谷城所列举的被压迫者主要包括农民、手工业者和小商人，认为他们是物质财富的创造者，同时也是被压迫者。"他们没有政权，统治阶级却凭政权向他们榨取经济的利益，以图生存，以图发展；他们则凭劳力改造天然事物，转移天然事物，以谋自己之生存及供给整

---

① 周谷城：《中国社会之结构》"弁言"，上海新生命书局1930年版，第1页。
② 周谷城：《中国社会之结构》，上海新生命书局1930年版，第46页。
③ 1930年，周谷城《中国社会之结构》一书的阶级划分为"君""臣""民"，其中"君"为统治阶级，"民"为被统治阶级，"臣"为介于两者间的中间阶级。到了1933年，周谷城《中国社会之现状》一书将"臣"列入统治阶级阵营。
④ 陶希圣：《中国之商人资本及地主与农民》，《新生命》第3卷第2号，1929年10月。
⑤ 邓演达：《在国民党土地委员会第一次扩大会议上的讲话》，《邓演达历史资料》，华中理工大学出版社1988年版，第106页。
⑥ 中央档案馆编：《中共中央文件选集》第1册，中共中央党校出版社1983年版，第463页。

个社会之需要。"①

周谷城对历代农民暴动详加考察，认为其特点有四。其一，暴动大都发生于统治阶级腐化不堪和民不聊生之时。其二，暴动的主力是农民，暴动的对象则是统治阶级。其三，暴动的旗号或为迷信的，或为宗法的，或为皇帝的，与民主革命毫无共通之处。其四，暴动只是引起新旧统治阶级的更替，对民众而言"什么也没有得着"②。他的结论是，一部农民暴动史也就是一部有乱无变史。陶希圣也有类似观点："中国前代之革命常终于使英雄从平民变作帝王，使新贵代替旧贵，使新剥削重叠于旧剥削之上。"③ 批评者指责周谷城把农民的阶级斗争歪曲成了生存竞争。④ 农民暴动多由"荒谬绝伦的怪杰"倡导，并借助迷信相号召，周谷城的这些言论被指责为诬蔑和丑化了农民阶级形象、否认农民革命的伟大作用等。⑤

周谷城认为，富商大贾们社会地位很特别，因为历代政府既压制他们又借重他们。历代奉行的"重农抑商"政策就是压制富商大贾们的政策，"对于富商大贾，几乎历代都施行严重的压迫。压迫的方法，可大别为两种：一则贱商的法令，降低商人的社会地位；二则病商的政策，妨害商人的营业"⑥。由此可见，富商大贾们不属于统治阶级一边，但也不完全属于受压迫者一边。陶希圣对传统的"重农抑商"政策也有分析："中国历代政府的基础不在都市而在农村。历代政府的事业不在振兴商业，而在便利农业。"⑦

周谷城认为，地主和商人具有剥削者和被剥削者的双重属性。"地主与商人的地位似乎相当，都是直接剥削农民及手工业者或小商

---

① 周谷城：《中国社会史论》，湖南教育出版社2009年版，第627页。
② 批评者抓住这句话大做文章，指责周谷城对统治阶级镇压农民暴动的行为拍手称快。参阅施仁诚《周谷城的反动历史观的核心及其哲学基础》，《光明日报》1964年12月24日。
③ 陶希圣：《中国前代之革命》，《新生命》第3卷第1号，1929年5月。
④ 罗思鼎：《周谷城历史观的面面观》，《解放日报》1964年11月15日。
⑤ 倪凤翰：《驳周谷城对农民起义的诬蔑》，《史学月刊》1965年第4期。
⑥ 周谷城：《中国社会之现状》，上海新生命书局1933年版，第158页。
⑦ 陶希圣：《中国社会之史的分析》，上海新生命书局1935年版，第68页。

人的，同时都要受政府，或官僚与特权者的剥削。"但他又认为，地主和商人不从事生产，他们自身并没有什么可供剥削的，而且与官僚相交通。"官僚可以变为大地主，大地主可变为大商人，大商人又可变为大地主（在中国历史上大商人直接变为大官僚的较少），大地主复变为大官僚。"① 就事实看，地主和商贾们确有被压迫、被剥削的一面，但从革命者立场看，两者同是革命对象，只能被认为是剥削者和压迫者。

周谷城认为，剥削制度必然产生两种社会剩余物：一为剥削者剥削而来的剩余劳动；二为被剥削者因受剥削而沦为社会剩余人。在新生产方式出现前，剩余劳动因没有机会转化为生产资本而成为真正的社会多余物，而剩余人也因为没有机会从事生产而成为社会多余人。新生产方式出现后，两者互有需求，也"一拍即合"，成为民族资本兴起的两个重要条件。

陶希圣认为，高利贷资本、商业资本、地租、田赋以及苛捐杂税导致中国农村产生大量剩余人口，但当剩余人口变为兵、匪之时又会制造出新的剩余人口。陶希圣称此现象为剩余人口的再生产。一些剩余人口沦为游民，而游民通常又会制造新的社会危机，"游民的蜂起是革命的叛逆"②。

周谷城认为，许多新式人物随着新生产方式的出现而出现，其中最主要的就是资产阶级和无产阶级。资产阶级主要由官僚、地主、富商和军阀转变而来，而无产阶级通常由破产农民、小商人、手艺工人和手工业者构成。针对失业者和流民多如牛毛的社会现状，周谷城指出，这对于国际资本和民族资本来说未尝不是好事。因为"高等游民多，可以直接间接帮助国际资本主义在华发展。流氓无产者多，则是国际资本主义剥削的极好对象。国际资本主义者与民族资本主义者在中国境内互相争夺的便是这种对象。谁能多开设工厂，多运用资本，

---

① 周谷城：《中国社会之现状》，上海新生命书局1933年版，第162页。
② 陶希圣：《中国封建社会史》，上海南强书局1930年版，第89页。

谁便能多吸收这种对象，多榨取中国的剩余劳动"①。

失业者太多必然导致严重的社会问题。李达指出："他们进不能卖力于工厂，退不能自寻生活的途径，终于徘徊于城乡市井，流离失所，这就是匪盗游民充满于全国的原因，也就是失业问题成为严重的社会问题的原因。要解决这个问题，也只有发展国家资本。"② 周谷城认为，解决兵、匪问题的根本出路在于发展新式产业，但发展新式产业却为国际资本主义提供了更多的发展机会。换言之，如要解决兵、匪问题，就必须打倒帝国主义，赢得民族独立。

周谷城认为，近代中国融入世界的过程，也是同步沦为国际资本主义附庸的过程。买办们在此过程中充当了帝国主义的帮凶，"他们帮助国际资本主义者直接或间接榨取中国工农的剩余劳动；他们是国际资本主义者侵略中国的代理人"③。有论者分析认为："买办阶级的形成，加强了帝国主义对中国的侵略，促使了中国社会走向半殖民地化"④。中国商人在此过程中也被打上了买办的烙印：他们一面帮助国际资本主义在中国倾销商品，一面又帮助帝国主义掠取原料；一面在挽救"垂死的资本主义"，另一面又给"中国工农群众套上新枷锁"、把他们"拖到国际资本主义势力之下去"。在此过程中，中国社会渐渐与世界接轨并一致起来，"世界的社会关系，固然日渐密切；但世界的阶级对立，却也日渐显明"⑤。有论者指出，资本主义征服全世界的过程，同时也是全世界日益呈现为资产阶级和无产阶级两大阶级对立局面的过程。⑥

四 对中国政治的历史考察

周谷城推崇马克思主义学说，认为政治的实质就是阶级统治的工

---

① 周谷城：《中国社会之现状》，上海新生命书局1933年版，第186页。
② 《李达文集》编写组编：《李达文集》，人民出版社1980年版，第495页。
③ 周谷城：《中国社会之现状》，上海新生命书局1933年版，第205页。
④ 黄逸峰、姜铎：《旧中国的买办阶级》，上海人民出版社1982年版，第76页。
⑤ 周谷城：《中国社会之现状》，上海新生命书局1933年版，第212页。
⑥ [日]上田茂树：《世界社会史》，施复亮译，上海昆仑书店1929年版，第153页。

具。"政治之为物,即是统治阶级所专有的,即是统治阶级掠夺被压迫者的经济利益的武器。"① 周谷城对资产阶级的政治学说不以为然,他批评说:"不注意于经济及社会的事实,仍只是似是而非的空论。"② 他认为,几千年来的中国政治虽有贵族政治、官僚政治和地主政治之说,但其实质都是统治阶级掠夺被压迫阶级的工具。

周谷城对近代中国的军阀问题颇为关注,认为军阀除受制于帝国主义之外,不受其他任何势力宰制,成了土皇帝。③ 周谷城对近代军阀政治的成因加以考察:"因内部的经济发展尚未成熟,所谓民主势力,没有英美资产阶级那样大的力量,不足以树立政权。这时候只有军事领袖,为各方所借重,成了奇货,最易构成军阀政治。"关于近代军阀政治的运作机制,周谷城一针见血地指出:"军阀直接指挥贪官污吏;贪官污吏直接指挥土豪劣绅;土豪劣绅直接宰制民众。"④

近代军阀是新旧势力过渡时期的产物。有论者指出:"军阀割据和纷争局面的出现,反映了中国旧的专制统治和权力中心主义,已因民主革命潮流不可遏抑而无法再恢复,而中国资产阶级又无法建立自己的统治,结果只能由群起的军阀来填补这一过渡时代和社会阶级状况所造成的真空。"⑤

周谷城对帝国主义侵略详加分析,认为领事裁判权和军警驻扎权都是帝国主义侵略中国的直接表现。"各国驻军警于中国之目的,无非是直接镇压中国民众,以图经济侵略之更方便,更有效。"⑥ 革命者大都认同,帝国主义的经济侵略是目的,其他侵略则是手段。张闻天指出:"帝国主义侵略殖民地与半殖民地的目的,是为了要投资,是为了要推销他们的商品,是为了要取得原料的供给。要达到这些目

---

① 周谷城:《中国社会史论》,湖南教育出版社2009年版,第23页。
② 周谷城:《中国社会之现状》,上海新生命书局1933年版,第218页。
③ 参阅刘达永《驳周谷城对反动军队的辩护》,《史学月刊》1965年第4期。
④ 周谷城:《中国社会之现状》,上海新生命书局1933年版,第263页。
⑤ 段云璋、邱捷:《孙中山与中国近代军阀》,四川人民出版社1989年版,第207页。
⑥ 周谷城:《中国社会之现状》,上海新生命书局1933年版,第272页。

的，它必须利用政治的、军事的与经济的力量，夺取殖民地半殖民地的经济命脉和政治权力。"① 打倒帝国主义是中国革命的首要目标，与此相应，学界对帝国主义的侵华问题多有关注和研究。②

周谷城认为，军阀与帝国主义沆瀣一气，起到了巩固帝国主义统治的作用。孙中山就明确指出，"北伐"的主要目标就是打倒军阀和帝国主义。③ 革命者认为，军阀和帝国主义都是中国革命的基本对象。④ 李达从推动产业革命的角度阐述了打倒帝国主义和封建势力的必要性："打倒帝国主义的侵略，廓清封建势力和封建制度，是中国革命的唯一对象，同时又是发展产业的唯一前提。"⑤

五 对中国教育的历史考察

周谷城认为，在阶级社会中，教育必然是统治阶级的工具，这就注定教育必然是统治阶级的教育。对于历代统治阶级来说，要维持自己的统治地位，就要尽量使民众处于愚昧无知状态。周谷城认为，特权者有特权者的教育，官僚地主有官僚地主的教育，前者接受的是身份教育，后者接受的则是治术教育。

周谷城指出，选举制度原本是选拔人才之用，但后来却蜕变为笼络之术。"当其初行，或行之未久之时，贵族对官僚地主之子弟，常存客气或惜重之心。到后来就不同了，选举制度，完全成了敷衍或牢笼官僚地主子弟之工具。"⑥ 应当说，科举制度的作用是复杂的，既有积极的一面又有消极的一面。有论者指出："由于科举制度将权力、财富、地位和学识结合起来，这就造成了中国极端重视教育、刻苦勤

---

① 刘梦云：《中国经济之性质问题的研究》，《读书杂志》中国社会史论战专号第1辑，1931年。
② 常书林：《帝国主义与中国》，上海世界书局1927年版，第63页。
③ 曾宪林：《中国大革命史论》，中共党史出版社1991年版，第169页。
④ 中央档案馆：《中共中央文件选集》（一九二一—一九二五年），中共中央党校出版社1983年版，第226页；参阅邓演达《关于游欧和返国过沪之报告》（一九二六年一月一日），转引自《邓演达历史资料》，华中理工大学出版社1988年版，第8页。
⑤ 《李达文集》编写组：《李达文集》，人民出版社1980年版，第488页。
⑥ 周谷城：《中国社会之现状》，上海新生命书局1933年版，第294页。

奋读书的传统,但也带来许多消极的影响,使中国的教育成为培育少数脱离社会发展需要的精英教育。"① 尽管科举制度的消极作用很突出,但积极的一面也不应忽视。有论者认为:"科举制度的确为我们民族文明的辉煌,输送了一束束合格人才的薪火。"②

周谷城对民众教育给予高度评价。"维持数千年之民族生命,一也;保存数千年之民族习惯,二也;巩固数千年来中国文化(即统治阶级之文化)之基础,三也。"然而民众教育并非与官僚、地主教育绝缘,"凡多识几个字的农民及手工业者便以勾结统治阶级中之地主或劣绅为荣"。周谷城认为,旧式教育的基本精神就是偏重统治阶级和治术。"所讲求的,只是如何镇压农民及手工业者;并非运用生活必需之知识技能,以直接从事于生产。"③ 在他看来,旧式教育的根本问题就是"空疏腐化"④。

周谷城认为,鸦片战争后,中国的旧式教育开始向新式教育转变。"帝国主义压迫到了极点,中国欲图自强,于是不得不维新教育。"⑤ 新式教育的实质就是否定"空疏腐化"的旧式教育,就是引入资本主义的实用教育。"要保护和发展民族资本主义,实现改革,就必须有一批新的掌握'西学'、发展资本主义工商业的人才,而这种人才,不是空疏的封建教育所能胜任的,因而提出了一系列教育改革的主张。"⑥

新式教育的初衷是"师夷长技以制夷",而其基本做法就是"抄袭帝国主义的成法"。⑦ 周谷城指出,新式教育的实质则是资本主义教育,"把往日维持身份的教育,讲求治术的教育,变一个崭新,变成了纯粹资本主义社会里的教育"。他认为,新式教育因生搬硬套外

---

① 林家有:《政治·教育·社会:近代中国社会变迁的历史考察》,天津古籍出版社2004年版,第128页。
② 王炳照、徐勇主编:《中国科举制度研究》,河北人民出版社2002年版,第475页。
③ 周谷城:《中国社会之现状》,上海新生命书局1933年版,第303页。
④ 朱从兵:《教育史话》,社会科学文献出版社2000年版,第1页。
⑤ 周谷城:《中国社会之现状》,上海新生命书局1933年版,第306页。
⑥ 朱从兵:《教育史话》,社会科学文献出版社2000年版,第39页。
⑦ 周谷城:《中国社会之现状》,上海新生命书局1933年版,第314页。

国而完全归于失败，表现为受教育者为权贵和富人垄断，以及学非所用和人才闲置等问题。

大革命失败后，周谷城撰文多篇，深入剖析教育问题，严厉抨击中国教育以权贵和富人为中心，城乡脱节，以脑力为中心①，尖锐批评教育界广泛存在的派系问题②和官场化现象③。这些研究成果在周谷城的《中国社会史论》中都有直接运用。

新式教育本来应当为我所用，结果却有利于国际资本主义扩张，因为"中国的教育一新，最便于国际资本主义之继续发展也"④。对于国际资本主义来说，要防止义和团之类的排外运动，最有效的办法就是开通社会风气，而新式教育就起到了这种作用。⑤

周谷城认为，教会的根本作用在于欧化中国。"中国人既变成教士，那于国际资本主义者便有很多好处了；他们抛弃原有一切的习惯、思想，而跟着洋教士后面转，把西洋的风俗习惯思想学得来。"教会学校的作用也在于欧化中国，而被欧化的中国人更是欧化中国的得力工具。"他们自身又成欧化中国人之工具；时时刻刻在帮助国际资本主义者欧化中国人；使中国人抛弃自己的风俗习惯思想，吸收西洋文明，为国际资本主义侵略大开方便之门。"⑥

帝国主义教会及其附属机构的文化侵略性毋庸置疑。毛泽东精辟地指出："帝国主义列强对于麻醉中国人民的精神一个方面，也不放松，这就是它们的文化侵略政策。传教、办医院、办学校、办报纸和吸引留学生……其目的，在于造就服从它们的知识干部和愚弄广大的中国人民。"⑦ 有论者进一步指出："教会学校或教会所办的各类教育事业，是帝国主义列强对我进行文化侵略政策的最重要的也是最大量

---

① 周谷城：《今日中国之教育》，《教育杂志》第19卷第11号，1927年11月。
② 周谷城：《教育界之党派观》，《教育杂志》第20卷第7号，1928年1月。
③ 周谷城：《官场似的教育界》，《社会与教育》1930年第5期。
④ 周谷城：《中国社会之现状》，上海新生命书局1933年版，第326页。
⑤ 参阅罗思鼎《周谷城历史观的面面观》，《解放日报》1964年11月15日。
⑥ 周谷城：《中国社会之现状》，上海新生命书局1933年版，第340页。
⑦ 毛泽东：《中国革命与中国共产党》，人民出版社1952年版，第11页。

的手段。"①

周谷城认为，新式教育有很大的买办性，其实际作用就是欧化中国。"要把教育办成新的，不得不把几千年传下的古董，如旧思想，旧学问，旧道德，旧习惯，旧风俗等渐渐抛弃。要把教育办成新的，不得不把传遍世界的新文明，如新思想，新学说，新制度，新道德，新习惯等一律吸收进来。"② 他尖锐地指出，对于中国人而言，欧化就是洋奴化，"他们几乎变成了国际资本主义者的家人，非其服不服，非其言不言，非其行不行……个个成了买办"③。邓演达对此问题也有尖锐的批评："整个的被美国的买办'文化'所征服，已经完全失却农业社会的根基。确实吸收的只是享乐的表面——或希望得到这种虚伪的'文化'来享受，而欧洲文化的根基，丝毫不曾观察。"④

六 对学术思想的历史考察

周谷城认为，中国传统思想出现的成因在于阶级社会的出现。春秋战国时期，学术思想繁荣起来，其根源则是阶级问题的严重。"我们认为引起思想之基本原因，却在阶级对立之局面的严重化。"⑤ 阶级对立局面出现了，应对该问题的各种学术思想也随之出现，"流氓之数愈多，作奸犯科的日众，社会的次序，或阶级的次序，必然的混乱。为欲防止或消灭此种混乱，乃有种种的思想学说"⑥。周谷城在这里运用了"生活系统论"：思想是解决问题的，思想随问题的出现而出现。阶级对立局面的出现意味着社会问题的严重，应对社会问题的学术思想也随之出现。由此不难理解，春秋战国时期学术思想何以纷纷涌现并繁荣一时。

---

① 李楚材：《帝国主义侵华教育史资料——教会教育》"序"，教育科学出版社1987年版，第1页。
② 周谷城：《中国社会史论》，湖南教育出版社2009年版，第769页。
③ 周谷城：《中国社会之现状》，上海新生命书局1933年版，第343页。
④ 邓演达：《怎样去复兴中国革命——平民革命？》（一九三一年六月二十五日），转引自《邓演达历史资料》，华中理工大学出版社1988年版，第311页。
⑤ 周谷城：《中国社会史论》，湖南教育出版社2009年版，第775页。
⑥ 周谷城：《中国社会之现状》，上海新生命书局1933年版，第353页。

周谷城认为，在各种学术思想中，最具影响的是孔、老、墨三大家。老子心目中的理想社会是"无欲、无为"的简朴社会，其救世之策是"无为"，认为只要统治者"无为"就可天下太平。老子要统治阶级"无为"，统治阶级自然很难接受，老子的学说也就不很得势。墨家为民众说话，要求统治阶级"克制"和"体谅"，这些绝难为统治阶级所接受，墨家也就成了绝学。著名学者蔡尚思被誉为当代中国的墨家钜子①，他对墨家的平民立场极为推崇，认为墨子比孔子高明得多，是中国古代思想家中的真正圣人②。

周谷城认为，儒家学说最为得势的根本原因在于其最为合乎统治阶级的口味和利益。"孔家学说之成功最大，历时最久，盖因其与统治阶级的利益最相融合。"③ 陶希圣也有类似观点，认为儒家学说的理想政治是贵族政治，其中也渗透着官僚政治的主张。④ 周谷城指出，儒家学说经董仲舒等人的改造后更投统治阶级所好，因而取得了独尊地位。隋唐以降，儒家学说与科举考试相结合，发展为"深入民间的唯一麻醉剂"和"结结实实的教义"。但也有论者指出："理学与经学的结合，在儒学复兴的潮流中，对理学思想体系的发展和传播，起到了相当大的作用……作为中国文化新形式的理学，当时成了中国文化总体结构的核心。"⑤

周谷城还认为，中国传统社会是儒家学说与法家学说相表里。他分析说："孔家学说可以麻醉人心，可以驯服农民手艺工人及手工业者，使不发生反抗运动。法家学说，则可以直接镇压人民的反抗，可以补孔家麻醉剂之所不及。两者实是互相为用的。"历代统治者几乎都是法家的实际奉行者，"统治阶级或未与法家学说接过头；但事实上历代统治阶级都是法家学说的实行者"⑥。

---

① 姜义华：《当代墨家钜子蔡尚思》，《复旦学报》2005年第1期。
② 蔡尚思：《蔡尚思学术自传》，巴蜀书社1993年版，第151页。
③ 周谷城：《中国社会之现状》，上海新生命书局1933年版，第362页。
④ 陶希圣：《中国社会之史的分析》，上海新生命书局1935年版，第31—32页。
⑤ 张岂之：《中国思想史》，西北大学出版社2001年版，第304页。
⑥ 周谷城：《中国社会史论》，湖南教育出版社2009年版，第791页。

周谷城认为,明末清初时期,中国思想界出现了反理学思潮。"一为戴东原对宋儒理欲之辨的反驳;二为黄黎洲对君臣职责的非议;三为俞理初对男女平权的主张。"他指出,中国思想界由此开始新旧嬗变。"孔家学说这样的转变,可以说是近代中国思想转变的开端。也可以说是农业手工业社会里的统治思想转变为工业资本主义社会里的统治思想之开端。"①

周谷城认为,鸦片战争是中国社会新旧思想转变的分水岭,而张之洞和梁启超等人是中国社会新旧思想更替中的代表性人物。张之洞的"中体西用"论是中国新旧思想过渡的绝好写照,"戴东原、黄黎洲、俞理初诸人的思想……于西洋资本主义社会里所流行的新思想,却未明白表示欢迎。张之洞就不同了。他自己固不是思想家,却极力主张迎受新思想"。②梁启超是继张之洞之后的又一代表性人物,梁氏对旧思想无情批判,引介新思想又不遗余力,可谓功高厥功至伟。

周谷城认为,到了五四运动时期,由西方而来的民主和科学思想开始成为中国思想界的新宠,而民主和科学与资本主义社会有着不解之缘。"就其发展而言,可以说是资本主义社会的产物;就其作用而言,又可以说是推动资本主义社会的原因。"③ 五四运动时期,苏俄影响虽也出现,但欧美影响仍居于主导地位。有论者指出:"'五四'时期,对中国传统的伦理、道德、风俗和制度的主要挑战,来自以自由、民主、科学这类观念所体现的西方思想。西方特别是美国在这方面的影响是不容忽视的。"④ 五四运动以后,杜威的实用主义经胡适等人的提倡而广泛流行。周谷城认为,实用主义虽很浅薄,但对无产阶级思想的传播构成严重障碍。不过,实用主义在五四运动时期的广泛流行也有其社会基础。有论者指出:"在五四前后各种西方思潮纷至沓来令人目不暇接之际,实用主义却排斥各色各样主义,以解决实

---

① 周谷城:《中国社会史论》,湖南教育出版社2009年版,第792页。
② 周谷城:《中国社会之现状》,上海新生命书局1933年版,第379页。
③ 周谷城:《中国社会之现状》,上海新生命书局1933年版,第390页。
④ [美]周策纵:《五四运动——现代中国的思想革命》"导言",周子平译,江苏人民出版社1999年版,第14页。

际的社会问题为宗旨,这对渴望新思潮的心理异常迫切而新知识累积的基础又很肤浅的知识分子来说,具有较大吸引力显然是毫不足怪的。"①

洋务思潮、维新变法思潮和实用主义思潮在近代中国的影响毋庸置疑,而张之洞、梁启超和胡适等人在其中的代表性地位同样毋庸置疑。② 批评者认为,张之洞、梁启超和胡适等人都属于资产阶级改良派的代表,是和革命派相对抗的反动派。他们质问道:"为什么周谷城对孙中山、邹容、章太炎、鲁迅等革命思想家一个不提,独独要挑出张之洞、梁启超、胡适这样一些反动的猥琐人物来反映中国近代思想的发展呢?"③

周谷城为马克思主义在中国的兴起而欢呼。他认为,现代中国是国际资本主义的殖民地,世界上流行的各种思想在中国都有市场。在帝国主义时代,全世界的无产阶级和资产阶级分处两大对立阵营,中国的无产阶级和资产阶级也不例外。在此情形之下,中国的无产阶级思想也就勃然而兴。

周谷城认为,辩证唯物主义和历史唯物主义是马克思主义的哲学基础,而阶级斗争理论则是"最透辟的学说"④。阶级斗争贯穿人类阶级社会的全部历史,而资本主义社会则呈现为资产阶级与无产阶级的对立与斗争。无产阶级是最为革命的阶级,在新的阶级斗争中,无产阶级必将迎来社会主义,阶级冲突也必将随着社会主义的确立而消亡。

周谷城由衷地推崇阶级斗争理论,在《中国社会史论》等论著中充分运用了这一理论,与中国共产党开展的阶级斗争实践遥相呼应。⑤ 然而社会各界就阶级斗争理论在中国的适用性问题存在严重分歧。国

---

① 章清:《胡适评传》,百花洲文艺出版社1992年版,第106页。
② 周谷城始终坚持这一观点,在此后的《中国通史》和中华人民共和国成立后发表的《胡适的道路》(1951年)以及《历史发展与学术变迁》等论著中反复阐述了这一观点。
③ 罗思鼎:《评周谷城所谓"张之洞—梁启超—胡适"的道路》,《学术月刊》1965年第2期。
④ 周谷城:《中国社会史论》,湖南教育出版社2009年版,第826页。
⑤ 陈伯达:《斯大林和中国革命》,人民出版社1952年版,第16页。

民党右派反对中国共产党开展阶级斗争,并由此导致两党关系破裂。①国民党左派(例如陶希圣等人)虽指责中国共产党的阶级斗争为"狭隘的阶级战争",但并不否认近代中国存在阶级问题。②"第三党"主张平民革命,虽坚决反对国民党右派的反动统治,但也明确反对开展无产阶级革命。邓演达指出:"中国现实需要的不是共产主义或社会主义的革命,而是平民革命。社会主义的革命,只有在资本主义的成熟期才能施行,而平民革命,则为由前期资本主义时代达到社会主义的枢纽和杠杆。"③

周谷城认为,现代中国是历史因素和世界因素共同作用的结果,中国的现代化与世界化相伴而生并相互作用。"由过去到现在,为中国之现代化的过程;由中国到世界,为中国之世界化的过程。"他指出,世界性的阶级对立局面正在形成中:"各国的资产阶级,立于一边,互相联合,成为一个'世界的'资产阶级,以国际联盟为其代表机关。各国的无产阶级,立于另一边,互相联合,成为一个'世界的'无产阶级,以第三国际为其代表机关。"④

可以看出,周谷城的上述分析主要基于世界革命理论。张闻天也指出,帝国主义统治了除苏联以外的所有国家和地区,"帝国主义,不但统治各帝国主义国家,而且也统治全世界(当然占全世界六分之一的苏联除外)"⑤。革命者一致认为,帝国主义时代就是世界革命的时代。早在1928年,郭沫若就提出这样的观点:"世界资本主义的进展已经达到了最后的阶段,它已经把那国家的形式打破成国际的形式,把地方的形式打破成世界的形式;因而从前一国一地方的自然发

---

① [美]阿里夫·德里克:《革命与历史:中国马克思主义历史学的起源,1919—1937》,翁贺凯译,江苏人民出版社2005年版,第193页。
② 陶希圣指出:"第一,资本阶级与无产阶级,已有'见端'。……农村阶级的现状,为事亦属可惊。"参阅陶希圣《中国社会之史的分析》,上海新生命书局1935年版,第26—27页。
③ 邓演达:《怎样去复兴中国革命——平民革命?》(一九三一年六月二十五日),转引自《邓演达历史资料》,华中理工大学出版社1988年版,第307页。
④ 周谷城:《中国社会之现状》,上海新生命书局1933年版,第429—430页。
⑤ 刘梦云:《中国经济之性质问题的研究》,《读书杂志》中国社会史论战专号第1辑,1931年。

生的社会革命也发展成为最后阶段的世界革命的形式了。"① 打倒帝国主义、实现社会主义是革命者的基本共识："这土地革命成功后，并不将在中国开辟一个资本主义急速发展的前途，而是将开辟一个非资本主义的前途。"② 这里所谓的"非资本主义的前途"，也就是社会主义的前途。

七 对近代中国的历史考察

近代中国如何而来？近代中国又发生着怎样的变化？这也是周谷城《中国社会史论》要讨论的重要问题。

（一）帝国主义侵略与中国的产业革命

鸦片战争开启了中国社会新旧嬗变的历程，近代中国逐渐成形。大革命前后的中国，社会变化程度究竟如何呢？对此问题，学界看法颇为不同。周谷城倾向于认为中国社会已发生很大变化："快要由农业经济变到工业经济了；快要由小规模的个人主义的生产制度，变到大规模的资本主义的生产制度了……快要由农业社会变到工业社会了；或更高深一点说，快要由静的社会变到动的社会了……快要由东方文化变到西方文化了；快要由精神文化变到物质文化了。"③ 李达与周谷城的看法颇为一致，"我们虽不能说中国完全变成了资本主义国家，但是可以说整个的中国经济，都被国际资本主义所笼罩，一切的一切，都打上了资本主义的火印了"④。"托派"也倾向于认为资本主义已经成为中国社会的主要特征。⑤ 陶希圣尽管没有明说中国社会的变化程度，但他指出："帝国主义的侵略引起了中国社会构造的变化。"⑥

与上述观点大为不同的是，共产国际和中国共产党坚持认为中国

---

① 郭沫若：《中国古代社会研究》"导论"，人民出版社1954年版，第17页。
② 刘梦云：《中国经济之性质问题的研究》，《读书杂志》中国社会史论战专号第1辑，1931年。
③ 周谷城：《中国社会之变化》，上海新生命书局1931年版，第2页。
④ 《李达文集》编写组：《李达文集》，人民出版社1980年版，第490页。
⑤ [美]阿里夫·德里克：《革命与历史：中国马克思主义历史学的起源，1919—1937》，翁贺凯译，江苏人民出版社2005年版，第54页。
⑥ 陶希圣：《中国社会之史的分析》，上海新生命书局1935年版，第24页。

社会仍为半殖民地、半封建社会。① 邓演达也不认为中国社会已发生了根本性变化,他强调:"中国的新兴工业,已经是十二分的微薄,而且在其经济的关系上,不能完全脱去了官僚资本及军阀政权的'保育'。"② 今天看来,周谷城的判断确有不妥之处,但在当时也不失为一家之言。

中国社会何以长期发展缓慢甚至停滞不前?这是时人普遍关心的问题。何干之分析说:"奴隶制度发展不完全,农村公社的残余留在封建社会,阻碍着资本主义先决条件的成熟,是中国社会停滞的根源。"③ 邓云特(邓拓)对此有不同看法:"我认为中国社会经济长期停滞的原因,是在于中国历史上旧的生产方法——即以农奴劳动为主体的小规模农业生产和家庭手工业的统一结合,构成了内部坚固的小规模经济体,在这样的经济体内那些非自由的农民,始终是在超经济的强制下替封建地主劳动。"④ 陈伯达认为,地理环境的封闭和对外贸易的落后是中国封建社会长期停滞的次要原因,而根本原因在于中国社会自身的经济结构。"商业资本和高利贷资本与封建式的土地占有确定了三位一体坚固结合的道路。这种三位一体的结合,使商业资本含高利贷资本不但不能继续解体封建社会,而且转成为封建社会继续解体的最顽强的桎梏"⑤。

以上观点虽不无分歧之处,但都倾向外因促使中国社会发生变化。周谷城持"外铄论",他明确指出:"帝国主义的侵略是中国社会变化的动因,换言之中国社会的变化是帝国主义的侵略逼迫出来的。"⑥ "外铄论"颇有影响,持此论者大有人在。陶希圣等人均持此

---

① [美]阿里夫·德里克:《革命与历史:中国马克思主义历史学的起源,1919—1937》,翁贺凯译,江苏人民出版社2005年版,第61页。
② 邓演达:《怎样去复兴中国革命——平民革命?》(一九三一年六月二十五日),转引自《邓演达历史资料》,华中理工大学出版社1988年版,第298页。
③ 何干之:《研究中国社会史的基本知识》,《自修大学》第1卷第1期第1号,1937年。
④ 邓云特:《论中国封建制的停滞问题》,《时代论坛》第1卷第8号,1936年8月。
⑤ 陈伯达:《中国社会停滞状态的基础》,《文史》第1卷第3期,1934年。
⑥ 周谷城:《中国社会史论》,湖南教育出版社2009年版,第258页。

观点①。李达也明确指出:"欧洲的产业革命是自力的,是因自力的充实由国内而逐渐展开以及于世界,中国的产业革命是外力的,是由外力的压迫由世界而渗入于国内。"②

周谷城认为,西方的产业革命有其内因,"因学术发达,机器发明,生产进步,乃有所谓产业革命。因产业革命,商品剩余,大家向外夺取市场,于是乎有大规模的军备之扩充"。③ 近代中国的产业革命则是帝国主义逼出来的产业革命,因而与西方的产业革命大为不同,"始则扩充军备,继乃开发产业,终乃提倡学术"。帝国主义始则逼出中国的产业革命,继则又严重地影响中国产业革命的进行,"中国的产业革命,方才萌芽;而如日中天的帝国主义却恰恰与他平行,把他压成个七零八落"。④ 周谷城认为,帝国主义在逼出中国产业革命的同时也掌握着中国的经济命脉。⑤ 李达也有近似观点:"然而半殖民地还是半殖民地,虽然踏入了产业革命的过程,走到初期资本主义的阶段,而结果还是半殖民地,半殖民地的资本主义的发展,也只是国际帝国主义的发展的助因。"⑥

(二) 新都市兴起

鸦片战争后,帝国主义竭力在华开辟商埠,久而久之,这些商埠就发展成为新都市。周谷城认为,这些新都市对帝国主义最为有利,而中国自身的权益反而受损严重。"一方面把中国经济套在国际资本主义的经济网里面;另一方面延长了帝国主义的寿命。"⑦

周谷城指出,帝国主义凭借不平等条约的保护,一面倾销剩余商品,一面掠取原料,这就十分不利于中国自主进行的产业革命。他认

---

① 陶希圣:《中国社会之史的分析》,上海新生命书局1935年版,第25页。该书初版于1929年。
② 《李达文集》编写组编:《李达文集》,人民出版社1980年版,第392页。
③ 周谷城:《中国社会史论》,湖南教育出版社2009年版,第284页。
④ 周谷城:《中国社会之变化》,上海新生命书局1931年版,第42页。
⑤ 中央档案馆:《中共中央文件选集》第四册(一九二八年),中共中央党校出版社1983年版,第341页。
⑥ 《李达文集》编写组编:《李达文集》,人民出版社1980年版,第393页。
⑦ 周谷城:《中国社会史论》,湖南教育出版社2009年版,第343页。

为,在这种条件下即使实现了产业革命,也毫无意义。他进一步指出,帝国主义决不愿看到中国自主实现工业化。"帝国主义侵略中国,最希望中国商业发达,最不希望中国工业发达。"① 陶希圣也指出:"在今日的中国,商业尚支配工业,而大工业则操在外国资本阶级之手。"② 周谷城对重商主义问题颇为关注③,认为近代中国的挽回利权运动是带有重商主义性质的致富图强运动。

周谷城认为,新式金融业随新式工商业的兴起而兴起,但金融命脉却掌握在帝国主义手中。帝国主义的银行不仅压制中资银行,而且操纵中国政治,助长军阀混战。李达对帝国主义银行的侵略性也有揭露:"在中国的外国银行,同时又是中国政府的债权者,有左右中国财政的势力,所以外国银行是帝国主义政策的典型的东西。"④

周谷城对都市社会加以考察,认为都市社会表现出严重的两极分化:一端为资本家,另一端为劳动者。资本家竭力剥削工人,而工人还之以罢工等斗争。也就是说,都市社会已呈现出资产阶级和无产阶级对立的局面。

周谷城揭露了买办的危害性。其一,使中国在外交上被动。其二,助长国家的内乱。其三,打击民族工商业。"站在外国资本家的佣人或走狗地位,恰恰作了打击中国工商业的有力工具。"⑤ 这样的分析与中国共产党颇为一致。中共四大就明确指出,买办是帝国主义的御用工具,是中国革命的重要对象。⑥

产业革命兴起后,都市中的自由职业日益繁多。自由职业者人数虽多,但阶级属性颇难划分。他们"好像是站在资本家一边,又好像不是。好像站在劳动者一边,又好像不是"。踌躇之余,周谷城将其归于统治阶级阵营,因为"他们几乎完全方便于富人"。

---

① 周谷城:《中国社会之变化》,上海新生命书局1931年版,第124页。
② 陶希圣:《统一与生产》,《新生命》第3卷第4号,1929年10月。
③ 吕涛、周骏羽编:《周谷城传略》,山西人民出版社1988年版,第42页。
④ 《李达文集》编写组编:《李达文集》,人民出版社1980年版,第459页。
⑤ 周谷城:《中国社会之变化》,上海新生命书局1931年版,第151页。
⑥ 中央档案馆编:《中共中央文件选集》第一册(一九二一——一九二五年),中共中央党校出版社1983年版,第273页。

周谷城对都市社会的犯罪问题加以考察,认为都市社会犯罪高发的根源在于阶级对立和贫富悬殊。他分析说:"都市愈发展,贫富愈悬殊,生活的斗争愈紧张,或生存竞争愈激烈,人们的侥幸心理愈发达,破坏社会秩序的事必然的多起来。"①

(三) 农村走向崩溃

周谷城认为,新都市的发展恰恰以牺牲农村为代价。他指出:"中国近几十年都市发展的事实,恰恰是破坏农村的。农村加速度的崩溃,便促成了都市的发展。"② 因此,在新都市显著发展之时,广大农村却日益呈现崩溃之势。③ 中国农村原本就处于濒临"崩溃的状态",帝国主义侵入后,农村更呈加速崩溃之势。④

周谷城认为,土地私有制是农村问题的根源。土地私有制必然引起土地兼并,而土地兼并又必然导致贫富悬殊。"兼并土地之事,既极盛行,贫富的悬殊,也就日甚一日。"⑤ 要解决农村问题,就要做到"耕者有其田",并进而实现土地国有。张闻天明确指出:"土地国有,是土地革命的最后的一句话,即是土地革命的最彻底的实行,因为这是消灭中国地主对农民的封建剥削的最彻底的办法。"⑥

周谷城在此重申地租的剥削性。"被地主剥削去的劳力,化成实物便是田租。地主向佃户征收田租,正如资本家向工人榨取剩余价值一样。"⑦ 有学者认为,马克思的剩余价值理论有其特定范畴,似乎

---

① 周谷城:《中国社会之变化》,上海新生命书局 1931 年版,第 176 页。
② 周谷城:《中国社会之变化》,上海新生命书局 1931 年版,第 181 页。
③ 民国时期,学者大都认为中国农村处于崩溃之中。参阅丁达《中国农村经济的崩溃》,上海联合书店 1930 年版;朱新繁:《中国农村经济关系及其特质》,上海新生命书局 1930 年版;朱其华:《中国农村经济的透视》,上海中国研究书店 1936 年版;薛暮桥:《中国农村经济常识》,大连大众书店翻印 1946 年版;翟克:《中国农村问题之研究》,广州国立中山大学出版部 1933 年版;李景汉:《中国农村问题》,上海商务印书馆 1937 年版。
④ 在对中国农村崩溃原因的认识上,周谷城和"第三党"的基本观点颇为一致。参阅《中国国民党临时行动委员会政治主张》(一九三〇年九月一日),《邓演达文集》,人民出版社 1981 年版,第 363 页。
⑤ 周谷城:《中国社会之变化》,上海新生命书局 1931 年版,第 188 页。
⑥ 刘梦云:《中国经济之性质问题的研究》,《读书杂志》中国社会史论战专号第 1 辑,1931 年 11 月。
⑦ 周谷城:《中国社会之变化》,上海新生命书局 1931 年版,第 199 页。

不宜无限加以运用。① 但在当时，马克思主义者大都把剩余价值理论直接运用于所有的阶级社会，认为中国传统社会的地租就是剩余劳动性质。吕振羽就明确宣称："地租的本身，在前资本主义社会的场合里，无论以何种形态表现出来，本质上即是剩余劳动即无偿劳动的构成物。"②

周谷城对破坏农村经济的地租、商业资本和高利贷加以专门分析。他认为，近代以前的地租主要用于土地兼并，"这种现零，很像马克思《资本论》中所谓资本之累积"③。商业资本也主要用于土地兼并，结果就是土地的高度集中，农民因无地可耕而最终走向暴动。王礼锡指出："商业资本的累积便无其他出路，只是与土地资本结合，造成农村经济的崩溃，造成间歇期的农民暴动。"④ 除用于土地兼并外，地租也用作高利贷。周谷城抨击土地兼并和高利贷"是破坏农村的两个毒气炮"⑤。陶希圣也有类似观点，认为商人资本（商业资本和高利贷资本）制造的土地兼并是破坏农村经济的重要因素。⑥

商业资本主义问题是"中国社会史论战"的焦点问题之一。朱新繁指出："土地可以自由买卖，这固然是一个事实，但是单就土地可以自由买卖一点，决不能就肯定地说是'资本主义化'。"⑦ "新生命派"和"托派"都强调商业资本的作用，把商业资本视为资本主义。周谷城倾向于把商业资本视为资本主义，与"新生命派"和"托派"

---

① "托派"学者持此种观点，他们认为剩余价值是资本主义社会的产物，反对把剩余价值理论应用到资本主义社会之外。严灵峰认为："我们以为'价值'是个历史的范畴，不是任何时代都有的，'剩余价值'也是一样，它必须是资本主义制度下的产物也只有资本主义制度下才有发展这个'剩余价值'的概念。"参阅严灵峰《在"新战场"上所发现的"行尸走肉"》，《读书杂志》中国社会史论战专号第1辑，1931年11月。
② 吕振羽：《中国经济之史的发展阶段》，《文史》1934年创刊号。
③ 周谷城：《中国社会之变化》，上海新生命书局1931年版，第211页。
④ 王礼锡：《中国社会史论战序幕》，《读书杂志》中国社会史论战专号第1辑，1932年。
⑤ 周谷城：《中国社会之变化》，上海新生命书局1931年版，第214页。
⑥ 陶希圣：《中国封建社会史》，上海南强书局1930年版，第48页。
⑦ 朱新繁：《关于中国社会之封建性讨论》，《读书杂志》中国社会史论战专号第1辑，1931年。

的这些观点颇为接近。

周谷城认为,商人与地主都是剥削农民的,不同的只是地主直接剥削农民而商人间接剥削农民。进入近代后,国际资本主义又成为新的剥削势力。革命者认为,帝国主义与封建势力相勾结而共同剥削农民。张闻天指出:"帝国主义在中国经过买办(或者不经过),利用地主、商人、高利贷者对中国农民实行封建式的剥削,同这些乡村中的封建势力结成同盟,拥护他们的统治,同他们共同宰割中国的民众,实是很普通的事。"① 李达此前也明确指出:"简单的说,农民每年劳苦的所得,除了吃一点粗茶淡饭以外,其余都换成金钱,直接或间接的送到帝国主义者的钱袋里。"②

国际资本进入中国后,中国原有的商业资本转而依附其下牟利。③ 由于外来商品的大量输入,中国原有的商业资本获得空前发展。王宜昌指出:"资本主义商品底侵入中国,是制造了中国底作为资本主义商业资本的新商业资本。它底代表人物,便是买办阶级这种资本主义商业的经纪人。"④ 商业资本与国际资本的结合导致农村手工业的加速破产,失业农民大量涌现。

周谷城指出,帝国主义一方面参与制造"剩余人口"问题;另一方面又开办企业解决"剩余人口"问题。但问题是,帝国主义有亡我之心,绝不能指望由他们来解决中国的"剩余人口"问题。周谷城强调:"帝国主义者为了盈利,发展产业,把生活落伍者吸收过去,的确可以减少失业现象,但中国将变成殖民地了,必因此要完全灭亡。"⑤ 而要真正解决"剩余人口"问题,只有依靠中国自身,大力发展生产事业。

综上所述,周谷城认为有两股"势力"导致了中国农村的崩溃:

---

① 刘梦云:《中国经济之性质问题的研究》,《读书杂志》中国社会史论战专号第1辑,1931年。
② 《李达文集》编写组编:《李达文集》,人民出版社1980年版,第409页。
③ 陶希圣:《中国封建社会史》,上海南强书局1930年版,第53页。
④ 王宜昌:《中国封建社会史》,《读书杂志》中国社会史论战专号第4辑,1933年。
⑤ 周谷城:《中国社会史论》,湖南教育出版社2009年版,第452页。

"一则纵的势力,即历史上传下来的土地私有制度。另一则横的势力,即帝国主义的侵略。"在中国社会逐渐融入世界社会的过程中,"这时候中国人乃分两途与全世界两个阶级的人相结合。全世界的两个阶级:即所谓资产阶级与无产阶级是也"。① 这些看法与中国共产党的基本判断相当一致。中共四大指出,帝国主义支配了世界经济,整个世界已经联结为一体,世界革命已成为整个的革命。②

(四)近代军阀兴起

周谷城认为,近代军阀的源头为清末新军。③ 近代军阀具有双重属性:"对中国各种社会势力而言,是军阀,因为不受任何社会势力的支配。对帝国主义而言,不是军阀,因为要受帝国主义者的支配。"周谷城对近代军阀的成因有精辟分析:"一则旧统治阶级崩溃了;二则革命运动兴起了;三则统军者成了过渡时代的重心;四则帝国主义者拿统军者为奇货。"④ 陶希圣也有相近的看法,认为辛亥革命失败的主要原因是资产阶级的不成熟。⑤ 也就是说,近代军阀是新旧统治势力过渡中的产物。张闻天强调军阀的封建性:"中国现存的军阀制度,是在帝国主义侵入中国,把中国划分成许多势力范围后,依靠帝国主义,依靠封建剥削而存在的政治的上层建筑。"⑥

周谷城认为,广大农村是军阀的直接受害者,同时又是军阀的间接支持者。"我们从军阀对农村而言,军阀是破坏农村的。反过来,从农村对军阀而言,农村的破坏又助长了军阀。"研究表明,近代军阀拼命搜刮,苛捐杂税层出不穷,广大农村深受其害。⑦ 近代军阀与帝国主义相勾结。主要是财政上依赖帝国主义,"因为帝国主义者的

---

① 周谷城:《中国社会之变化》,上海新生命书局1931年版,第260页。
② 中央档案馆编:《中共中央文件选集》,第一册(一九二一——一九二五年),中共中央党校出版社1983年版,第271页。
③ 参阅刘达永《驳周谷城对反动军队的辩护》,《史学月刊》1965年第4期。
④ 周谷城:《中国社会之变化》,上海新生命书局1931年版,第280—281页。
⑤ 陶希圣:《中国封建社会史》,上海南强书局1930年版,第79—80页。
⑥ 刘梦云:《中国经济之性质问题的研究》,《读书杂志》中国社会史论战专号第1辑,1931年。
⑦ [美]齐锡生:《中国的军阀政治》,杨云若译,中国人民大学出版社1991年版,第142页。

剩余资本源源而来,通过银行、洋行、公司、买办之手,交给他们作祸国殃民之用"。其次是装备上依赖帝国主义,"帝国主义者既有军火的供给,又有债款的供给,有时还供给军事顾问及专家,于是军阀的必要条件具备了"。①

周谷城认为,军阀政治有军阀统治、军阀割据和军阀混战三种形式。军阀混战最为常态,破坏性也最大,"每一次战争,正面的影响在扩大帝国主义的势力。反面的影响,在加速度的破坏农村"。② 时人对军阀问题都很关注。胡秋原指出:"帝国主义在经济上通过买办资本、官僚资本、商业高利资本封建地主剥削,最后榨取到农村;而在政治上通过军阀官僚豪绅统治全中国。"③ 有学者认为,军阀内部等级森严,依靠金钱和个人效忠来维系自身存在。④ 另有学者认为,军阀之间犹如国与国之间的"权力均势"关系。⑤

八 对知识分子的历史考察

周谷城认为,知识分子既可以站在被压迫者一边,也可以站在统治者一边,是居于两者之间的中间阶级。⑥ 他指出,知识分子的作用在于调和两大对立阶级的冲突,其重要性关乎中国社会的治乱兴衰。也正因如此,历代统治者都对知识分子寄予厚望:"希望知识分子替他们帮忙,替他们维持社会秩序。"⑦ 周谷城认为,旧知识大都与社会生产无关,旧知识分子就是不事生产的剥削者,"中国亘古以来,完全生产的,只有农人、工人,商人还只是帮助生产的。若知识分

---

① 周谷城:《中国社会之变化》,上海新生命书局1931年版,第331页。
② 周谷城:《中国社会之变化》,上海新生命书局1931年版,第346页。
③ 胡秋原:《亚细亚生产方式与专制主义》,《读书杂志》中国社会史论战专号第3辑,1932年。
④ 张玉发:《中国现代史论集·军阀政治》(第五辑),台北:联经出版事业公司1980年版,第137页。
⑤ [美]齐锡生:《中国的军阀政治》,杨云若译,中国人民大学出版社1991年版,第192页。
⑥ 参阅王思治、林敦奎、刘美珍《周谷城的"阶级合作论"反动历史观》,《光明日报》1964年11月5日。
⑦ 周谷城:《中国社会史论》,湖南教育出版社2009年版,第161页。

子，则完全不生产"。① 旧知识分子又以当官为鹄的，因而在革命者看来其是不劳而获的剥削者和社会寄生虫。在此之前，陶希圣也曾经指出，知识分子不事生产，是属于"劳心的"剥削者。②

周谷城认为，旧知识分子有提倡学术、保存古典、做"好官"、粉饰太平和桎梏人性等社会功用。这些功用都是统治者所期望的。"桎梏人性，使人人都变成奴隶，那是统治阶级所最欢迎的。"③ 旧知识分子的政治态度不尽一致，甚至各式各样，有乞怜垂顾的，有无耻投靠的，有效死力的，有不合作的，也有反对统治阶级的。在他看来，那些敢于反抗统治者的知识分子最值得称道："能表示不与统治阶级合作，这比那栖栖皇皇，向统治阶级摇尾乞怜的，固然高出万倍；但单只不合作，未免太老实了。一定要完完全全站到人民一方面来，替人民说话，正式向统治阶级下攻击，那才算是呱呱叫的知识分子。"④ 周谷城对旧知识分子的剖析算得上观点明确、爱憎分明。

周谷城对现代知识分子也有剖析。他认为，知识的性质离不开社会性质，知识的性质随着社会性质的变化而变化。随着西方工业文明的输入，中国的社会性质开始发生转变，旧知识日益为新知识所取代，旧知识分子也日益为新知识分子所取代。旧知识分子主要服务于地主、官僚和特权者，新知识分子主要是"稳稳地站在统治阶级或资产阶级一边"。⑤ 他认为，中国人应对西方工业文明的态度和办法就是"师夷长技以制夷"，中国社会在此过程中发生嬗变。"斗争哲学"据此指责周谷城向往"地地道道的英美式资本主义社会'蓝图'"⑥。新知识分子大多面临失业厄运，周谷城分析其原因在于"经济落后，一切社会事业，未能发达"。根本原因则是新教育与社会需求相错节

---

① 周谷城：《中国社会之结构》，上海新生命书局1930年版，第238页。
② 陶希圣：《中国社会之史的分析》，上海新生命书局1935年版，第138页。
③ 陶希圣：《中国知识分子之史的观察》，转引自陶希圣《中国问题回顾与展望》，上海新生命书局1930年版，第441页。
④ 周谷城：《中国社会之结构》，上海新生命书局1930年版，第275页。
⑤ 周谷城：《中国社会史论》，湖南教育出版社2009年版，第651页。
⑥ 罗思鼎：《周谷城历史观的面面观》，《解放日报》1964年11月15日。

而导致新知识分子的厄运,"新文明是枝叶,物质的变动是根本"。①陶希圣也指出,知识分子数量的增加超过了产业需求,由此导致知识分子的过剩②。

第三节 《中国社会史论》的特色

周谷城《中国社会史论》规模宏大、论述广泛、特色鲜明,其社会史思想体现得淋漓尽致。统而观之,其特点有四:一是强烈的社会责任感;二是突出的求真意识;三是独特的思想底蕴;四是辩证性不足。

一 强烈的社会责任感

"生活系统论"既锐意求真也讲求致用。周谷城极其关注现实问题,其社会史思想具有强烈的问题意识和社会责任感。随着革命形势到来和学马列的深入,周谷城在毛泽东等人的影响下勇敢地走出书斋,积极投入大革命运动。有学者指出:"周谷老不仅仅是一个纯粹的学者,他还是一个积极参与改造世界的革命者。"③大革命失败后,周谷城逐渐走上大学教授之路,但革命志向未变,强烈的现实关怀和社会责任感促使他更加关注中国社会的去向问题,并由此而转入中国社会史研究。周谷城的《中国社会史论》正是这样生成的。有学者认为,周谷城《中国社会史论》"是想从阐述中国社会的结构和社会变化的情况,来揭示社会转变的原因,以图改造中国社会的现状"。④

民国时期,一些学者对重大而迫切的现实问题置若罔闻,甚至不屑与闻时政,以不谈政治相标榜。他们热衷于为学术而学术,甚至以埋首故纸堆而自得。周谷城对此现象不以为然,他明确表示:"研究

---

① 周谷城:《中国社会之结构》,上海新生命书局1930年版,第289页。
② 陶希圣:《中国社会之史的分析》,上海新生命书局1935年版,第81页。
③ 上海社会科学学会联合会:《周谷城学术思想研究论文集》,上海社会科学院出版社1998年版,第115页。
④ 莫志斌:《周谷城传》,湖南师范大学出版社1997年版,第17页。

现代问题较翻线装书重要数十倍,故近来只想把注意之焦点移到现代最迫切之问题上。"① 他强调:"研究中国,当然不外要了解中国;了解中国的用意,当然又要在改造中国。"② 对于那种不着边际的空谈之风,周谷城尤为反感,他批评说:"研究中国问题时,其所发表的著作,好像专作论文,与中国问题好像不相干。"③ 周谷城还特别告诫,学术研究要特别注意立场问题,而这个立场只能是为改造中国而研究中国,绝不能是非不分,甚至为国际资本主义侵略中国鸣锣开道。随便翻翻《中国社会史论》,强烈的现实感和社会问题意识都会扑面而来。

周谷城不是纯粹的学者,相应地,周著《中国社会史论》的关注点也都是诸如经济、政治、社会阶级、教育、民族和学术思想等基本问题,而不是深究某些细节性问题。例如,著名史家吕思勉著《中国社会史》,内容细分了18个专题,分别为:农工商业、财产、钱币、饮食、衣服、宫室、婚姻、宗族、阶级、国体、政体、户籍、赋役、征榷、官制、选举、兵制和刑法。④ 有学者认为,周著《中国社会史论》对诸如社会群体、社会组织和社区等问题缺少必要的分析,因此显得研究尚欠深入。⑤ 但笔者认为,与其说这是周著《中国社会史论》的缺陷所在,还不如说这是作者的关注点和写作旨趣所致。

二 突出的求真意识

周谷城《中国社会史论》生成之时,正是"中国社会史论战"激烈进行之时。周谷城对论战的"茫无头绪"深感失望,明确表示"纵有炮弹从头顶掠过"也不愿卷入其中。"中国社会史论战"之所以旷日持久而又"茫无头绪",很重要的原因是论战各方没有深入实际、缺乏具体研究,论战从某种意义上变成了抽象的概念之争、空泛

---

① 周谷城:《中国社会之现状》"弁言",上海新生命书局1933年版。
② 周谷城:《中国社会史论》,湖南教育出版社2009年版,第518页。
③ 周谷城:《中国社会史论》,湖南教育出版社2009年版,第519页。
④ 吕思勉:《中国社会史》,上海古籍出版社2007年版。该书初版于1929年。
⑤ 冯尔康:《中国社会结构的演变》,河南人民出版社1994年版,第7页。

的理论之争,甚至演变成了相互攻击、谩骂的意气之争。反观周谷城《中国社会史论》,其一大特点就是资料翔实,能够做到史论结合和论从史出。这一鲜明特色与"生活系统论"求真、求实而反对空谈理论的思想特色相一致。

周著《中国社会史论》坚持史论结合和论从史出,所论也就不乏真知灼见。莫志斌指出:"周谷城的《中国社会史论》……对中国社会的结构、中国社会的现状以及近代社会的变化,作了极为全面和深刻的分析,从而得出令人信服的结论。"① 中国传统社会有"君""臣""民"之分,周著《中国社会史论》以此解析中国社会阶级,尽管其科学性有待商榷,但紧扣史实,很接地气。周著《中国社会史论》把知识分子(士大夫)划入中间阶级,认为其作用在于调和阶级对立,其重要性关乎中国社会的治乱兴衰。这样的分析显然也合乎中国社会的实际。周谷城推崇阶级斗争理论,但并不讳言生存斗争问题。例如,"这些民族之互相争斗,只是为着要占领优越之地,以图生存"②。这样的论述显得颇为真实可信。诸如此类的客观真实之论,在周著《中国社会史论》中可谓俯拾皆是。

周谷城考察历代农民暴动,如实指出农民暴动往往由"荒谬绝伦的怪杰"倡导、借助迷信之类的口号以及暴动本身的有乱无变等事实和问题。这些客观真实之论也被指责为丑化和诬蔑农民形象,否认农民革命的伟大作用等。周谷城认为,英国发动鸦片战争的重要目的就是打开中国市场。"斗争哲学"指责他歪曲鸦片战争的性质,为英帝国主义辩护。针对义和团运动被帝国主义所镇压的事实,周著《中国社会史论》如实指出:"大压迫固然可以引出大反抗,但大反抗也必然引出大压迫。""斗争哲学"指责周谷城"从阶级调和论出发,鼓吹同帝国主义'合作'"。周谷城在分析都市社会犯罪高发时指出:"都市愈发展,贫富愈悬殊,生活的斗争愈紧张,或生存竞争愈激烈,人们的侥幸心理愈发达,破坏社会秩序的事必然的多起来。""斗争

---

① 莫志斌:《周谷城传》,湖南师范大学出版社1997年版,第114页。
② 周谷城:《中国社会之结构》,上海新生命书局1928年版,第14页。

哲学"指责周谷城鼓吹反动的生存竞争观。这些客观真实之论在周著《中国社会史论》应该说很普遍。

三 独特的思想底蕴

翻阅周著《中国社会史论》，强烈的马克思主义气息扑面而来。周谷城坚持认为中国社会的阶级性，周著《中国社会史论》旗帜鲜明地运用阶级分析方法剖析中国社会和历史。周谷城坚持剩余价值理论对中国社会的适用性，周著《中国社会史论》系统运用剩余价值理论揭示中国社会广泛存在的剥削现象和问题。周谷城称誉阶级斗争理论为"最透辟的学说"，周著《中国社会史论》大量运用阶级斗争理论来解读中国社会和社会史问题。周谷城后来谈及《中国社会史论》时甚至说，"书里尽是讲阶级斗争"①。

尽管周著《中国社会史论》大量运用了马克思主义理论，但这种运用不是全面运用，也不是彻底运用。有学者认为，周著《中国社会史论》以马克思主义理论为指导，这种说法虽说有一定道理，但是并不确切。笔者认为，周著《中国社会史论》是选择性运用马克思主义理论而不是全面运用马克思主义理论，不是"尽讲阶级斗争"，更不是"以阶级斗争为纲"。从周著《中国社会史论》的内容看，"中国社会史论战"期间，一些史学家简单套用马克思的历史分期观（被简化为"五种社会形态说"）来划分中国历史，公式主义倾向十分明显，以致翦伯赞批评他们要把中国史变成西洋史的再版。②

周著《中国社会史论》对马克思主义理论的选择性运用，最明显的标志是对马克思历史分期观的选择性运用。周著《中国社会史论》对中国历史分期的见解是：自黄帝至周初为贵族政治时代，但封建政治也在孕育之中；自周至秦为封建政治时代，但专制政治也初露端倪；秦代为封建政治和专制政治的交替时代；秦代以后专制政治成为

---

① 吕涛、周骏羽编：《周谷城传略》，山西人民出版社 1988 年版，第 27 页。
② 翦伯赞：《略论中国史研究》，《学习生活》1943 年第 5 期。

常态，封建政治成为余波。很明显，周著《中国社会史论》的中国历史分期是以"贵族政治""封建政治""专制政治"的演变为线索来划分的，对马克思的历史分期观有借鉴，但主要的依据还是中国历史自身的情况。

《中国社会史论》的思想基础是周谷城的"生活系统论"。"生活系统论"虽倾向于马克思主义，但并不等同于马克思主义，这在周著《中国社会史论》中有着鲜明的体现。《中国社会史论》确实大量运用了马克思主义理论，但这种运用是在"生活系统论"下的运用，是一种借鉴性和选择性的运用。美国学者史华慈和德里克对此都有所分析，认为周谷城只是在启发、借鉴的层面上把马克思主义理论作为一种解释历史的工具加以使用。至于"生活系统论"在《中国社会史论》中的直接运用就更多。例如，关于生存斗争、农民暴动和帝国主义的叙述等。这在文中已有大量分析，兹不赘述。总之，以"生活系统论"为底色，同时又大量运用马克思主义理论，这是周著《中国社会史论》的思想底蕴所在和特色所在，也是周谷城中国社会史思想的底蕴所在和特色所在。

四 辩证性不足

周谷城中国社会史思想的主要问题是偏重阶级斗争而辩证性不足。周谷城本人甚至说该书"尽是讲阶级斗争……我自己也晓得，辩证法并不多"[①]。

为什么会出现这种情况呢？事实表明，在革命与战争时代，阶级分析法不失为分析阶级社会和历史的有效工具，而阶级斗争理论则是推动革命与战争的得力工具。也正因如此，参与"中国社会史论战"的各方大都程度不同地运用了阶级分析法和阶级斗争理论[②]。周谷城是大革命的参与者，周著《中国社会史论》很自然地大量运用阶级

---

① 吕涛、周骏羽编：《周谷城传略》，山西人民出版社1988年版，第27页。
② [美]阿里夫·德里克：《革命与历史：中国马克思主义历史学的起源，1919—1937》，翁贺凯译，江苏人民出版社2005年版，第193页。

分析法和阶级斗争理论。

　　阶级分析法和阶级斗争理论要求明确划分统治阶级和被统治阶级两大对立阵营，但实际情形很难截然划分，特别是对于中间阶级的划分。这就要求我们谨慎对待阶级分析法和阶级斗争理论的运用。周谷城在阶级分析上一面力求客观真实，一面又偏重阶级斗争理论，显得左右为难。例如对于"士"的阶级划分：一面认定其为中间阶级，一面又认定其为统治阶级的工具，或者干脆将其等同于官僚阵营。又如，政治、经济、教育和学术思想固然有其阶级性的一面，但也有其非阶级性的一面。忽视其非阶级性的一面，一概将其斥为统治阶级的御用工具，难免有偏颇和武断之处。对统治阶级一味揭露、谩骂和否定，低估脑力劳动、精神生产的价值和意义，贬低、否认商业的价值与意义等，这些问题和偏见在周谷城中国社会史思想中不容回避。

　　周谷城中国社会史思想形成于革命战争年代。革命是当时的主旋律和最强音，周谷城又是大革命的参与者，因而很自然地从革命者的视角，也就是阶级分析和阶级斗争的视角来看问题。美国学者德里克认为，革命与阶级斗争之间有着内在关联：关注革命，就必然关注阶级斗争，革命促使革命者对阶级斗争理论产生偏好。① 而偏重阶级斗争理论，也就势必产生偏颇和武断之见。② 这是时代的局限和偏见，人们很难超越这种局限和偏见。

小　结

　　周谷城中国社会史思想在周著《中国社会史论》中得以集中而鲜明体现。周谷城中国社会史思想涵盖历史学、社会学、经济学、政治学和教育学等诸多学科和领域，对中国社会的阶级结构以及对中国社会的过去、现在与未来都作了相当系统和全面的剖析。周谷城中国社

---

　　① ［美］阿里夫·德里克：《革命与历史：中国马克思主义历史学的起源，1919—1937》，第236页。

　　② 李振宏：《历史学的理论与方法》，河南大学出版社1999年版，第392页。

会史思想具有强烈的现实感和社会责任感,内容紧扣时代主题,凸显出学术研究的现实关怀和价值意义。周谷城中国社会史思想集历史眼光和世界眼光于一体,透彻分析并较好把握影响近代中国趋向的历史因素和世界因素。周谷城中国社会史思想在"生活系统论"的基础上大量运用马克思主义理论,既求真又致用,具有独特的学术价值和魅力。毋庸讳言,周谷城中国社会史思想也有其明显的局限和不足。其中最主要的局限和不足就是偏重阶级斗争而辩证性不足。中国社会史思想是周谷城史学思想体系的重要组成部分,为周谷城后来撰写《中国通史》奠定了基础。①

---

① 吕涛、周骏羽编:《周谷城传略》,山西人民出版社1988年版,第32页。

第三章　中国通史思想

周谷城的中国通史思想主要体现在周著《中国通史》一书中，兹主要结合该通史以讨论之。

第一节　周著《中国通史》的生成

民国版周著《中国通史》近百万言，是大学通用教材，发行广泛，销量颇大，截至中华人民共和国成立已印行12次之多。[①] 1955年至1956年，修订后的周著《中国通史》交由新知识出版社重印，总字数压缩到80多万字；1957年，周著《中国通史》再次修订，总字数压缩到70多万字，由上海人民出版社重印。截至2004年6月，上海人民出版社已经重印25次之多。1986年，以1957年修订本为基础，山西人民出版社发行《中国通史（简本）》，总字数为45万多字。据莫志斌教授的统计，截至1996年前后，以上各版本的总发行量已突破100多万册。周著《中国通史》不仅在中国影响很大，在东南亚和欧美国家也颇有影响。

周谷城为什么要编纂《中国通史》？周著《中国通史》何以生成？这是我们首先要弄明白的问题。

20世纪初，随着新史学的蓬勃兴起，研究和编纂新型《中国通史》成为史学界的一大目标和追求。[②] 其后不久，所谓的新型《中国

[①] 周谷城：《中国通史》，上海开明书店1939年版。
[②] 梁启超和章太炎等人都矢志撰著新型《中国通史》，虽无果而终，但对学界影响很大。

通史》著作也就接连问世。到了20世纪三四十年代，随着新材料的发现和通史编撰理念的深化，特别是民族危机的加深和史学观念的更新，编纂新型《中国通史》更是蔚然成风，成效显著。①瞿林东先生认为，20世纪中国史学的一大成就是中国通史的编纂。周著《中国通史》正是在此时代背景下应运而生。

周著《中国通史》的编纂与周谷城的学术积淀、教学工作和治学理念都有关系。1932年秋，周谷城离开中山大学，应邀前往上海暨南大学史地系任教，讲授中国通史课程。周谷城不愿人云亦云，认为教书就要著书。在暨南大学任教期间，他自编讲义，周著《中国通史》的源头也就由此而来。通史编纂可谓头绪繁多，难度惊人。学者们不无感慨，编纂一部令人满意的通史著作几乎是一项无法完成的工作。周著《中国通史》近百万言，其编纂同样不易。然而周谷城回忆说，他并没有觉得编纂《中国通史》有多难。这与周谷城深厚的学术积淀有关。大革命失败后，周谷城逐渐走上大学教授之路，纵横驰骋于中国社会与社会史研究，其范围涉及政治、经济、教育、学术、思想文化等诸多方面，近百万言的《中国社会史论》即该时期的集大成之作。这些学术积淀，特别是《中国社会史论》的撰著为其后周著《中国通史》的生成打下了坚实的基础。

第二节 "历史完形论"解析

"历史完形论"是周著《中国通史》开篇的"导论"部分，也是该通史编纂的指导理论。"历史完形论"对通史内涵、通史对象和通史体裁等基本问题加以探讨，提出一些精辟之见，初步明确通史撰著的基本规范。"历史完形论"认为，历史是人类过去的活动，具有客观性和完整性两大基本属性，其中后者更是通史之所以为通史的独特性所在。"历史完形论"认为，中国既有通史和新史学以降的所谓新

---

① 据黄静统计，仅抗战时期，各类新出《中国通史》著作就多达三四十种。参阅黄静《1931—1945年的中国通史撰述》，《史学史研究》2004年第3期。

型通史，或者不以人类既往活动为对象，或者因编纂体例所限而不能满足通史要求，因而都不能算是真正意义上的通史。"历史完形论"强调，通史的编纂对象是人类既往活动，通史要体现和维护其完整性。"历史完形论"的学术价值和重要性毋庸置疑，学界对其虽有所探讨①，但主要是概括性描述，兹予专门讨论。

一 "历史完形论"的基本内容

历史、史观、史料和史学都是通史研究和编纂中的基本概念，如何准确把握这些基本概念，是通史研究和编纂不可回避的重要问题。"历史完形论"对上述概念加以深入探讨，初步廓清旧史学和新史学在这些基本问题上的含混之处，从而使"历史完形论"奠基于扎实可靠的理论基础之上。

（一）史料和史观不等于历史

史料和史观同属史学范畴，二者所指根本不同。民国时期的中国史学界，史料学派和史观学派就史料和史观问题各执一端，长期争讼不已。②"历史完形论"首先对史料和史观问题加以深入探讨。

"历史完形论"认为，史家根据史料编写历史，但绝不能够把史料当成历史，因为史料只是历史的片断而已。客观主义史学和实证主义史学都强调"无征不信"和"征而后信"，如从史学的求真性看，自然有其很大的合理性，但"史学本是史料学"的说法显然不妥。"历史完形论"指出："这话于史学界有益，但不正确……谓'史学本是史料学'，至少有纠正空疏之弊的作用，故曰于史学界有益。但有益的话往往也有不正确的。谓'史学本是史料学'，同时自不能不承认史料就等于历史。"分析至此，"历史完形论"进一步

---

① 参阅莫志斌著《周谷城传》，湖南师范大学出版社1996年版；上海社会科学学会联合会、上海社会科学出版社编：《周谷城学术思想研究论文集》，上海社会科学院出版社1998年版；武克全：《"纵横今古，横说中外"的学术大家——周谷城传》，转引自姜义华主编：《史魂：上海十大史学家》，上海辞书出版社2002年版；黄静《1931年—1945年的中国通史撰述》，《史学史研究》2004年第3期。

② 王学典：《20世纪中国史学评论》，山东人民出版社2002年版，第3页。

指出:"史料只可视为寻找历史之指路碑,只可视为历史之代表或片断的痕迹,却并不是历史之自身。"也就是说,史料绝不等同于历史本身。

史观同样也不是历史。"历史完形论"认为,史观只是史学家对历史问题的基本看法,史家虽然可以带着史观从史料中寻找历史,但绝不可以把史观作为历史本身来看待。"史观云云,只可视为对历史的看法……本着这等看法从史料中去寻找历史是可以的;若谓这等看法就是历史之自身却大不可。"① 史观学派夸大史观作用,把史观等同于史学理论甚至等同于历史本身的做法显然不妥。②

周著《中国通史》有关人类历史不等于阶级斗争史的论断与"斗争哲学"迥然不同。批评者指责他以生存竞争观来对抗阶级斗争理论:"周谷城先生在他的《中国通史》里,毫不掩饰地宣称,他根本反对马克思主义的这一基本原则……周谷城斩钉截铁地否认了'历史即阶级斗争史',他断言阶级斗争与'历史之自身'是'大不可'的。"③

(二)历史是人类既往活动

"历史完形论"指出,"历史"一词有两层含义:其一,指客观存在的历史,即人类既往活动;其二,指文字记述的历史,如《史记》和《资治通鉴》等历史著作。"历史完形论"强调,史学家要寻找历史的真相,首先就要明确区分这两层含义。"客观的存在与文字的表现倘不分别清楚,则历史之自身云云,终将被人忽视。"然而不少历史著作对此含糊不清,甚而舍本逐末,"历史书籍中所见的只是记事文字之摘录,或典章制度之说明,或个别史料之排比,而不是过去活动之显现。换言之,史书中所见只是静止而不是活动"。问题即

---

① 周谷城:《中国通史》"导论",上海开明书店1948年版,第2—3页。
② 苏联史学界长期把唯物史观等同于史学理论,受苏联史学影响,中国马克思主义史学也长期把唯物史观等同于史学理论。参阅张艳国《张艳国自选集》,华中理工大学出版社1999年版,第70页。关于中国马克思主义史学研究中的公式主义问题,可参阅姜义华、瞿林东、赵吉惠《史学导论》,复旦大学出版社2003年版,第312—316页。
③ 裴汝诚、王春瑜:《周谷城是如何诋毁马克思主义的阶级斗争观点的?》,《学术月刊》1964年11月。

在于史学家在著述中有意和无意的忽略。"历史完形论"分析了以下几种情况：

第一，不加辨析地把历史的两层含义混为一谈，那就很容易只关注文字记述而忽略历史本身。"历史完形论"认为，这种无意的忽略很普遍，因为连梁启超这样的大学者也经常犯此类错误。梁启超说"史也者人类全体或其大多数之共业所构成"，又说"史也者则所以代人相续作业之情状者也"，明显就是把历史的两层含义混为一谈了。

第二，如果不注意区分历史本身与个别史料之别，那就难免只关注史料而忽视历史本身。"历史完形论"认为，如果依据"史学本是史料学"的见解来著史，难免产生无意的忽略，结果也就是"只见树木，不见森林"，而难以反映历史的全貌。

第三，有意地把历史本身化为静止性叙述，这是最为重要的忽略。人类既往活动，最重要和最显著的活动往往发生在改朝换代之际或曰乱世，但这些内容也往往最为当政者厌闻和忌讳。史学家在编纂这些史实时也只能投其所好，尽量回避和淡化之，有意地把活动的历史化为静止的叙述。

"历史完形论"认为，旧史书惯于把历史本身化为静止性叙述，主要靠分类叙述法和分朝叙述法。

分类叙述法只注意个别史料、文字记录和典章制度等，是旧史书最为常用的编史法。如此著述，史书编得越有条理性，越有系统性，历史本身的完整性反而越少。

分朝叙述也是旧史书惯用的编史法。分朝叙述法就是将改朝换代之际的社会变动一分为二：一半划入前朝之末，以阐释前朝灭亡之因；一半划入后起朝代之始，以阐释后起朝代兴起之因。分朝叙述法偏重于静止性叙述，而不是历史本身的完整性。

（三）历史的客观真实性

历史是人类既往活动，这是一种客观存在，史学家应努力体现和维护其客观真实性。"历史完形论"强调："所谓历史学，也不过是研究人类过去之活动，分解此活动之诸种因素，寻出诸种因素间必然不可移易之关系，从而明白此活动之自身而已。"①

也就是说，客观真实性是史学研究的基本要义和生命线，此乃无可非议。

"历史完形论"剖析了"资鉴说"对历史客观真实性的破坏。"资鉴说"任意择取史实以资借鉴，也就是"强史就我"，其结果难免破坏历史的客观真实性。"历史完形论"则不然，"完形论则务须维护历史之客观的独立存在，明了历史之自身，以增今人的知识。一则治史以受训，一则治史以求真"。

"资鉴说"由来已久，且根深蒂固，连梁启超这些人也并未真正放弃陈腐的"资鉴说"。梁启超一面说"吾侪今日所渴求者在得一近于客观性质的历史"；一面又说"历史的目的在将过去的真事实予以新意义或新价值，以供吾人活动的资鉴"。一面强调历史的客观真实性；一面又不惜鼓吹破坏历史客观真实性的"资鉴说"，这凸显出梁氏对待"资鉴说"的矛盾心态。民国时期的中国史学界，"资鉴说"的影响仍然很大。

学界因迷恋"资鉴说"的"经世致用"功能而难以割舍，然而"历史完形论"的致用功能却要驾而上之。"历史完形论并不说治史可以不要目的，也不说治史可以不重功利；反之，其所悬之目的也许比'资鉴说'所悬者为大；其功利观念也许比'资鉴说'之功利观念要深。不过达到的方法两样。"②

求真与致用是困扰学界的难题，人们对此看法不一。③ "历史完形论"强调：求真以致用，致用必先求真，而急功近利地强调致用势必影响求真，结果也不利于致用。

"历史完形论"对"资鉴说"的深入剖析，完全着眼于体现和维护历史的客观真实性。

---

① 周谷城：《中国通史》"导论"，上海开明书店1948年版，第6—7页。
② 周谷城：《中国通史》"导论"，上海开明书店1948年版，第8—9页。
③ 罗志田：《二十世纪的中国：学术与社会·史学卷》，山东人民出版社2001年版，第128页。

（四）历史的完整性①

"历史完形论"简单说来就是关于如何体现和维护历史完整性的理论。现代西方学术注重整体研究和系统研究，马克思主义史学以及声名显赫的"年鉴学派"无不重视整体研究和系统研究。周谷城西学功底扎实，洞悉学术前沿，"历史完形论"对历史完整性的注重显然是基于对学术前沿的准确把握。

"历史完形论"引经据典，依据狄慈根和黑格尔等人的阐述，深入剖析部分和整体间的辩证关系：部分构成整体，整体决定部分；部分离开整体，也就失去本来意义。根据两者的辩证关系，"历史完形论"强调："历史自身之部分离却历史自身之全体，亦往往不得其解。"历史是完整统一的有机组织，其完整性不可分割。

从历史的完整性出发，"历史完形论"进一步分析"资鉴说"的不当："目的在摘取先例以资鉴，则任取今人所需要之部分便可以；若目的在阐明历史之自身，则非着重此自身之全体不可。历史之全体与部分之关系，亦如世间其他事物一样。"也就是说，"资鉴说"随意择取史料，既破坏历史的客观真实性，又破坏历史的完整性。这的确是击中要害之论。

历史的完整性不容分割，但何以认识和把握呢？"历史完形论"强调："只能使用分析工作于耐烦的分析过程中求得……治历史而亦着重分析功夫，却并不是为分析而分析；目的只在将人类过去活动之全体或历史之全体分析为许多因素，寻出这许多因素间必然不可移易之关系，从而了解此全体。"历史的完整性由诸多必然关系所构成，通过细致入微的分析就可以找出这些必然关系，最后就能够认识和把握之。

客观真实性和完整性同属历史的两大基本属性。就通史而言，除了要体现和维护历史的客观真实性之外，尤要体现和维护历史的完整

---

① "历史完形论"所强调的"完整性"，其理论前提为：历史是有机组织，是统一整体或有机整体。周谷城在后来的论著中对此有明确表述。参阅周谷城《中国史学之进化》，《复旦学报》1944年第1期；《史学上的全局观念》，《学术月刊》1959年第12期；《我是怎样研究世界史的》，《历史教学问题》1982年第3期。

性,因为这是通史之所以为通史的独特性所在。强调历史的完整性是"历史完形论"的关键所在,也是其独特的学术价值所在。

二 破坏历史完整性的史书体例

完整性是历史的基本属性之一,也是最能体现通史特性的基本属性。"历史完形论"从历史的完整性出发,对既往和现有的各种史书体例逐一剖析。

(一)纪传体不适合撰著通史

"历史完形论"明确指出:"纪传体之不适于编著通史,厥在破坏历史自身之完整一点。通史所求者为历史自身之完整;纪传体则恰恰破坏之。"① 通史最应体现和维护历史的完整性,但纪传体恰恰相反。纪传体是如何破坏历史的完整性的呢?"历史完形论"认为其原因有三:

第一,纪传体史书通常将完整的历史事件分录于不同的《纪》或《传》之中。例如,就"楚汉之争"而言,参与这一历史事件的双方分别为"楚"和"汉"。但《史记》在记叙该历史事件时,没有对"楚""汉"关系进行整体叙述,而是将其分开记述,分置于《高帝本纪》和《项羽本纪》之中。

第二,纪传体史书一般不把同一时期参与同一事件的历史人物放在一起统一叙述。例如,西汉王朝的出现绝非刘邦一人所为,而是诸多历史人物共同作为的结果。但《史记》为纪传体体例所限,只好将这些历史人物分开叙述,于是同一历史时期参与同一历史事件的历史人物便被拆散开来。

第三,纪传体史书分类以叙事,这就彻底破坏了历史的完整性。纪传体史书分类叙述越是细致,对历史完整性的破坏也就越是严重。

"历史完形论"由此断定纪传体只便于保存史料而不适合编纂通史。

(二)编年体不适合编撰通史

"历史完形论"认为,通史如要体现和维护历史的完整性,就必

---

① 周谷城:《中国通史》"导论",上海开明书店1948年版,第19页。

须满足两个必要条件：一是消极方面不能破坏历史自身的完整性；二是积极方面要阐明历史事实间的内在关系。编年体史书显然无法满足这两项必要条件。古人对编年体的弊病早有察觉。南宋杨万里曾慨叹："予每读《通鉴》之书，见事之肇于斯，则惜其事之不竟于斯。盖事以年隔，年以事析；遭其初，莫绎其终；揽其终，莫志其初……盖编年系日，其体然也。"这些分析和批评恰好表明编年体史书对历史完整性的破坏。

"历史完形论"认为，编年体不适合编著通史的原因有二：

第一，编年体按年月顺序编排历史。然而同期发生的历史事件可能很多，而这些历史事件彼此间可能并不存在什么内在联系。既然彼此间缺乏必然联系而硬将它们并列在一起，只能说是堆积史实或杂陈史实。

第二，历史事件的缘起、发展和完结未必处于同一时限内。而编年体史书硬是将同一历史事件分录开来，依据年月顺序和其他许多毫不相干的历史事件排列一起，历史事件的完整性也就破坏无疑。

（三）纪事本末体不适合编撰通史

南宋史家袁枢在研究《资治通鉴》时深感同一历史事件分置于不同地方的不便，便将有关同一历史事件而分置于不同年月的文字一一摘抄并合并起来，竟然翻造出了一本史学名著——《通鉴纪事本末》。学界普遍认为《通鉴纪事本末》的编撰体例较纪传体和编年体为优。清代学者章学诚更是赞誉有加："按本末之为体也，因事命篇，不为常格……文省于纪传，事豁于编年；决断去取，体圆用神，斯真《尚书》之遗也。""历史完形论"评论说："历史自身之完整，或人类过去活动自身之完整，即是一绝好标准。"①

"历史完形论"所注重的通史完整性不仅在周著《中国通史》加以维护和体现，在其后的周著《世界通史》中也得以继承和发扬。

"历史完形论"肯定纪事本末体的优势。一是更能体现和维护历史事实。因为纪事本末体史著以历史事件为叙述对象，既不为时间所

---

① 周谷城：《中国通史》"导论"，上海开明书店1948年版，第21—22页。

拘束，也不为人物所拘束，因而也就更能体现和维护历史事实。二是较少破坏历史的完整性，因其"因事命篇，不为常格"。

与此同时，"历史完形论"也明确指出，纪事本末体仍然存在不适合编撰通史的缺陷：

第一，事件与事件之间、篇与篇之间缺乏必然联系。纪事本末体史书中上下篇之间缺乏内在联系，彼此孤立无援。问题的实质是著者没有意识到和体现出历史的完整性，"历史之全体成与个别的诸部分；诸部分固各有其独立性，但其能够成全体，则只因彼此间有不可易移的必然关系或因果关系"。

第二，纪事本末体史书缺乏对每篇、每一历史事件的必要分析。"历史完形论"指出："我们现在任取一篇读之，看不见其中较大的事情如何依赖较小的事情，只看见一条一条尚保留着从通鉴中抄下来的原形并列在一篇之内而已。如此所成之篇，不是辩证的完整，而是含糊的笼统。"

第三，不能充分展现历史真相。"历史完形论"指出："历史之为物，只有从人类自身之活动着眼，才能看出全体如何成于诸部分；才能看出诸部分又如何互相依靠着。"① 也就是说，假如不以人类既往活动为编纂对象，通史也就很难体现出历史的完整性。

（四）"新体"也不适合编撰通史

"新体"也称"章节体"或"教科书体"。"新体"从日本传入中国，随着新史学的兴起而被大量运用。"直到夏曾佑仿日人之法编教科书，方有所谓新体……目前关于通史的编著，几乎只用这一体。"对于"新体"通史的特点，"历史完形论"分析说："事情纵剖，依门类而分，如理论兴衰，社会生活，学术思想等；时间横断，依朝代而分，如汉唐宋明等。纵横两种界线交织于同一书本之中，俨然坐标；我常称之为坐标体。"

"历史完形论"认为，自清末夏曾佑以下的"新体"史著，基本上是郑樵《通志》的变形，只是越变越坏。郑樵《通志》对历史事

---

① 周谷城：《中国通史》"导论"，上海开明书店1948年版，第23页。

件纵向剖析时并不横断，而"新体"把这一优点也抛弃了，对历史完整性的破坏也就更为严重。

从维护和体现通史的完整性出发，"历史完形论"对"新体"史书提出尖锐批评："今之新体史书，全然不能发挥教育的效用；令人循诵数遍，尚不能得一明确之印象，其原因就在抛弃了历史自身的完整性。"①

"历史完形论"总结说："就史料，或个别的史事，或典章经制之分类排比而言，此体最为进步；若就历史自身而言，则最能破坏历史自身之完整者厥为此体。此体通行，只见动的历史化成静的史料；只见历史之完形化为史料之分类排比。致读者只看见条理系统井然的史料，看不见活跃而完整的人类活动。"总之，"新体"对历史完整性的破坏最为厉害，也最不适合编撰通史。

三 维护和体现通史的完整性

"历史完形论"所推崇的通史，就是把历史本身作为编纂对象，把维护和体现历史的完整性与客观性作为根本要求的通史。

（一）专史之和不等于通史

"历史完形论"认为，简单堆积或机械拼凑专门史的做法不等于编纂通史。传统史学所理解的通史类型有三：

一是把历史事件前后相续下来，置于一本书中，就认为是通史。此类通史与断代史相对照，《史记》与《资治通鉴》则是其代表。此类通史或采用纪传体或采用编年体，对历史的完整性均有严重破坏，实际上并不能算是真正意义上的通史。这在前文已有详述。

二是把历代史料分门别类排列一起、并置于一书，也认为是通史编纂。而"历史完形论"认为，这种把专门史料简单汇总的办法，只是史料汇编，并非真正意义上的通史。杜佑《通典》和马端临《文献通考》属于此类通史。

三是把通史与专门史混编一起、并置一书，也认为是通史编纂。

---

① 周谷城：《中国通史》"导论"，上海开明书店1948年版，第27页。

郑樵《通志》有"古今之变"和"天下之文"两部分内容。"历史完形论"认为，其"古今之变"部分或可勉强视为通史，而"天下之文"部分显然是专门史。如郑樵《通志》之类的史著基本上属于专门史和通史的混编，也不能算是真正意义上的通史。

1944年，周谷城重申专史之和非通史的重要观点。"积专史之和以为通史，无异于认通史的对象为不能独立存在。实则通史并非专史之和，其对象乃有客观独立的存在的。"① 大致与周谷城同期的金毓黻及其后的白寿彝对周谷城这一通史编撰观点颇为推崇。周谷城这一重要通史编撰观点在其后周著《世界通史》中得到继承和发展：该通史明确反对拼凑国别史而为世界史的编纂理念和方法。

以"历史完形论"之见，以上几类通史都算不上是真正意义上的通史，但它们对其后的通史撰著都有相当影响，其中以郑樵《通志》的影响最大。当时广泛采用的所谓"新体"，实则是郑樵《通志》体例的变形。

（二）通史的对象是人类既往活动

堆积专门史不等于编纂通史，那么何以编纂通史呢？"历史完形论"强调："以人类过去活动之自身为对象的即是通史。如果忽略了这个意义，终不免要把专史之和当通史。"周谷城一再强调"人类过去的活动"，其含义似乎模糊不清，让人不解和困惑。然而对周谷城来说，其含义相当确切、明了，主要是各种人类斗争，特别是阶级斗争、民族斗争和生存斗争。周著《中国社会史论》即明言"一部斗争的中国史"，修订版周著《中国通史》也坦言"历史就是斗争过程"。周著《中国通史》生成于民主革命时期，阶级斗争、民族斗争和生存斗争等都在激烈地进行。作为革命者的周谷城，他关注现实问题并积极致用，周著《中国通史》也就很自然地聚焦各种人类斗争活动。

梁启超最先鼓吹"史学革命"。梁氏有一大心愿，即运用新史观编纂新通史，而且已拟定好通史提纲。"历史完形论"对其批评说：

---

① 周谷城：《中国史学之进化》，《复旦学报》（人文版）1944年第1期。

"这样罗列,实在不得要领……无标准之列举,多可以至于无限,少可以至于一项。不先确定通史之对象,而作如是之列举;则多举仍不免遗漏,少举仍不免重复;故曰不得要领。"梁氏所列提纲的"不得要领",实际上也是史学界的普遍做法,是见怪不怪的通病,然而论者多以"独断之学,成一家之言"而标榜和释然。

专门史的简单相加不等于通史,但两者关系确属密切。"完形论虽坚持着人类过去活动之自身为通史之对象,却并不是说专史所叙之事情完全不能入通史;反之,通史之美备,也许完全要靠专史之精进。"两者的辩证关系有二:

一是要明确区分两者的界限。"我们则直以为拿活动之自身作叙述之对象的为通史;拿活动之成果(指各种文字记述)作叙述之对象的为专史"。针对"新体"通史和专门史含混不分的问题,"历史完形论"指出:"叙述某一方面者固为专史;叙述各方面者也只是专史之和……叙述人类社会活动之自身者为通史。"

二是通史与专门史相互促进。"历史完形论"认为:"通史与专史是相互为用的……治专史的人如果时时留意通史,那他所治专史的意义会更明朗;治通史的人如果时时留意专史,那他所治通史的内容会更丰富。"[①]

(三)编纂真正意义上的通史

"历史完形论"所理解的通史,就是以人类既往活动作为编纂对象的通史。但如何实现呢?"历史完形论"认为其要点有三:

一是选材要合乎历史本身。真正意义上的通史,其关注对象就是人类既往活动。学者编纂通史,都有一个极其重要的选材问题。"资鉴说"选材以"资鉴"为标准,"凡过去的史事,著者认为可供今人取法的,则一一选出",其结果已如前述。"新体"通史的选材仍以"强史就我"者多,其结果仍不免化通史为专史,甚至化通史为史料书。

二是行文要着力阐明历史事实。与学界泛泛而谈史书文笔不同,

[①] 周谷城:《中国通史》"导论",上海开明书店1948年版,第27—29页。

"历史完形论"最注重的是历史的完整性:"选择材料,在乎表明历史之自身;发为文章,则在说明所选之材料……文章之有效与否,要看材料之适当与否以为判断。"以"新体"通史为例,"历史完形论"指出:"今之新体史书,尤其是中学历史教科书等,每干燥无味之极;令人循诵数遍,也不能得到深刻印象。其唯一原因,即在所选之材料不是构成历史自身之必要的诸环;或是必要的数环,而因移易了地位,彼此间必然不可移易的关系打断了,以致显不出历史自身的完整性。"

三是标题应与内容一致。"历史书之文,每一段、每一节、每一章,皆必有其适当之标题;既能表示着内容,又能与内容符合。"也就是说,标题应当与内容一致。"历史完形论"进一步说:"篇章节目,标以有意义之题,凡有两个重要作用。一则明责任;二则明价值。"① 也就是说,题目有意义,足以表明作者对内容的透彻把握;内容恰如题目,则足以表明作者的认真负责。

四 "历史完形论"的特色

1949年前,"历史完形论"并未引起学界多少关注。20世纪前半期,学界对通史理论不甚关注,研究者寥寥。"历史完形论"的晦涩难懂使其颇受冷遇。1949年后,随着苏联史学影响的加剧,"历史完形论"显得愈发不合时宜。由此不难理解,1955年修订版周著《中国通史》何以要删除"历史完形论"部分。但这并不能表明周谷城真正抛弃了"历史完形论"。事实上,该理论还有所发展和完善,这从周谷城随后的著述中可得到印证。也正因如此,"斗争哲学"将"历史完形论"指责为"极端反动的历史唯心主义"和"反动的史学理论"②。1978年后,学界对"历史完形论"的看法仍有不少问题,

---

① 周谷城:《中国通史》"导论",上海开明书店1948年版,第33页。
② 古田:《评周谷城著〈中国通史〉》,《新建设》1958年第7期;王知常:《批判周谷城著〈中国通史〉》,《学术月刊》1958年11月号;陈宝辉:《批判周谷城"中国通史"中的资产阶级观点》,《光明日报》1958年12月25日;罗思鼎:《周谷城历史观的面面观》,《解放日报》1964年11月15日;林弘:《"历史完形论"批判》,《历史研究》1965年第1期。

含糊笼统者多，有的明显不妥。兹将其学术特色讨论如下。

（一）理论先驱

新史学兴起后，以新史观编纂新通史就成为新史学的重要内容。"新体"通史虽纷纷涌现，但通史理论乏善可陈。"新体"通史在题材上套用舶来品"章节体"，在史观上套用进化论，总体上尚无理论自觉可言。20世纪20年代后，史学界分裂为史料学派和史观学派两大阵营，两者都不屑于关注通史理论问题。通史理论研究者寥寥无几，有所建树的更少。这其中，周谷城和张荫麟最为值得关注。学界对张荫麟提出的通史选材标准大加称道：梁启超誉之为"天才"，许冠三称其"近八十年来罕见的史学奇才"。① 张荫麟提出："最能'提要'的通史，最能按照史事之重要的程度以为详略的通史，就是选材最适当的通史。'笔削'的标准就在史事的重要性。"② 笔者以为，与张荫麟相对比的话，周谷城的通史理论也许更为值得称道，因为周谷城的通史理论更为系统和周全。简言之，"历史完形论"不失为近代中国通史理论的先驱。

（二）博采众长

"纵论今古，横说中外"是周谷城的一大特点，这在"历史完形论"中也有充分体现。"历史完形论"广泛涉猎现代西方学术，并从中汲取大量营养。"历史完形论"的"完形"一词源自西方"完形心理学"。至于统一整体的观点、有机组织的观点、系统研究和逻辑分析的方法也无不直接或间接得益于西方学术。"历史完形论"没有迷信方兴未艾的新史学，而是给予理性分析，既充分借鉴和吸收其合理内核又避免其偏颇和不当之处。对梁启超等史家学术思想的评论，特别是对史观学派和史料学派的精辟之论无不表明"历史完形论"的独到和善于择取。"历史完形论"并没有唾弃传统史学，而是实事求是地加以学术品评。对纪传体、编年体和纪事本末体等各类传统史书体裁的学术品评尤为深入和细致。也正因如此，"历史完形论"既继承传统史学"重贯

---

① 许冠三：《新史学九十年》，岳麓书社2003年版，第62页。
② 张荫麟：《中国史纲》"自序一"，商务印书馆2003年版，第3页。

通"之长,又能摒弃其中的陈腐和不当。"历史完形论"的宽广视野和独立深思,使其真正做到了广泛涉猎和博采众长。

(三)锐意求真

"历史完形论"注重求真。为揭示历史真相,"历史完形论"着意强调历史的客观真实性和完整性。"历史完形论"的求真精神与"生活系统论"的求真精神可谓一脉相承。在人们"动曰社会改造"之时,周谷城却潜心于探寻"生活真相"。"生活系统论"一再告诫人们:"要有正确的人生观,必须先明白生活的真相"①,而要明了"生活真相",就必须明了"生活之全体",片面地看待"生活的真相",只能是"异说纷纷"。学术求真必须处理好和学术致用的关系。"生活系统论"对此见解深刻:"(科学)发生之动机为应用,其存在之理由,亦为应用。但其成立之经过,决不能为功用观念所左右,反之,乃为真而求真的。这个为真而求真的时期如果延得愈长,那么最后所得的效果也愈大。"②周谷城后来重申:"史学成立之经过,当在求真;其存在之理由,则为致用。"③我们不难看出,也正如周谷城所言,"生活系统论"早已奠定"历史完形论"注重求真的思想基础。④

(四)独立深思

学术研究贵在独立深思。随着"新体"通史的纷纷涌现,"历史完形论"没有盲从和跟风。从通史的基本属性出发,"历史完形论"对其详加品评。"历史完形论"认为,旧通史大多是专门史料汇编或者是专史与通史的混编,而"新体"通史不仅沿袭旧通史的固有弊端,而且"愈变愈坏",几乎蜕变成枯燥乏味的历史词典。从问题的严重性看,特别是从普通读者的视角看,"历史完形论"的这些批评是尖锐有力的。周谷城善于独立深思,正如他所言:"我有一个怪脾气,什么都不容易影响我。"⑤大革命失败后,"中国社会史论战"应

---

① 周谷城:《生活系统》"自序",上海商务印书馆1928年版,第1页。
② 周谷城:《生活系统》,上海商务印书馆1928年版,第162页。
③ 周谷城:《中国史学之进化》,《复旦学报》(人文版)1944年第1期。
④ 周谷城:《我怎样研究起史学来的》,《文史知识》1983年第10期。
⑤ 吕涛、周骏羽编:《周谷城传略》,山西人民出版社1988年版,第12页。

运而起，进行得热闹非凡。周谷城却不愿深陷其中："中国社会史论战纵有炮弹在我头上掠过，目前我向无暇理会。"① 在此期间，周谷城潜心研究中国社会及社会史，取得很大成就。② "历史完形论"正是他长期独立深思的结果。

需要指出的是，"历史完形论"不仅是周著《中国通史》的指导理论，也是周谷城治学的基本理论，贯穿于其学术研究之中。

第三节　周著《中国通史》的结构

一　周著《中国通史》的篇章结构

除"历史完形论"之外，周谷城中国通史思想也集中体现在周著《中国通史》③的谋篇布局上。除"导论·历史完形论"外，周著《中国通史》共分五篇：

第一篇"游徙部族定居时代（周平王东迁洛邑以前即公元前770年以前）——中国民族初步形成"；

第二篇"私有制生成时代（自周平王元年至新莽元年即自公元前770年至公元9年）——社会关系发生剧变"；

第三篇"封建势力结晶时代（自新莽元年至北宋元年即自公元9年至960年）——由内乱到种族战争"；

第四篇"封建势力持续时代（自北宋初至鸦片之战即自公元960年到1840年）——种族战争愈演愈烈"；

第五篇"资本主义萌芽时代（鸦片战争以后到现在即公元1840年以后到现在）——工国农国相摩相荡"。

从上述篇名看，周著《中国通史》对中国历史发展态势的判断有

---

① 周谷城：《中国社会之现状》"弁言"，上海新生命书局1933年版，第2页。

② 周谷城在此期间撰写了三部社会学著作：《中国社会之结构》《中国社会之变化》《中国社会之现状》。1988年，齐鲁书社重印三书，统称为《中国社会史论》，分上、下两册。

③ 版本说明：民国版周著《中国通史》结构完整，特色鲜明，更能反映其史学思想和成就，故采用之。

其特点。该通史在划分中国历史阶段时借鉴了"五种社会形态说"中的封建社会和资本主义社会两种社会形态,而原始社会和奴隶社会则由"游徙部族定居时代"和"私有制生成时代"取代,显示出与苏联史学的显著不同。① 周著《中国通史》历史分期的内在依据是民族关系和阶级关系的演变。从"中国民族初步形成"到"社会关系发生剧变",再到"由内乱到种族战争",然后再到"种族战争愈演愈烈",最后再到"工国农国相摩相荡"无不体现"历史完形论"的要求和旨趣:突破依据历史朝代划分历史阶段的习惯②。

各篇内容列举如下:

第一篇共六章内容。第一章"中国历史的序幕";第二章"先民怎样对付天然";第三章"诸种部族怎样相处";第四章"社会次序怎样树立";第五章"宗教在上述诸问题中之地位";第六章"新次序下之经济盛况"。

第二篇共六章内容。第一章"新经济腐蚀贵族";第二章"新经济促成霸政";第三章"新经济产生新阶级";第四章"新阶级之创造集权国家";第五章"集权帝国之制度";第六章"随社会而演变的学术思想"。

第三篇共八章内容。第一章"社会的剧烈冲突";第二章"由社会冲突到军事冲突";第三章"西北诸民族之乘机逼进";第四章"南北朝之对立";第五章"六朝时代江南的文化";第六章"隋唐统一帝国之发展";第七章"中外文化汇合演进";第八章"汉唐时代佛法之东来"。

第四篇共十一章内容。第一章"宋帝国的建立";第二章"辽夏

---

① 周谷城在20世纪50年代两次修订《中国通史》,对篇章结构作了调整,篇章名称也有很大变化。修订前的五篇变成了修订后的四篇,分别为:第一篇"古代史",内容包括原始社会和奴隶社会部分,内容相当于修订前的第一篇和第二篇;第二篇"中史前期",相当于修订前的第三篇;第三篇"中世后期",相当于修订前的第四篇;第四篇"近代史",相当于修订前的第五篇。

② Teng. S. Y, "Chinese Historiography in the last Fifty Years", *Far Eastern Quarterly*, Vol. 8, No. (Feb., 1949), pp. 131-161. 该文认为周谷城的《中国通史》打破了按朝代编写历史的旧框框。

之进逼与宋室之图强"；第三章"金对宋的大压迫"；第四章"种族战争中之民众生活"；第五章"宋对金之妥协策"；第六章"蒙古势力之大发展"；第七章"由蒙古统治之瓦解到大明帝国之树立"；第八章"再由社会冲突转入种族战争"；第九章"满洲族之树立大清国"；第十章"巩固统治的理学"；第十一章"各种反抗运动"。

第五篇共五章内容。第一章"列强对中国之压迫"；第二章"中国之图强御侮运动"；第三章"军阀之阻碍图强"；第四章"列强之加紧压迫"；第五章"反帝国主义及军阀"。

上述篇章结构可谓逻辑严密、脉络清晰。从篇章结构看，周著《中国通史》的关注对象和编写内容几乎全是"活动"的历史，这与"历史完形论"的基本要求和旨趣相一致。周著《中国通史》对不同时期的学术思想有较多关注和论述，这似乎与"历史完形论"不太吻合。然而依据"生活系统论"，思想很重要，因为思想指导行动。这正是周著《中国通史》关注学术思想及其演变的内在原因。

二 周著《中国通史》篇章结构的特色

从篇章结构看，周著《中国通史》与其他通史著作确有显著不同。吕思勉的《吕著中国通史》、张荫麟的《中国史纲》、钱穆的《国史大纲》和范文澜的《中国通史简编》与周著《中国通史》成书时间较为接近，也是学界公认影响较大的几部中国通史著作。[①] 兹以篇章结构为例，试分析其特色和异同。

（一）吕思勉《吕著中国通史》。该通史分上、下两册，上册初版于1940年，下册初版于1944年，由上海开明书店出版。上册内容共计十八个专题[②]，主要是社会经济制度、政治制度和学术文化方面的发展演变。《吕著中国通史》下册内容是政治沿革史。以"历史完形论"而论，《吕著中国通史》上册内容属专门史汇编，下册内容大

---

① 王家范：《中国通史编撰百年回顾》，《史林》2003年第6期。
② 分别为"婚姻、族制、政体、阶级、财产、官制、选举、赋税、兵制、刑法、实业、货币、衣食、住行、教育、语文、学术和宗教"。参阅吕思勉《吕著中国通史》"目录"，华东师范大学出版社1992年版，第2页。

致相当于通史部分，全书整体框架类似郑樵《通志》体例，即专门史与通史混编。

（二）张荫麟《中国史纲》。该通史初版于1940年（重庆青年书店），1942年修订后再版。《中国史纲》仅叙述到东汉初期为止，共十一章内容。第一章"中国史黎明期的大势"；第二章"周代的封建社会"；第三章"霸国与霸业"；第四章"孔子及其时世"；第五章"战国时代的政治与社会"；第六章"战国时代的思潮"；第七章"秦始皇与秦帝国"；第八章"秦汉之际"；第九章"大汉帝国的发展"；第十章"汉初的学术与政治"；第十一章"改制与'革命'"。

《中国史纲》文笔之优美为学界所公认，但最为称道的是张荫麟提出的通史"笔削"标准。他认为，通史"笔削"的依据就是史事的重要性。《中国史纲》的谋篇布局确给人以层次分明之感，但编纂对象显然不同于周谷城再三强调的"人类既往活动"。

"历史完形论"似乎没有明确提出通史的"笔削"问题，但有两点与此直接相关：一是通史的编纂对象为"人类既往活动"；二是强调通史要体现和维护历史的完整性，也就是要体现和维护"人类既往活动"的完整性。① 张荫麟在"笔削"问题上强调史事的重要性，周谷城除了强调以"人类既往活动"为编纂对象之外，还特别强调要体现和维护其完整性。两者在"笔削"问题上实有异曲同工之妙，实际运作上也有不少共通之处。《中国史纲》所认定的重要史事，往往也是周著《中国通史》所着重叙述的对象。例如，张荫麟《中国史纲》第三章"霸国与霸业"、第八章"秦汉之际"和第十一章"改制与'革命'"，在周著《中国通史》中同样是重要内容。

（三）钱穆《国史大纲》。该通史初版于1940年，由商务印书馆出版发行。该通史共八编内容：第一编"上古三代之部"；第二编"春秋战国之部"；第三编"秦汉之部"；第四编"魏晋南北朝之部"；第五编"隋唐五代之部"；第六编"两宋之部"；第七编"元明之

---

① 参阅范文澜《中国通史简编》，延安新华书店1943年版。

部"；第八编"清代之部"。钱穆《国史大纲》大致依据历史朝代划分章节，没有沿用一般"新体"通史惯用的"上古""中世""近世"之类的历史分期法，更没有套用"五种社会形态说"，初看起来确有很大的独特性。然而细察之，钱穆《国史大纲》在纲目体的基础上借鉴和运用了"新体"史书编纂体例，纵向依朝代横断，横向依政治、社会和学术文化等门类展开。

钱穆史学的核心理念为"民族文化生命史观"[1]，要求人们对国史抱有温情和敬意，反对轻言改革，对史料学派和史观学派均持批评态度。[2] 钱穆认为，中国社会本无阶级之分，对唯物史观、阶级斗争学说和其他任何"轻言社会革命"的言论都不以为然，认为历代民变只是破坏而已。钱穆心仪的新通史，其第一要务"在能于国家民族之内部自身，求得其独特精神之所在"。[3] 因旨趣迥异，钱穆《国史大纲》很少涉及史观学派特别是马克思主义史学所注重的社会经济问题，也很少涉及历代农民起义问题，几乎避而不谈各种剧烈的社会斗争。例如，秦末农民起义、隋唐农民起义、元末农民起义和明末农民起义等影响很大的农民起义在钱穆《国史大纲》中几乎不见踪影。钱穆《国史大纲》称太平天国农民起义为"洪杨之乱"，书中虽有较多文字叙述，然而还是侧重于阐明历代民变的不足道。钱穆《国史大纲》问世后在国统区赢得叫好声一片，除其考订扎实、论述严谨等特色外，更与其鲜明的政治倾向有关。

（四）范文澜《中国通史简编》。该通史分上、中两册（没有下册），上册出版于1941年，中册出版于1943年10月，由延安新华书店出版发行。《中国通史简编》基本内容为三编：

第一编："原始公社到中央集权的民族国家底成立——远古至秦"

第二编："民族统一的中央集权的封建国家成立后对外扩张到外族的内侵——秦汉至南北朝"

---

[1] 徐国利：《钱穆史学思想研究》，博士学位论文，中国社会科学院，2000年，第139页。
[2] 钱穆：《国史大纲》"引论"，商务印书馆1994年版，第6页。
[3] 钱穆：《国史大纲》"引论"，商务印书馆1994年版，第11页。

第三编："封建制度社会螺旋式的继续发展到西洋资本主义的侵入——隋统一至清鸦片战争"

各编具体内容如下：

第一编共六章。第一章"原始公社时代——禹以前"；第二章"原始公社逐渐解体到奴隶占有制度时代——夏商"；第三章"封建制度开始时代——西周"；第四章"列国兼并时代——春秋"；第五章"兼并剧烈时代——战国"；第六章"周代思想概况"。

第二编共分七章。第一章"官僚主义中央集权的民族国家底成立——秦"；第二章"对外扩张时代——两汉"；第三章"内战时代——三国"；第四章"外族侵入时代——两晋"；第五章"中国文化南迁时代——南朝"；第六章"异族同化时代——北朝"；第七章"秦汉以来文化概况"。

第三编共分九章。第一章"南北统一时代——隋"；第二章"封建制度发展时代——唐"；第三章"大分裂时代——五代十国"；第四章"国内统一封建制度进一步发展时代——北宋"；第五章"外族侵入北方，南北分裂时代——金与南宋"；第六章"外族侵占全国，社会衰敝时代——元"；第七章"封建制度更高发展时代——明"；第八章"外族统治，严格闭关，社会停滞，西洋资本主义侵入时代——鸦片战争以前的清朝"；第九章"隋唐以来文化概况"。

《中国通史简编》总体框架采用"五种社会形态说"，具体章节划分仍大致依据中国历史朝代。这与周著《中国通史》已有显著不同。《中国通史简编》强调，既要了解人类历史的共性，也要了解中国历史的特殊性，认为只有这样才能把握社会发展的基本法则和发展目标。《中国通史简编》注重通史的致用性和现实功能，其宗旨是撰写材料真实、简明扼要、通俗易懂、揭露统治阶级罪恶、揭示社会发展规律和为劳动人民服务的新型通史。这与"历史完形论"对"资鉴说"的批评态度形成较大反差。《中国通史简编》也很关注人类活动，其大量篇幅为阶级斗争、民族斗争和生产斗争。尤其是历代农民起义，在书中几乎是详尽无遗，这与周著《中国通史》也形成较大反差。尽管毛泽东对《中国通史简编》评价很高，说我们党在延安做了一件大事,拿出了自己的科学著作。但范文澜本人对此书并不很满意。1949年后,范文澜在反思中坦陈,由于当时资料缺乏和时间仓促,特别是主观认识局限,《中国通史简编》存在借古说今、一味揭露统治阶级罪恶的非历史主义观点和资料编排不当、头绪紊乱等问题,甚至说该通史"实际上是一本史料汇编"①。就其篇章结构布局和具体内容编排看,应当说这不完全是范文澜的自谦之词。相形之下,周著《中国通史》更显结构严谨和简明有序。《中国通史简编》大量运用史料,但一般不是直接引用,而是把晦涩难懂的史料转化为通俗易懂的语体文,因而可读性强,读者广泛。周著《中国通史》虽然也是史料翔实,但大多是直接引用,因而显得晦涩难懂,可读性较差,读者面大受影响。《中国通史简编》以其马克思主义史学特色、鲜明的政治倾向、通俗易懂的文风和领导人的强力推荐而赢得极高声誉。这与周著《中国通史》问世后的曲折经历形成了明显对比。

第四节 周著《中国通史》的内容

我们进而分析周著《中国通史》的具体内容,以更为具体、细致地把握周谷城中国通史思想。

一 第一篇"游徙部族定居时代(周平王东迁洛邑以前即公元前770年以前)——中国民族初步形成"

本篇共六章内容。第一章"中国历史的序幕";第二章"先民怎样对付天然";第三章"诸种部族怎样相处";第四章"社会次序怎样树立";第五章"宗教在上述诸问题中之地位";第六章"新次序下之经济盛况"。上述六章分别对应于中华人民共和国成立后修订版周著《中国通史》第一篇"古代史"的前六章内容。第一章"原始社会史及古代史的大势";第二章"古人对自然的斗争";第三章

---

① 范文澜:《关于〈中国通史简编〉》,《人民教育》1951年第6期。

"诸部族的相互冲突";第四章"等级的封建国";第五章"周初经济的进步";第六章"古代宗教与文化"。从修改的结果看,第一章变动情况最大。从修订前后各章名称看,修订版周著《中国通史》更为突出"斗争"和"冲突"方面的内容。这样的修改显然与1949年后的时代氛围相一致。此外,第五章和第六章的顺序在修改后作了对调,把"周初经济的进步"放在"古代宗教与文化"的前面,以显示更为合乎唯物史观的要求。

本篇大量运用经、史、子等古典文献资料①,此外,还充分利用国内外的考古成就和古史研究成果。②

(一)"中国历史的序幕"

本章主要叙述中国人的起源问题和早期文明问题。周谷城认为,夏朝是中国历史的"序幕",殷商是中国历史的"正幕"。本章修订幅度最大,增加一些全新内容。修订版周著《中国通史》明确肯定商朝之前的中国历史为原始社会,并专门探讨原始公社制度,着重分析中国古代史的基本属性问题。周谷城认为,中国古代史至少应包括夏、商、周和秦汉(西汉)时期,中国古代史的社会性质是奴隶社会。他把中国古代史的下限定为新莽元年,此前为奴隶社会时期,此后为封建社会时期,学界通常所谓的"东汉封建说"基本成型。③就本章的修改情况看,周著《中国通史》显然在向苏联史学靠拢。

(二)"先民怎样对付天然"

本章主要叙述殷代前后社会演进的情况。周谷城认为,中国社会在殷代前后有很大的发展,"夏代的末期,大概是渐由渔猎转入畜牧的时候,商代却是畜牧而兼农业的时代。周代则是农业盛行之时了"。

---

① 《史记》《论语》《尚书》《礼记》《诗经》《易经》《左传》《国语》《战国策》《孟子》《荀子》《庄子》《吕氏春秋》《崔东壁遗书》等都是本篇所运用的基本史料。

② 周谷城吸收了近代以来的考古成就,大量引用安徒生、王国维、罗振羽、董作宾等人的考古成果。此外,他也借鉴了夏曾佑、蒙文通和章太炎等人在古史方面的研究成果。

③ 周谷城:《中国奴隶社会论》,《文汇报》1950年7月27日;《封建长期,似乎不长》,《社会科学战线》1981年第1期;《再谈中国古代历史分期的看法》,《文汇报》1990年10月3日;另可参阅张广志《中国古史分期讨论的回顾与反思》,陕西师范大学出版社2003年版,第169—170页。

修订版周著《中国通史》在本章增加了一些新内容。他指出，随着殷商时期社会生产的改进，特别是社会分工的出现，阶级对立局面开始形成。修订版周著《中国通史》确认中国古代史已经发展为阶级社会，其性质为奴隶社会。

（三）"诸种部族怎样相处"

周谷城认为，部族战争源于生存竞争，"诸部族的相互战争，原因在于谋取食料，或占领便于生存之优良地方"①。就部族战争的结果看，汉族取得了较大胜利，封建制、井田制、宗法制和等级制都是部族战争的结果。此类叙述显然与苏联史学不符，因此修订版周著《中国通史》统统加以删除。②

（四）"社会次序怎样树立"

周谷城认为，部族战争导致"封国"出现，"封国"的本意则是封土建国。封建制到西周时期逐渐完备起来，宗法制也随之完善，两者紧密地结合在一起。部族战争也导致社会等级制的出现，剥削阶级和被剥削阶级开始出现。民国版周著《中国通史》否认中国古代社会存在奴隶社会阶段，并加以专门论证。③但随着苏联史学影响的加深，周谷城又接受了"中国奴隶社会说"。

（五）"宗教在上述诸问题中之地位"

周谷城认为，宗教源于人类早期的迷信活动，而迷信活动是早期人类社会的普遍现象，这些迷信活动就是原生态的宗教。宗教一经产生便有重要的社会作用：有利于统一社会行动，有利于社会团体的巩固，有利于稳定社会秩序等。本章题目后来被修改为"古代宗教与文

---

① 周谷城：《中国通史》，上海开明书店1948年版，第133页。

② 批评者认为"民族斗争说到底就是阶级斗争"，因而指责周谷城有关部族战争的论述为反动的生存竞争观。参阅杨宽《评周谷城先生的"生存竞争"历史观》，《文汇报》1964年11月21日。

③ 其一，古代部族战争的结果是封建制的兴起，封建制下最兴盛的产业是农业，从事农业劳动的是农奴，而不是奴隶。其二，中国古代社会的奴隶大多属于家奴性质，家奴不可能构成一个时代。其三，中国古代社会的商业不是很发达，不可能大量使用奴隶，奴隶的数量不可能超过农奴。其四，有关奴隶记载的史料并不多见，不足以证明西周时期为奴隶社会。其五，希腊经历奴隶社会与其较为独特的天然环境有关，地中海地区的天然环境有利于工商业的发达，这是奴隶社会的前提条件，中国并不存在这样的天然条件。

化",文化方面的内容有所增加。

（六）"新次序下之经济盛况"

周谷城认为，春秋战国时期，中国历史进入大变动时期，而变动的根源为西周经济的发展。"西周经济的发达，恰恰成了春秋战国时代政治社会各方面发生变化的原因。"西周统治者因经济繁荣而腐化，政治、经济权力逐渐下移，地主和商人势力兴起并逐渐压倒、取代原来的贵族统治者。商业的繁荣和交往的频繁引起诸侯国之间的战争行为。从经济问题写起，继而分析经济变动引起的社会变动，这正是唯物史观的基本思路。本章的变动之处仍然是有关中国奴隶社会问题的论述。

二 第二篇"私有制生成时代（自周平王元年至新莽元年即自公元前770年至公元9年）——社会关系发生剧变"

本篇共六章内容：第一章"新经济腐蚀贵族"；第二章"新经济促成霸政"；第三章"新经济产生新阶级"；第四章"新阶级之创造集权国家"；第五章"集权帝国之制度"；第六章"随社会而演变的学术思想"。本篇内容对应于修订版周著《中国通史》第一篇的第七章至第十一章：第七章"贵族奴隶主的没落"；第八章"工商奴隶主的兴起"；第九章"统一帝国的成长"；第十章"统一帝国的制度"；第十一章"随社会而演变的学术思想"。本篇编排顺序较好地体现出唯物史观要求，即从经济基础的变动写到上层建筑领域的政治变动、社会变动和思想变动。

本篇运用资料广泛，计有：《诗经》《国语》《左传》《论语》《战国策》《韩非子》《老子》《管子》《墨子》《史记》《汉书》《二十二史札记》《汉纪》《春秋繁露》《通典》和《文献通考》等，其中运用最多的是《史记》和《汉书》等。此外，贾谊《过秦论》、章太炎《国故论衡》和《检论》、洪迈《容斋随笔》以及康有为《新学伪经考》等也有引用。

（一）"新经济腐蚀贵族"

周谷城认为，西周经济的发展引起贵族们的奢侈腐化和统治能力的丧失。周天子最先奢侈腐化并丧失中央权威和对诸侯国的统治力。

各国诸侯也像周天子一样,因经济的发展而奢侈腐化并逐渐丧失统治能力,以致各诸侯国屡屡出现以下犯上和取而代之的情况。

(二)"新经济促成霸政"

周谷城认为,霸政是古封建制向中央集权制过渡的必然产物,是统一国家的先声。霸政具有明显的地理特征,"相继称霸的各国,当各有其特殊的经济情境,以为称霸的条件;这些情境,当是各自所处的天然环境决定的"。① 周谷城对齐国最先出现"法治主义"的原因加以考察,认为齐国的经济最先发展起来,而礼治不足以应付复杂社会现实的需要,管仲的"法治主义"也就应运而生。经济文化的发展与地理因素有密切关系,各诸侯国称霸的先后顺序体现出这一点。周谷城在阐述历史问题时注重全面考察,对地理因素等自然条件的考察尤为重视。②

(三)"新经济产生新阶级"

周谷城认为,当贵族们相继腐化之时,"士"则乘机把土地掌握在自己手中并转变为地主,但是保留读书和做学问的基本特征。随着西周以来商业的显著发展,商人势力崛起。随着地租经济和商业资本的发展,高利贷资本出现。在贵族阶级没落的同时,工商地主阶级在崛起,并最终压倒了贵族阶级。本章内容相当于修改后的第七章"贵族奴隶主的没落"和第八章"工商奴隶主的兴起"的内容。

(四)"新阶级之创造集权国家"

周谷城着重分析秦统一六国的原因。第一,秦在经济文化上是后起之国,当东方六国贵族们因经济文化发达而日益腐化没落时,秦的经济文化正处于兴起中;第二,秦地处贫瘠,秦人从西戎中崛起,环境历练出秦人的吃苦耐劳,具备征服东方富庶之地的可能性;第三,秦易守难攻,地理位置优越,战略资源丰富。秦本来是个落后国家,但在商鞅变法之后迅速强大起来。他认为,商鞅变法的基本精神是反

---

① 周谷城:《中国通史》,上海开明书店1948年版,第166页。
② 莫志斌指出:"就地理环境、天然资源和政治经济文化的关系进行阐述,这在周谷城的《中国通史》中,可谓多矣。"参阅莫志斌《周谷城传》,湖南人民出版社1997年版,第158页。

对泥古守旧，能够因时制宜和因地制宜。反秦运动的兴起在于秦的暴政，"秦帝国所以招致革命的原因，几乎全在剥削人民太甚这一点"。①

周谷城对秦末农民起义叙述较少，批评者对此大为不满："中国历史上第一次轰轰烈烈的大规模农民战争，在'通史'中既没有专章，也没有占一节的篇幅，甚至连小标题也没有一个。真可称得上是'笔则笔，削则削'。"②周谷城认为，秦末农民暴动与社会"剩余人口"的生活无着有关，对农民暴动中的烧杀抢掠行为也有所描述。

（五）"集权帝国之制度"

随着秦汉中央集权的确立，与之相应的郡县制、刑法制、铨选制和土地制等基本制度纷纷建立起来。周谷城首先考察封建制，认为封建制下的中央与地方有名无实。经过西周时期经济的大发展，大一统中央集权国家的物质条件具备，郡县制取代封建制也就势出必然。秦代之后，封建制虽然不止一次复活，但终究被郡县制所取代。刑法制是经济发展的需要，与中央集权制相适应。经济发展起来之后，社会关系随之复杂，封建制下的"德治"和"礼治"不敷使用，法制也就应运而生。周谷城认为，大一统中央集权国家的经济基础是土地私有制，专制政府保护土地私有制，但也会制定一些诸如"限田"和"均田"之类的措施以遏制贫富悬殊问题。周谷城还引用秦始皇会稽石刻中的一段话，认为统治者意在确立"优良之次序"。

（六）"随社会而演变的学术思想"

春秋战国时期，随着贵族阶级的没落和地主、商人阶级的兴起，学术思想在民间兴起。周谷城对儒家、法家、墨家和道家等重要的学术流派逐一分析。孔子是泥古守旧的"右翼"代表，"他的思想却赶不上物质方面变化的速度，仍是一味拥护那传统的而又垂于死亡的典章制度，并造出他所以拥护的种种理由来，成为一种学说"。③法家

---

① 周谷城：《中国通史》，上海开明书店1948年版，第224页。
② 赵承德、何纯量：《评周谷城著"中国通史"》，《光明日报》1958年11月10日。
③ 周谷城：《中国通史》，上海开明书店1948年版，第264页。

是思想界的"左翼",代表新兴工商地主的利益,反对守旧,力主创新,注重法制。墨家基于下层民众的立场而主张兼爱、反对战争,还主张利用天意来限制君主。道家也从民众的立场出发主张"无为而治",但否定社会进化,其学说带有很大的空想性和消极性。

周谷城对秦汉时期的学术思想统制情况加以考察。春秋战国时期,中国社会处于转型时期,政治上四分五裂,这些情况造成诸子蜂起和百家争鸣局面。到了秦汉时期,社会转型已基本完成,大一统的中央集权得以确立,学术思想的统制也随之出现。就学术思想统制的事实看,董仲舒在其中起到了"划时代"作用。周谷城认为修订版周著《中国通史》将"划时代的董仲舒"修改为"时代与董仲舒"。

三 第三篇"封建势力结晶时代(自新莽元年至北宋元年即自公元9年至960年)——由内乱到种族战争"

本篇共八章内容:第一章"社会的剧烈冲突";第二章"由社会冲突到军事冲突";第三章"西北诸民族之乘机逼进";第四章"南北朝之对立";第五章"六朝时代江南的文化";第六章"隋唐统一帝国之发展";第七章"中外文化汇合演进";第八章"汉唐时代佛法之东来"。

本篇内容对应于修订版周著《中国通史》第二篇"中世前期"的八章内容,分别为:第一章"阶级的剧烈冲突";第二章"由阶级冲突到军事割据";第三章"西北诸族的进逼";第四章"南朝北朝的对立";第五章"六朝时代江南的文化";第六章"隋唐统一帝国的发展";第七章"中外文化的汇合演进";第八章"汉唐时代佛法的东来"。本篇内容丰富,文化和中外文化交流问题占有相当篇幅。就各章名称的变化看,修订版周著《中国通史》更偏重于阶级分析法。

以下对本篇运用资料予以详细分析:

第一章主要叙述两汉时期的社会冲突,运用的资料有:《史记》《汉书》《后汉书》《二十二史札记》等,其中大量运用的是《汉书》和《后汉书》。

第二章主要叙述东汉末期的社会冲突和军事割据情况，运用的资料有：《后汉书》《二十二史札记》《三国志》《资治通鉴》等，其中大量运用的是《后汉书》和《三国志》。

第三章主要叙述西北少数民族的内犯和晋朝南迁的情况，运用的资料有：《晋书》《三国志》《通典》，其中大量运用的是《晋书》。

第四章主要叙述南北朝对立的情况，运用的资料有：《晋书》《宋书》《北史》《魏书》《南史》《三国志》《文献通考》《资治通鉴》《通典》《二十二史札记》等，其中大量运用的是《晋书》和《南史》。此外，也运用了顾炎武《日知录》和章太炎《检论》等文献。

第五章主要叙述六朝时期的江南文化，运用的资料有：《晋书》《三国志》《南史》《隋书》《宋书》《魏书》《梁书》《庄子》《周书》《抱朴子》《列子》《文献通考》《二十二史札记》等文献，其中大量运用的是《晋书》和《南史》。此外，《颜氏家训》、左思《三都赋》、顾炎武《日知录》和章太炎《太炎文录》等文献也有运用。

第六章主要叙述隋唐帝国的发展情况，运用的资料有：《北齐书》《隋书》《周书》《新唐书》《陈书》《资治通鉴》《二十二史札记》，其中运用较多的是《新唐书》和《隋书》。此外，洪迈《容斋续笔》也有运用。

第七章主要叙述隋唐时期"中外"文化汇合演进的情况，运用的资料有：《旧唐书》《新唐书》《隋书》《魏书》《文献通考》《唐六典》《通典》《通志》等文献，其中用得较多的是《文献通考》和《唐六典》。此外，周谷城也运用了洪迈《容斋续笔》和顾炎武《日知录》等文献。

第八章主要叙述汉唐时代佛教的东传情况，运用的基本资料有：《汉书》《后汉书》《魏书》《隋书》《南史》《旧唐书》。此外，斯坦因（Sir A. Stein）《中国土耳其斯坦》（*Chinese Turkistain*）和《亚洲极中部》（*Innermost Asia*）、慧皎《高僧传》、裴矩《西域图记》、韩愈《昌黎全集》、杨炫之《洛阳伽蓝记》、黄梨洲《宋元学案》、梁启超《饮冰室合集》、蒋维乔《中国佛教史》和冯友兰《中国哲学史》

第三章　中国通史思想

等资料也有运用。

（一）"社会的剧烈冲突"

周谷城认为，"王莽改革"带有社会革命性质。"王莽既代汉自立，便想设法解决当时极严重的社会问题……其所施行，在当时实是崭新的而有革命意味的政策。"改革措施虽切中时弊，但改革还是遭到官僚、地主和富豪们的抵制而完全失败。"豪民富贾，勾结县令；对于新政，阳奉阴违。其甚者且乘机获利，假新政之名，行自肥之实。"① 现代史家大都对"王莽改革"给予高度评价。吕思勉在《白话本国史》中指出："王莽这个人，后世都把他骂得是个'十恶不赦'的，然而他实在是个'社会改革家'。"②

"王莽改革"虽触及问题的要害但无法解决之，大规模的农民暴动也就随之而来。农民暴动起来后，地主阶级乘势而动，刘秀最终削平群雄并确立东汉政权。周谷城分析了其中原因："下流无知识的地主，虽姓刘，也不能成大事。直到谨厚有识者出，才稍稍有个样子……光武为谨厚有识的地主分子。他勤于稼穑，他知书识字，他略通大义。"③

新莽与东汉之交，农民暴动蜂起，社会秩序大乱，周谷城对此加以客观叙述。地主阶级乘农民暴动纷纷而起，其中多属平庸之辈，"无成就大事的气象"。书中"灶下养，中郎将；烂羊胃，骑都尉；烂羊头，关内侯"的史料引用被认为是作者在讥笑农民军领袖，"这一段话，彻底暴露了周先生的地主阶级立场。在地主老爷的眼光里，劳动人民都是'群小贾竖'只配作牛马，任凭宰割，倘要反抗，就是'不像样子'"。④ 周谷城对光武政权的确立过程，特别是对光武本人有客观叙述。"斗争哲学"指责他美化封建统治者："在周谷城眼里，这些剥削农民、双手沾满农民鲜血的统治者，竟然成了'盖世英

---

① 周谷城：《中国通史》，上海开明书店1948年版，第310页。
② 吕思勉：《白话本国史》，上海古籍出版社2005年版，第206页。
③ 周谷城：《中国通史》，上海开明书店1948年版，第322—323页。
④ 王知常：《批判周谷城主"中国通史"》，《学术月刊》1958年第11期。

雄'！"①

（二）"由社会冲突到军事冲突"

周谷城认为，东汉末叶统治阶级的内部倾轧导致自我毁灭和农民暴动。"'小人道长，君子道消'；真正拥护统治，希望政治修明的人，消除尽净，而自掘坟墓，使政治日趋腐化的恶势力反得抬头。"②周谷城有关董卓的叙述颇受指责："董卓在历史上是个无恶不作的坏人，周先生无原则的说他'喜招纳豪杰，因此博得健侠名'……更奇怪的是周先生竟然对一千多年前的董卓没有建立起封建阶级的政权，还有感叹惋惜之意。"③周谷城认为，东汉末期农民暴动的根本原因是民不聊生。"农民暴动，本是以土地问题不得解决为其基因的，但传说有促其爆发的作用。再加以政治腐败，于是此等妖言传说，都能发生煽动的效力。"④周谷城的以上论述颇受"斗争哲学"指责。⑤

（三）"西北诸民族之乘机逼进"

晋朝"八王之乱"时，西北地区的少数民族乘机向汉族地区进逼。周谷城分析了其原因："西北各族与汉族杂居，因语言习惯的不同，及民族观念的不能消灭，自然难免冲突。往往因着忿恨，发生杀害长史之事。"他认为，晋朝的"八王之乱"使汉族的优势地位发生动摇，西北诸族乘机攻取汉族地域并确立自己的政权。他在分析晋朝南迁的原因时指出，中原人民因不堪西北诸族的蹂躏而纷纷南迁。"当时中国北部之地，既为北方族所蹂躏；汉人中的大家世族，乃至一切有产之家，以不堪压迫，大都随晋室之南迁而向中国的南部移转"。⑥周谷城在叙述"五胡乱华"史时指出，两汉时期的农民暴动

---

① 徐克林：《评周谷城"阶级次序"论的反动本质》，《史学月刊》1965年第6期。
② 周谷城：《中国通史》，上海开明书店1948年版，第340页。
③ 陈宝辉：《批判周谷城"中国通史"中的资产阶级观点》，《光明日报》1958年12月25日。
④ 周谷城：《中国通史》，上海开明书店1948年版，第343页。
⑤ 论者指责他"力图否认农民的革命理想"，得出了"革命无理，造反无理"的反动结论。参阅史青《周谷城在中国历史方面贩卖了什么货色?》，《历史研究》1964年第5、6期。
⑥ 周谷城：《中国通史》，上海开明书店1948年版，第363、390页。

和统治阶级的内部纷争导致汉族元气大伤,西北诸族乘虚而入。

(四)"南北朝之对立"

南朝历次北伐,最后都以失败而告终或不了了之。周谷城分析说:"在历次的北伐中,桓温的成功似已不小了,然亦终于失败。大抵北方族深入中原,其重心已不能摇动了。唯一的希望,只有待后来与汉族完全同化。"① 北伐并不能结束民族战争,但在客观上造成南北对峙。北魏政权采取的"安集政策"促使民族融合局面的到来,"安集政策"的主要措施就是均分田地和确定户籍。土地兼并自秦、汉以来就十分严重,但一直苦于无法解决。北魏何以解决这个棘手难题呢?周谷城认为,少数民族大举入侵汉族居住地时,地主富豪们纷纷南迁或者流亡他乡,因而出现大量的无主地,北魏政权得以利用这些无主地推行均田制。

(五)"六朝时代江南的文化"

六朝时期,江南的经济和文化都很繁荣。周谷城分析了其原因。江南地区自然条件优越,再加上秦、汉以来的不断开发,而逐渐成为富庶之区。"五胡乱华"时期,江南地区避免了战争破坏,中原人民的南迁也助长了江南地区的发展。南朝的土地兼并问题十分严重,地主豪强势力尤其强大。地主和佃客本是阶级对立关系,但他们竟然能够密切合作。周谷城分析说:"贫富对立,成为社会的两层。此两层的利益,本是相反的,但在阶级意识不甚明显,统治者又能勉强维持其统治之时,利益相反的两层,竟合作而互相依靠。富者尝招纳贫者,为之生产;贫者尝投奔富者,以图托命。贫者藉富者之保护,富者藉贫者的劳力;相反的两层,竟是相成的两层;封建次序维持得十分稳妥。"② 修订版周著《中国通史》保留"相反相成"的实质内容,但删除了"相反相成"之类的"刺激性"说法。

从阶级斗争理论看,地主和佃农无疑是阶级对立关系,但从史实看,两者竟然"相反相成"。"斗争哲学"坚决否认地主和佃农的

---

① 周谷城:《中国通史》,上海开明书启1948年版,第399页。
② 周谷城:《中国通史》,上海开明书店1948年版,第450页。

"相反相成":"这种贫者富者相结合的论调,可以说是周先生阶级合作论的基点,是贯穿于他的历史著作中的一条黑线。"① 另一位批评者指责他把封建社会吹捧成了天堂:"在这里,周谷城完全掩盖了封建社会阶级斗争的残酷事实,调和了地主阶级与农民阶级的根本矛盾,编造了一套封建社会没有矛盾没有斗争的谎言。"② 更有论者指责周谷城站在封建地主阶级的立场上,替封建地主阶级的剥削和压迫制造理论根据。③

六朝时期,士族和庶族对立严重。周谷城认为,这一现象与中国的家族社会有关。中国社会的家族关系极为发达,家族的贫富悬殊造成士、庶之分。九品中正制进一步助长士、庶对立关系。"倘社会上士族与庶姓既已对立,则被品评的人才,必然属于士族一边;担任品评的中正,也必属于士族一边。这么一来,九品中正之制,便成了士族拥护自身利益的良好工具。"④ 也有论者指出,士族除了政治、经济势力之外,还需要经学文章和道德品行来维持其特殊地位。⑤

六朝时期,上流社会生活优裕而奢华,六朝学术思想以清谈为特色。周谷城分析说,清谈并不等于空谈,其内容非常丰富,且与六朝的时代背景有关。特殊的社会背景造就六朝的清谈之风,六朝的清谈之风对专门学问的精深发展有促进作用。他认为,六朝时期的文学是雕琢文学,雕琢文学是六朝上流社会生活的真实反映。有论者指出,六朝时期,思想解放、文化活跃,是中国古代思想文化发展史上继春秋战国时期之后的又一个黄金时期。⑥

(六)"隋唐统一帝国之发展"

南北朝末期,新旧政治势力处于更替之中,最终为大一统的隋唐国家取代。周谷城指出,隋朝统治者在镇压农民武装问题上虽有分

---

① 史青:《周谷城在中国历史方面贩卖了什么货色?》,《历史研究》1964年第5、6期。
② 徐克林:《评周谷城"阶级次序"论的反动本质》,《史学月刊》1965年第6期。
③ 宁可:《从〈中国通史〉(封建社会部分)看周谷城的阶级调和论》,《新建设》1965年第2期。
④ 周谷城:《中国通史》,上海开明书店1948年版,第455页。
⑤ 苏绍兴:《两晋南朝的士族》,台北:联经出版公司1987年版,第4页。
⑥ 许辉、邱敏、胡阿祥主编:《六朝文化》,江苏古籍出版社2001年版,第17—18页。

歧，但最后还是选择了屠杀政策。"斗争哲学"对周谷城的这些叙述大肆讨伐："周谷城的'真实情感'在这里表达得如此淋漓尽致，这和反动的御用文人刻骨仇恨地攻击农民革命又有何殊异？"①

隋唐时代，中华民族的国际地位趋于鼎盛。周谷城对中华民族的发展历程加以回顾。西周以前，中华文化的优越性初露端倪。秦汉时代，中华民族发展成一个伟大民族。三国两晋南北朝时期，中华民族由于长期战乱而进入黑暗时期。隋唐时代，中华民族又获统一，但在文化上增加了许多新因素。"更新同化了自北部及西北部移入的许多部族……把印度文化及希腊文化从中亚细亚一方面，不断的输入，尤以印度的佛教文化输入的最多，于是文化的内容，也较秦、汉时为更丰富。"② 周著《中国通史》生成之时，适逢国难当头，对中华民族辉煌历程的回顾，显然是作者有意为之。周谷城认为，长期的部族战争促使汉民族形成。但"斗争哲学"只承认经济、文化联系对民族形成的作用，指责周谷城为非正义的民族征战制造论据③。

（七）"中外文化汇合演进"

周谷城认为，隋唐时期的典章、制度和文化等由南北朝汇合演进而来并有所发展。"所有典章、制度、文化等，多系汉族与其他各族所分别创造。迨统一告成，汇合演进，成为一种较秦、汉更复杂更高等的东西。"④ 他认为，隋唐田制由汉族田制和其他少数民族田制汇合而来。有论者指出："'均田'的历史渊源来自两个方面，一是来自中国古代有关井田制的传说，以及两汉以来受此影响而提出的各种限田建议与西晋的占田课田制等等；一是来自鲜卑拓跋部的农村公社传统。比较而言，后者的影响更大，更为直接。"⑤ 隋唐的官制同样

---

① 裴汝诚：《周谷城是如何诋毁马克思主义的阶级斗争观点的》，《学术月刊》1964年11月10日。
② 周谷城：《中国通史》，上海开明书店1948年版，第508页。
③ 杨宽：《评周谷城先生的"生存竞争"历史观》，《文汇报》1964年11月21日。
④ 周谷城：《中国通史》，上海开明书店1948年版，第522页。
⑤ 杨际平：《北朝隋唐"均田制"新探》，岳麓书社2003年版，第385页。

由"中外"官制汇合演进而来,"隋、唐的官制,也如田制一样,也是汇合西北诸部族在中原方面所创许多新制而组成"。这一观点也为学界所认同①。隋唐时期的刑制同样如此,"汇合历史上传下的许多旧制,与西北部族在中原所创的许多新制,加以斟酌损益而造成的"。② 陈寅恪就认为,隋唐刑制由"中外"刑制汇合演进而来③。

周谷城对隋唐时期的科举制加以考察。科举制始于隋而完善于唐,科举制的出现使学校沦为其附庸。科举制度有力强化中央政府的集权能力,同时也大大削弱地方势力的重要性,士、庶对立关系趋于缓和。"盖在科举制下,庶人有自由参与考试之权,不如往日那样完全受制于九品中正,或封建地主。"④ 就其消极性和流弊而言,科举制冲击了学校教育,束缚了人们的思想,造成学风败坏和学术没落⑤。

(八)"汉唐时代佛法之东来"

汉唐时代,中国国力强盛,中国和西域关系密切。西域地处三大文明区(即中华文明区、印度文明区和地中海文明区)交接地带,在世界文化交流中居于特殊的重要地位。⑥ 汉唐时代,佛教经西域东传。周谷城对此问题有精辟论述:"佛教传入中国,中国当局震其理想的高超,以为可以帮助王化,竭诚信奉,并加提倡;于是信者渐多。至于民众,因一作佛徒,便可避免赋役,于是相率信佛。在上的当局,以佛教来帮助统治,在下的人民,以佛教来抵制赋役。上下都主张信佛,佛徒乃愈积众多。"⑦ 有论者认为,佛教传入中国的确切

---

① 王颖楼认为,隋代废除了北朝官制,而唐代又沿用了隋朝官制,认为隋唐官制是汉魏以来官制变化之大成。参阅王颖楼《隋唐官制(公元581—907年)》,四川人民出版社1995年版,第2页。
② 周谷城:《中国通史》,上海开明书店1948年版,第542页。
③ 陈寅恪:《隋唐制度渊源略论稿》,生活·读书·新知三联书店2004年版,第112页。
④ 周谷城:《中国通史》,上海开明书店1948年版,第555页。
⑤ 冯晓林:《中国隋唐五代教育史》,人民出版社1994年版,第155页。
⑥ 西域地处东西文化交流之要冲,在东西文化交流史上占有重要地位,周谷城在此后的学术研究中反复强调了这一点。参阅周谷城《西北交通之历史的观察》(《东方杂志》1945年第41卷第11号)、《世界通史》(商务印书馆1949年版)、《论西亚古史的重要性》(《文汇报》1960年11月20日)等。
⑦ 周谷城:《中国通史》,上海开明书店1948年版,第588—589页。

情形虽已不得而知,但佛教经由西域传入中国则可以定论。① 周谷城认为,佛教文化给中国文化增添了不少新成分,可谓影响深远。"佛教对于中国思想界的影响,自唐以后,日渐深入;宋儒的理学便是儒家思想与佛家思想的混合体。"② 佛教对中国文化的影响显而易见,在中国文化中占有举足轻重的地位。③

四 第四篇"封建势力持续时代(自北宋初至鸦片之战即自公元960年到1840年)——种族战争愈演愈烈"

本篇共十一章内容:第一章"宋帝国的建立";第二章"辽夏之进逼与宋室之图强";第三章"金对宋的大压迫";第四章"种族战争中之民众生活";第五章"宋对金之妥协策";第六章"蒙古势力之大发展";第七章"由蒙古统治之瓦解到大明帝国之树立";第八章"再由社会冲突转入种族战争";第九章"满洲族之树立大清国";第十章"巩固统治的理学";第十一章"各种反抗运动"。

本篇内容对应于修订版周著《中国通史》第三篇"中世后期"的十章内容:第一章"宋帝国的建立";第二章"宋与辽夏金间的斗争";第三章"种族战争中的人民生活";第四章"宋对金的妥协策";第五章"蒙古势力的大发展";第六章"由蒙古统治的瓦解到大明帝国的树立";第七章"再由社会冲突转入种族战争";第八章"满洲族之树立大清帝国";第九章"巩固统治的理学";第十章"各种反抗运动"。

从各章修订前后的名称来看,本篇内容虽有调整,但变动不大。本篇运用五章篇幅来叙述辽、宋、夏、金的历史,其篇幅之重,引人注目。这样的安排显然与"历史完形论"的编纂指导思想有关。"历史完形论"认为,通史的编纂对象就是"人类过去的活动",而该时期的民族斗争和阶级冲突异常激烈,周著《中国通史》自然要详加

---

① [荷兰]许里和:《佛教征服中国》,李四龙译,江苏人民出版社1998年版,第34页。
② 周谷城:《中国通史》,上海开明书店1948年版,第595页。
③ 赖永海:《中国佛教文化》,中国青年出版社1999年版,第3页。

关注，其篇幅之重也就势所必然。

以下对本篇运用资料予以详细分析：

第一章主要叙述北宋的建立过程，运用的资料有：《旧唐书》《新唐书》《宋史》《五代史》《文献通考》《苏轼文集》《通典》《二十二史札记》，其中大量运用的是《二十二史札记》和《宋史》。此外，周谷城也运用了洪迈《容斋四笔》和顾炎武《日知录》等资料。

第二章主要叙述辽、夏的进犯和北宋的变法图强，运用的资料有：《旧唐书》《辽史》《宋史》和《二十二史札记》，以及陈邦瞻的《宋史纪事本末》，其中运用最多的是《宋史》和《辽史》。作者也引用了王桐龄的《中国史》。

第三章主要叙述金、宋冲突的情况，运用的资料有：《辽史》《金史》、宇文懋昭《大金国志》《宋史》《二十二史札记》、丁特起《靖康纪闻》、钱士升《南宋书》和顾祖禹《读史方舆纪要》，其中大量运用的是《宋史》《金史》和宇文懋昭《大金国志》。

第四章主要叙述种族战争之下的民众情况，运用的资料有：《金史》《宋史》《清溪寇轨》《续文献通考》《苏老泉集》《宋论》《日知录》《二十二史札记》，其中《金史》《宋史》和《二十二史札记》运用最多。

第五章主要叙述宋对金妥协的情况，运用的基本资料有：《金史》《宋史》《文献通考》《大金国志》和《二十二史札记》。周谷城还引用有汪师韩的《韩门缀学》、陈邦瞻的《宋史纪事本末》、钱士升的《南宋书》、周密的《癸辛杂识续集》和叶绍翁的《四朝闻见录》等文献资料。

第六章主要叙述蒙古势力的崛起，运用的资料有：《新元史》《蒙古史略》《成吉思汗实录》《辽史》《西域文明史概论》《二十二史札记》《暨南学报》等，其中运用较多的是《新元史》和《蒙古史略》。

第七章主要叙述元朝的瓦解和明朝的确立，运用的资料有：《元史》《元史纪事本末》《新元史》《明史》《明史纪事本末》《二十二史札记》《福州府志》等，其中运用较多的是《明史》《新元史》

《二十二史札记》等。周谷城还广泛运用了木宫泰炎的《中日交通史》,箭内互著、陈捷等人译的《元代蒙汉色目待遇考》,顾炎武的《日知录》,《续文献通考》和国立北平图书馆藏《善本丛书》等。

第八章主要叙述明代的社会冲突和统治的瓦解,运用的资料有:《续文献通考》《明史》《明夷待访录》《日知录》《东华录》和《二十二史札记》等,其中运用较多的是《二十二史札记》和《明史》。《明史纪事本末》《清朝前纪》《清朝文献通考》和《清朝全史》也在应用之列。

第九章主要叙述清朝的确立情况,运用的资料有:《东华录》《明史》《清史》、魏源的《圣武记》《中国内乱外患历史丛书》《台湾府志》,其中运用较多的是《明史》《清史》和魏源的《圣武记》。赵翼的《皇朝武功记盛平定三逆述略》、稻叶君山的《清朝全史》和汲修主人的《啸亭杂录》也有运用。

第十章主要叙述理学的功用,运用的资料有:《靖康传信录》、朱熹的《朱子文集》《朱子语类》《孟子字义疏证》《宋史》《明史》《四朝闻见录》《吹剑录外集》《二十二史札记》《四库全书总目提要》《啸亭杂录》、郭沫若的《卜辞通纂》和王桐龄的《中国史》,其中运用较多的是《宋史》《明史》、朱熹《朱子文集》和《朱子语类》等。

第十一章主要叙述反清运动的情况,运用的资料有:《东华录》,魏源的《圣武记》,俞正燮的《癸巳存稿》,稻叶君山的《清朝全史》,王应奎的《柳南随笔》,平山周的《中国秘密社会史》,汲修主人的《啸亭杂录》,徐珂的《清稗类钞》,王钟麒的《太平天国革命史》,罗洪涛的《太平天国诗文钞》,凌善清的《太平天国野史》,《太平天国丛书》,伶利著、孟宪承译《太平天国外纪》,《曾文正公全集》,孙中山的《三民主义》和章太炎的《检论》等,其中运用较多的是徐珂的《清稗类钞》和魏源的《圣武记》等。

(一)"宋帝国的建立"

周谷城认为,唐代疆域辽阔,"武人"颇受重用,结果埋下"安史之乱"祸根。唐朝虽勉强平息"安史之乱",但从此出现藩镇割据局面。藩镇的横暴激起唐末农民暴动,"藩镇专横,把天下弄到民穷财尽,民乱自然爆发。黄巢之乱,直接由于天灾,间接由于安、史乱后藩镇之纷扰"。周谷城没有回避农民暴动的破坏性:"巢恨城中居民于彼退出之时欢迎官军,乃大肆杀戮;凡杀八万人,血流于路,谓之'洗城'。"① 周谷城对"五代十国"时期武人专横情况加以考察。"武夫悍卒左右政局,文人普遍不受重用"。将校们握有实权,统治者由他们拥立。将校们拥立皇帝,为的是自己升迁,士兵们拥立将校,为的是乘机劫掠。

北宋的中央集权终结了武人专横局面。周谷城分析了其原因:第一,兵权收归中央。第二,利用文臣管理地方。第三,提高监察权力。第四,优待被征服者。北宋采取重文轻武政策,大力加强中央集权,彻底扭转长期以来的武人专横局面②。有论者甚至将其美称为"文官政治"③。由于宋代统治者采取重文轻武政策以及放宽科举考试等措施,地主阶级普遍看好科举制。有论者指出:"国家所得人才不看谱牒、不重乡贯、不讲门第,这一政策极大地调动了士人读书入世的积极性,科举重新获得了士大夫的青睐。"④ 地主阶级受到优待,结果又造成冗官问题。"因当局拉拢地主阶级的手段太滥,同时封建士大夫拼命向政府里钻,于是造成官吏过剩之局,而有所谓冗员。"⑤ 有论者指出,宋代统治者因极力加强中央集权而重文轻武是造成冗官问题的根本原因。⑥

修订版周著《中国通史》对农民暴动问题作了某些修改。原来的"民乱""贼首"等一律修改成"暴动""暴动的首领",某些揭露农民暴动破坏性的叙述,如黄巢在长安"洗城"等字眼也删除了。1949年后史学界出现对农民暴动竭力拔高的风气,周著《中国通史》

---

① 周谷城:《中国通史》,上海开明书店1948年版,第616页。
② 雷家宏:《奠基陈桥驿:赵匡胤的治国谋略》,华夏出版社2000年版,第139页。
③ 赵益:《王霸义利:北宋王安石改革批判》,南京大学出版社2000年版,第33页。
④ 雷家宏:《奠基陈桥驿:赵匡胤的治国谋略》,华夏出版社2000年版,第135页。
⑤ 周谷城:《中国通史》,上海开明书店1948年版,第648—649页。
⑥ 雷家宏:《奠基陈桥驿:赵匡胤的治国谋略》"引言",华夏出版社2000年版,第6页。

有关"民乱""贼首"等说法已显得极为刺耳和不合时宜,相应修改也就势所难免。

(二)"辽夏之进逼与宋室之图强"

宋、金、辽、夏时期,民族矛盾突出,民族冲突异常激烈,宋先后与周边辽、夏、金等少数民族政权爆发激烈战争。周谷城认为,宋因边贸措置失当,引起宋、辽纠纷和战争。"只惜宋人采闭关主义,甚至采排外主义。在两方贸易往来上,常与辽人以不利,甚至捕杀入市之北人。这种政策,在辽人方面种下了多少仇恨。"他认为,宋、夏交兵的直接原因也是贸易纠纷,"宋人在贸易方面,对于夏人,始终采严格的闭关主义,采极端的排外主义"。① 宋对西夏的贸易政策招致西夏恶感,军事冲突也就不可避免。不难看出,周谷城在分析宋与辽、夏冲突时强调了地理环境因素,意即民族冲突与民族的生存条件有关。

周谷城认为,北宋因积贫积弱而不得不变法图强,变法的结果却引起没完没了的新旧党争。新党变法,旧党反对,旧党得势就打击新党,新党再起后对旧党的报复也不遗余力。"王安石变法"原本意美法良,结果却以失败而告终,失败的原因为新旧党之间的政治恶斗。周谷城认为,新旧党争的实质是利害冲突,是朋党之争。"他们人数太多了,政府里尽管可以多设冗员(宋代冗员之多,为历史上所仅见)以安置之;然因取于民的财力有限,终不能完全安置。结果便是党争"。② 王安石想通过抑制豪强兼并来"富民、富国和强兵",变法的宗旨是维护统治阶级的长远利益和根本利益,而反对派则是一味地维护自身的既得利益。③ 有论者认为,"王安石变法"宗旨不错,党争的根源是新党与旧党之间的政见之争④。

---

① 周谷城:《中国通史》,上海开明书店1948年版,第664页。
② 周谷城:《中国通史》,上海开明书店1948年版,第692页。
③ 邓广铭:《北宋政治改革家王安石》,人民出版社1997年版,第81页。
④ 论者指出,新旧党的政见分歧集中在"新财制"和抑制豪强兼并两个问题上。参阅徐松勤《北宋文人与党争——中国士大夫群体研究之一》,人民出版社1998年版,第34页。

(三)"金对宋的大压迫"

周谷城认为,金对宋战争的根源是生存竞争。"金人对宋,既有这些不满,同时金人所处的天然环境,又远不如宋,时时有进攻宋的疆土、取得优良的生活环境的企图,于是以这些不满为导火线,便大举向宋进攻"。周谷城指出,金人在攻宋之时也不忘汲取汉文化。"一个游牧民族,攻入一个文化较高的农业民族,这样大掠,这一方面固表示着种族战争之激烈残酷;另一方面又显见得游牧民族想从农业民族之文物中,找到文化的模范"。①

本章内容较少,在修订版周著《中国通史》中,为第二章"宋与辽夏金间的斗争"中的第五节。周谷城有关宋、金战争缘起生存斗争的叙述受到"斗争哲学"的指责,认为他抹杀战争的阶级根源,掩盖战争的非正义性,散布民族投降主义观②。

(四)"种族战争中之民众生活"

周谷城认为,北宋时期土地兼并严重,而在种族战争之下,贫民受害更大。"土地集中,致贫富悬殊;地主的封建势力表现得十分明显。贫富既已悬殊了,在种族战争激烈之时,贫民处在地主的封建势力之下,受累更甚。"③ 有论者指出:"与士大夫共治天下"和"不抑兼并"是赵宋王朝的既定国策,由此造成豪强兼并盛行和贫富分化严重的社会问题。④ 两宋时期,战事频仍,农民负担极其沉重。也正因如此,农民暴动也很频仍。周谷城对农民暴动加以分析:"各种民乱,多以邪说为号召大众的手段……称乱的主体,就是生活困苦的农民及手艺工人乃至现在所谓流氓无产者……民乱的对象,大抵为官僚地主等。"⑤

修订版周著《中国通史》作了一些修改,凡"民乱""称乱"等说法一律修改为"暴动"或者"农民暴动",原书中的"邪说"修改

---

① 周谷城:《中国通史》,上海开明书店1948年版,第705—706页。
② 顾文壁:《关于宋金战争的原因和性质——驳周谷城抹杀宋金战争的阶级根源、歪曲战争性质、为侵略者开脱罪责的观点》,《历史教学》1964年11月、12月合刊。
③ 周谷城:《中国通史》,上海开明书店1948年版,第723页。
④ 徐松勤:《北宋文人与党争——中国士大夫群体研究之一》,人民出版社1998年版,第36页。
⑤ 周谷城:《中国通史》,上海开明书店1948年版,第737页。

为"宗教迷信"。

周著《中国通史》有关农民暴动的诸多论述皆受到"斗争哲学"的指责。有论者批评周谷城忽视农民起义的重要性，且谬误极多："东晋的孙恩起义，北魏的葛荣起义，宋代的王小波、李顺起义，都是我国历史上重要的农民起义，但均被作者漏掉了，在'通史'中无一字涉及。对其他各次农民起义的叙述或则草率，或则错误百出。"① 更有论者指责周著《中国通史》利用史料或滥用史料来达到诬蔑农民起义的目的："周谷城诬蔑农民战争的一个重要手段，是通过引用所谓'史料'来进行的，即以'史料'代替他的观点。"② "论从史出""让史料说话"是史学研究的基本要求，上述批评显然有失偏颇，但也反衬出周著《中国通史》的学术特色。周谷城有关方腊起义的叙述受到激烈批评，被认为诋毁农民起义和歪曲阶级斗争。其批判声势之大，甚至受到海外学者的关注③。

（五）"宋对金之妥协策"

周谷城指出，宋在对金作战虽进展顺利，但最终以和议而告终，其根本原因是当权者恐惧武人。他认为，秦桧力主宋、金和议，其意在大权独揽。"这次和议，乃由于秦桧亟欲巩固统治的权力而促成。"④ 周谷城有关"宋金议和"的叙述大受指责，认为他一味袒护秦桧、鼓吹阶级合作和民族投降主义⑤，"周谷城撷拾某些封建史学家的余唾为卖国投降的大汉奸秦桧开脱罪行的论调是极其荒谬的"。

---

① 古田：《评周谷城著〈中国通史〉》，《新建设》1958 年第 7 期。
② 冯尔康、汤纲：《关于批判周谷城反动史观的综合报道》，《历史教学》1964 年 11 月、12 月合刊。
③ James P. Harrison, "The Ideological Training of Intellectuals in Communist China", *Asian Survey*, Vol. 5, No. 10 (Oct., 1965), pp. 491–498.
④ 周谷城：《中国通史》，上海开明书店 1948 年版，第 748 页。
⑤ 杨宽：《评周谷城先生的"生存竞争"历史观》，《文汇报》1964 年 11 月 21 日；罗思鼎：《为什么要替秦桧翻案？》，《文汇报》1964 年 11 月 5 日；项立岭、王春瑜、裴汝诚：《周谷城是怎样为秦桧、张邦昌翻案的——评周著〈中国通史〉宣传民族投降主义的反动观点》，《光明日报》1964 年 12 月 30 日；金应熙：《周谷城是怎样袒护秦桧、赞成投降、诋毁主战派的》，《红旗杂志》1964 年第 17、18 期。

海外学者认为,周谷城之所以被批评是因为批评者认为他"同情秦桧"①。周谷城关于"宋金议和"的论述,其观点未必妥当。然而就中华一统的大历史观看,这些批评显然也有其不妥之处②。有论者指出:"岳飞的'爱国主义'带有很大的局限性。因为他所爱的'国',只是宋王朝。他的'爱国主义'也仅仅局限在恢复宋王朝对中原统治这个范围内。"③

(六)"蒙古势力之大发展"

周著《中国通史》对蒙古崛起的过程着墨不多。周谷城认为,成吉思汗的征服活动虽属种族暴行,但也有文化上的积极作用。"成吉思汗的远征,自不免于残暴;但从整个的文化演进上说,却有绝大而不可磨灭的影响。"④ 有论者指出,蒙古建立了疆域辽阔的大帝国,在客观上促进了东西方之间的经济、文化交流。⑤

(七)"由蒙古统治之瓦解到大明帝国之树立"

周谷城着重分析蒙古统治者的诸多荒谬之处。一是民族歧视政策;二是政教不当;三是经济政策弊端多。有论者指出,民族压迫政策是蒙古贵族赖以生存的基础,同时也是促使其政权覆灭的根本原因。⑥ 周谷城认为,民族主义在元末农民大起义中发挥了重要作用,"反元运动的开始,虽由于贫民无以为生;而反元运动的成功,真可以说是民族主义的胜利"。⑦ 这一观点为学界所认同。⑧

---

① Stephen Uhally, Jr., "The Controversy Over Li Hsiu-cheng: An Ill-timed Centenary", *The Journal of Asian Studies*, Vol. 25, No. 2 (Feb., 1966), pp. 305 – 317.

② 周谷城坚持认为,辽人、金人、西夏人等少数民族都是中国人,他们的历史也理所当然地是中国历史的一部分。周谷城尽管为此受了不少批判,但他始终坚持自己的观点。据笔者 2006 年 1 月 21 日访谈周骏羽先生的口述资料。

③ 《历史研究》编辑部编:《建国以来史学理论问题讨论举要》,齐鲁书社 1983 年版,第 336 页。

④ 周谷城:《中国通史》,上海开明书店 1948 年版,第 777—778 页。

⑤ 杨志玖:《元史三论》,人民出版社 1985 年版,第 145 页。

⑥ 周良宵、顾菊英:《元史》,上海人民出版社 2003 年版,第 375 页。

⑦ 周谷城:《中国通史》,上海开明书店 1948 年版,第 808 页。

⑧ 傅衣凌认为,反元斗争具有反抗民族压迫的合理性,民族主义在推翻蒙古贵族的统治中起到了重要作用。参阅傅衣凌主编,杨国桢、陈支平著《明史新编》,人民出版社 1993 年版,第 15 页。

周谷城对明代极力强化君主专制主义的史实加以考察。"明祖不许宗藩有实权,即是政府提高其专制权威之一反证……杀文人乃提高专制权威之法,杀武人更是巩固专制权威之法。"① 对于明代君主专制主义的大大强化,有论者分析其原因为:一是地主经济的普遍发展;二是社会矛盾的尖锐化。②

周谷城认为,郑和下西洋的主要目的是拓展中外贸易。"他们来到中国,也许有依赖大国以图保护之意;但主要目的却在通商。为欲使通商关系和好稳定,常进贡方物,朝见皇帝。"③ 也有学者认为,明政府推行睦邻友好政策,郑和下西洋的主要目的是发展中外友好关系;其次才是朝贡贸易。④ 周谷城对"倭寇扰华"问题加以考察,认为其直接原因是沿海地区走私活动引起的纠纷。"这种不幸事件发生的直接导火线非常简单,即沿海豪势之家负了外商的债款不予偿还,致令外商坐索,并进而挑衅是也。"这些观点也颇为学界认同。⑤

(八)"再由社会冲突转入种族战争"

周谷城认为,农村经济的崩溃和统治阶级的腐化导致明朝统治的动摇。屯田制的毁坏使明朝的统治发生动摇,"屯田废弛,上下交困,于是统治渐呈动摇;显见得屯田对于统治有极密切的关系。"⑥ 明代征税繁苛,屡屡酿出风潮,也动摇了明朝的统治。明末的"三饷"(即"辽饷""剿饷""练饷")更加速了明朝的灭亡。有论者指出,明中期后,土地兼并的愈演愈烈和统治阶级的横征暴敛从经济上动摇了朱明王朝的统治。统治势力的腐化是明朝崩溃的政治原因。明后期,中枢趋于腐化,阉宦专权局面出现,而中枢的腐化又导致吏治失

---

① 周谷城:《中国通史》,上海开明书店1948年版,第824页。
② 陈梧桐:《朱元璋研究》,天津人民出版社1987年版,第104页。
③ 周谷城:《中国通史》,上海开明书店1948年版,第830页。
④ 中国航海史研究会编:《郑和下西洋》,人民交通出版社1985年版,第21—22页。
⑤ 陈懋恒认为,"倭寇扰华"源于中日之间的贸易纠纷。参阅陈懋恒《明代倭寇考略》,人民出版社1957年版,第21页。
⑥ 周谷城:《中国通史》,上海开明书店1948年版,第854页。

修和地方糜烂。明万历皇帝不理政事，而且贪财好货，酿出宦官专权局面，加剧明王朝的腐朽没落。

周谷城认为，明末农民暴动的根本原因是农民生计无着。他分析了明末农民起义的特点。第一，暴动的主体是破产农民。第二，暴动者多少有些纪律。第三，暴动的对象为贵族、官僚和地主等。第四，暴动者优待贫民。水利失修、兵灾破坏以及自然灾害的流行造成民不聊生，这是民众暴动的直接原因，官府裁撤驿站则是民众暴动的导火线。①

清入关前，汉、满间贸易纠纷不断。周谷城分析了其原因。第一，明朝的闭关政策。第二，明朝任意降低物价，税监任意盘剥外商。上述纠纷埋下战争祸根，"闭关政策之断绝满商生路；及官僚任意抑低物价与税监任意施行苛削，引起满商仇恨……因之，汉、满间的贸易常常陷入纠纷之中，进而引起双方的军事行动"。② 更有论者指出，明朝利用贸易关系来管控满族③，导致贸易纠纷，进而引发战争。

（九）"满洲族之树立大清国"

周谷城对"三藩"问题有精辟之论。"三藩"助清剿明而为清廷所优待和倚重，"三藩"势力坐大又为清廷所忌惮，清廷自然要处心积虑地"削藩"。清要"削藩"，"三藩"便打起"反清复明"的旗帜相对抗。周谷城对"三藩"的反复无常如此分析："当初为满族作先驱，因得了满族的优遇；这次的反满，因满族要撤除。"④ 周谷城对吴三桂降清的分析后来被指责为替民族败类粉刷投降罪行，批判他宣传民族投降主义⑤。台湾在历史上几次与祖国大陆相分离，修订版周著《中国通史》增加相关内容，明确指出台湾自古以来就是中国

---

① 顾诚：《明末农民战争史》，中国社会科学出版社1984年版，第6页。
② 周谷城：《中国通史》，上海开明书店1948年版，第898页。
③ 李鸿彬：《满族崛起与清帝国建立》，天津古籍出版社2003年版，第62页。
④ 周谷城：《中国通史》，上海开明书店1948年版，第921页。
⑤ 项立岭、王春瑜、裴汝诚：《周谷城是怎样为秦桧、张邦昌翻案的——评周著〈中国通史〉宣传民族投降主义的反动观点》，《光明日报》1964年12月30日。

的领土。周谷城对康、雍、乾三朝的政绩有简要叙述,认为清廷除了武功显赫之外,也有政绩可言。"清代的政绩,以康、雍、乾三朝为最可观。"周谷城对清的叙述偏重于揭露和指责,对其政绩的叙述显得有点轻描淡写。

(十)"巩固统治的理学"

周谷城认为,殷商时期是中国思想演变的第一阶段。殷商时期的思想是迷信的思想,春秋战国时期的思想与此前有了很大变化。秦汉时期是中国思想演变的第二个阶段。统一的中央集权国家建立了,思想也跟着统一起来。汉代思想与殷商思想又一脉相承。"殷人尊天,汉代则有天人相与的学说;殷人以卜决事,汉代决事则相信谶纬。汉代思想显然为殷商思想受过春秋战国思想的冲击后的较高发展。"① 汉唐时期是中国思想演变为第三个阶段的初始时期,宋、元、明、清则是完成时期。宋明理学是佛教思想与中国固有思想相互激荡的结果。清初以来,中国思想的演变进入第四个阶段。西洋的科学思想与中国的宋明理学相互激荡,逐渐产生出现代思想。修订版周著《中国通史》明确指出,"现代思想"为资本主义思想,认为资本主义思想尚在发育,而社会主义思想已随着俄国"十月革命"的发生而发扬。

周谷城有关中国思想史的论述受到激烈批评。"阉割文化思想的阶级实质;抹杀对立思想之间的界限和斗争,把文化遗产歪曲成由不同阶级的思想意识相互'汇合'(或'合一'或'混合')的'统一整体',并且竭力美化剥削阶级维护统治秩序的反动思想。"②

周谷城认为,理学盛行于专制主义高度发展时期,与专制主义相一致,是统治阶级的御用工具。理学家把"天理"和"人欲"完全对立起来,"存天理,灭人欲"成为理学的最高教条和衡量一切事物的最高标准。第一,"存天理,灭人欲"是施政的最高原则。第二,

---

① 周谷城:《中国通史》,上海开明书店1948年版,第951页。
② 张岂之:《周谷城歌颂帝国主义、封建主义的文化同盟》,《新建设》1964年第10—11期。

"存天理，灭人欲"是民众的生活准则。第三，"存天理，灭人欲"也是知识分子的处世准则。① 周谷城这些论述也受到指责："从这里，周先生又得出了阶级'合作'的结论，来宣扬人民要在'神圣的'封建法权之下安身立命作'顺民'！"② 另有批评者指责说："'理学'是封建地主阶级的哲学。但是，周谷城却完全抹杀了'理学'的阶级性，把他说成是人人都用得着的哲学。"③

周谷城认为，理学的功用在于巩固统治，并通过知识分子加以体现。第一，知识分子保护种族。第二，知识分子辅佐君主。第三，知识分子教化民众。他指出，统治阶级最希望知识分子教化民众，只有把民众都教化成顺民，统治阶级才放心。他认为，清康熙"十六条圣训"即此用意，"这十六条圣训，在学的知识分子倘能一一奉行不悖，民间自然化行俗美；在上的统治者便可以不费力气而统治天下。"④ 统治者固然期望知识分子"指导"农民，而知识分子的主要功用也确实在此。周谷城对知识分子的这些客观论述被指责为大肆宣扬知识分子的作用⑤，被认为是站在统治阶级的立场上说话⑥。

（十一）"各种反抗运动"

周谷城认为，反清运动涵盖思想、种族和社会等诸多层面。满族入侵激起汉族知识分子的强烈不满和敌对情绪，但迫于清廷的淫威而只好隐蔽活动。"文人对满清的不满始则发而为武力的抗拒；继因满族的政权日益强固，无法抵抗，乃转而潜藏于各种社盟之中。"知识分子的反清言论遭到血腥镇压，"文人的民族意识之坚强，民族情绪之激烈，正是引起文字之狱的直接原因。"清代文字狱的绵延不断，

---

① 周谷城：《中国通史》，上海开明书店1948年版，第957页。
② 史青：《周谷城在中国历史方面贩卖了什么货色？》，《历史研究》1964年第5—6期。
③ 牛致功：《从"理学"的实质看周谷城的阶级调和论》，《史学月刊》1965年第3期。
④ 周谷城：《中国通史》，第969页。
⑤ 宁可：《从〈中国通史〉（封建社会部分）看周谷城的阶级调和论》，《新建设》1965年第2期。
⑥ 古田：《评周谷城著〈中国通史〉》，《新建设》1958年第7期。

表明汉族知识分子民族主义情绪的强烈。满族的民族压迫也激起普通民众的反抗情绪,会党属于普通民众的反清组织,"中下社会层的民族意识,则凝聚于各种会党。文社以诗文为结集同志的手段,会党则以迷信为结集同志的手段,其反抗满族,则两者完全相同"。① 他认为,白莲教暴动是最典型的社会反抗活动。白莲教因民族意识和反政府倾向而受到清廷迫害,教徒被迫起而暴动。白莲教宣扬平等和平均,带有反对民族压迫和政治压迫的色彩。有论者指出:"白莲教宣传的这种'平等''平均'的理想社会,反映了处在统治阶级残酷剥削压迫下的广大农民、手工业者对幸福生活的憧憬和追求;白莲教要推翻清王朝、实现均田的革命主张,极大地鼓舞了起义群众的士气。"②

周谷城认为,太平天国运动既有种族斗争的性质也有阶级斗争的性质。"一站在农民的立场反对贪官污吏;二站在汉族的立场反抗满洲胡虏。"周谷城对太平天国的总体评价是:"此一运动,始则为汉族与满族战争;继则为农民与地主战争;太平天国代表农民,曾国藩辈代表地主;终则为外洋势力下之商人与满洲贵族下之地主合力攻击代表农民、代表汉族之天国。"③

本章最值得关注的是"太平天国的大反抗"部分。该部分由民国版的有限内容扩充为修订版的独立一章,其重要性显著上升。另外,该部分在修订版中被下移到第四篇"近代史"中,似乎着意突出太平天国运动的近代性。除上述扩充和调整外,对太平天国运动的评价也有明显变化,修订版直称太平天国农民运动为革命运动,直斥镇压太平天国农民运动的中外势力为反革命势力。

尽管周谷城对太平天国农民运动已有所美化和拔高,但仍然受到"斗争哲学"的激烈批评。有论者批评说:"他否认太平天国运动是农民阶级反封建、反侵略的革命的阶级斗争,把它歪曲成只是一次

---

① 周谷城:《中国通史》,上海开明书店1948年版,第985页。
② 蒋维明:《川陕楚白莲教起义》,四川人民出版社1985年版,第10页。
③ 周谷城:《中国通史》,上海开明书店1948年版,第1025页。

'种族战争',并且夸大它的宗教色彩,抹煞太平天国政策的革命内容;他否认太平天国运动反击外国侵略者的正义性;把外国侵略者的武装镇压,诬蔑成是太平天国'逼'出来的;他诋毁太平天国革命者为'盗'为'贼',而对曾国藩和地主阶级反革命大肆美化。"[①] 周谷城这些论述也受到海外学者的关注。他们认为,这些论述表明周谷城是非马克思主义史学家[②]。

五 第五篇"资本主义萌芽时代(鸦片战争以后到现在即公元1840年以后到现在)——工国农国相摩相荡"

本篇内容共五章。第一章"列强对中国之压迫";第二章"中国之图强御侮运动";第三章"军阀之阻碍图强";第四章"列强之加紧压迫";第五章"反帝国主义及军阀"。本篇内容大致相当于修订版周著《中国通史》第四篇"近代史"九章内容中的第一章和第三章至第九章的内容:第一章"由英国的对外侵略到中英鸦片战争";第三章"各国继续以武力逼订不平等条约";第四章"在不平等条约下中国的殖民地化";第五章"中国的图强御侮——经济方面的图强御侮";第六章"戊戌维新与辛亥革命";第七章"教育学术及思想的维新";第八章"封建势力的挣扎";第九章"帝国主义的深入"。

修订版周著《中国通史》第四篇近代史部分的第二章,为"太平天国的反抗运动",该章内容相当于初版周著《中国通史》第四篇第十一章的第四节"太平天国的大反抗",这在上文已有所分析。周著《中国通史》的近代史部分从原来的五章修订为九章,除第二章"太平天国的反抗运动"由第四篇调入外,其他各章实际上由原来的五章分解而来。

以下对本篇运用资料情况分析如下:

第一章主要叙述列强侵华情况,运用的外文资料有:马士《中华

---

① 王庆成:《驳周谷城对太平天国革命的歪曲和对曾国藩、外国侵略者的美化》,《新建设》1964年第12期。
② Vincent Yu-cheng Shih, "Interpretations of the Taiping Tien-Kuo by Noncommunist Chinese Writers", *The Far Eastern Quarterly*, Vol. 10, No. 3 (May, 1951), pp. 248–257.

帝国对外关系史》H. B. Morse, "The International Relationship of the Chinese Empire", Ogg and Sharp: Economic Development of Modern Europe. 运用的中文资料有：《中英江宁条约》《中英天津条约》《中美五口贸易章承》《辛丑和约》《中英天津条约》《中美天津条约》、罗惇晟的《中日兵事本末》《庚子国变记》和《拳变余闻》，王彦威的《清季外交史料》，《中日马关条约》，谢彬的《中国丧地史》，周鲠生的《解放运动中之对外关系》和孙中山的《三民主义》。上述资料中运用得最多的是马士《中华帝国对外关系史》和王彦威的《清季外交史料》。

第二章主要叙述近代中国的图强御侮运动，所用资料有：周葆銮的《中国银行史》、梁启超的《戊戌政变记》和《饮冰室合集》、孙中山的《三民主义》和《孙文学说》《清史稿》、张之洞的《劝学篇》、阮元的《畴人传》、稻叶君山的《清朝全史》、王之春的《复议新政疏》和康有为的《保国会演说辞》，其中运用最多的是梁启超的《戊戌政变记》。

第三章主要叙述军阀对图强御侮运动的阻碍，所用文献主要为政府文件和各种通电，计有：蒋方震《中国五十年来军事变迁史》、蔡元培《代表全国布告文》《约法会议开会大总统颂词》、袁世凯《公布改革国体请愿之命令》和《决定国体之国民代表大会之组织法》《参政院代行立法院之推戴书》《袁世凯撤销承认帝位议案之申令》《黎元洪解散国会通电》《张勋奏请复辟折》《复辟后黎元洪之通电三》《段祺瑞申讨复辟之通电》《唐继尧关于时局之通电》《两院在津之宣言》《黎元洪复任通电》《离京议员通电》《中华民国临时政府制》和《段祺瑞通告全国马电》等。

第四章主要叙述列强的加紧侵略，所用资料有：《国民党关于废除不平等条约之通电》《中俄蒙协约》《中俄解决悬案大纲协定》《二十一条》《九国公约》、孙中山的《三民主义》和温雄飞的《南洋华侨通史》等。

第五章主要叙述反帝、反封斗争的情况，所用资料有：《广州政府改组后之政纲》、国民党《第一次全国代表大会宣言》、国民党

《第二次全国代表大会宣言》等。

（一）"列强对中国之压迫"

周谷城认为，近代英国受重商主义和工业革命的驱使而竭力开拓世界市场并霸占殖民地。英国蓄意对华进行鸦片贸易，在遭到清政府严禁后便悍然发动侵华战争。《南京条约》是中国滑向殖民地、半殖民地状态的开端，"这次条约是中国与外人首先订立之不平等条约，是后来中国沦于次殖民地状态之基本原因"①。

周谷城认为，鸦片战争的根源是英国蓄意侵华，而林则徐领导的虎门销烟则是战争的导火线。周谷城对鸦片战争的叙述纯属客观之论，并无什么不妥之处。

周谷城对第二次鸦片战争的起因加以分析，认为《南京条约》在实施中遭到民众抵制。此外，民众袭击外国人的事件也时有发生，这些情况为英、法侵略者再次发动战争找到借口。

周谷城认为，义和团运动的兴起除了"无知农民起而排外"之外，更与"旧派当局推波助澜"有关。他认为"东南互保"不失为明智之举："他们不赞成利用义和团，不受乱命，保障东南的主张，毕竟收了好的效果。南方各省得保安宁。"

本章内容相当于修订版周著《中国通史》第四篇"近代史"部分的第一章"由英国的对外侵略到中英鸦片战争"、第三章"各国继续以武力逼订不平等条约"和第四章"在不平等条约下中国的殖民地化"三章的内容，分量虽有所扩充，但变动不大。值得关注的是：原著直斥义和团为"无知农民起而排外"，但修订版的基调为"农民对外力的反抗"；原著对"东南互保"颇为肯定，但修订版删除了这些内容。

义和团运动引发八国联军战争，这是毋庸置疑的客观事实。李鸿章和袁世凯等人策划的"东南互保"客观上使中国东南地区免于战火破坏，这也是毋庸置疑的事实。有批评者还指出："周先生既然为民族投降主义找到了'理论'根据，他就着手为民族败类进行辩护。

---

① 周谷城：《中国通史》，上海开明书店1948年版，第1037页。

在周先生的笔下，反对义和团运动的李鸿章、袁世凯就变成了保卫国家主权的'英雄'。"①

(二)"中国之图强御侮运动"

周谷城认为，中国受列强的侵略而被迫自强，其内容涵盖经济方面的图强、政治方面的图强和教育学术方面的图强。

周谷城首先分析经济方面的图强，认为列强侵华的主要原因是经济利益驱动，"各国以武力压迫中国，逼订不平等条约，沦中国为次殖民地，其唯一目的，在取得物质的实在利益"。他强调，如果听任列强的经济侵略，中国势必由贫而亡，"单只这种出不能抵入的国际贸易一项，积时久了，若无好转的希望，便足以使中国日就贫弱而至于灭亡"。列强的经济侵略引发挽回利权运动，"对外贸易的逆势，外人投资的增加，负担赔款的繁重，都是刺激国人最厉害的事实。这等刺激乃引出'挽回利权'的运动，使国人无间朝野上下，一致努力于新式生产事业之创兴"。②周谷城有关洋务运动的叙述受到"斗争哲学"的批判："在周先生的眼中，从事洋务运动的大汉奸刽子手李鸿章、张之洞、左宗棠等，俨然都是中国人民图强御侮的先进人物了。"③周谷城认为，帝国主义一方面把近代中国拖入半殖民地的深渊；但另一方面也引出中国的近代化。

近代中国在政治方面的图强运动有戊戌维新和辛亥革命。甲午战后，维新变法思潮兴起。周谷城认为，康有为的变法主张"都是极有胆识的新政"，但维新变法遭到守旧派的抵制和镇压。戊戌变法失败后，民主革命思潮随即兴起。他认为，民主革命与政治改良有其显著不同，"维新运动主拥护满清，想在满清皇帝统治之下，效法西洋各国零碎的施行若干新政。革命运动则欲根本推翻满清统治，树立民主共和政府，以求整个中国在各国间之自由平等"。周谷城还逐一分析

---

① 史青：《周谷城在中国历史方面贩卖了什么货色?》，《历史研究》1964年第5—6期。
② 周谷城：《中国通史》，上海开明书店1948年版，第1074页。
③ 陈宝辉：《批判周谷城"中国通史"中的资产阶级观点》，《光明日报》1958年12月25日。

革命势力的构成情况：会党、华侨、知识分子、进步军人和资产阶级分子等。

教育方面的图强运动有废科举、兴学堂和派遣留学生等内容。周谷城认为，科举制积弊丛生，妨碍图强，早该废除。"一则科举制度的本身发生了流弊，不能达到原来的目的了。二则它可以障碍新教育的发展，妨害图强御侮。"西洋学术在明清之际传向中国，清末以后，以吸收和传播西洋学术为己任的各种学会风起云涌。"为欲开通风气，传播新思想，输入西洋学术；乃有各种各样的学会纷纷而起。"① 他认为，传教士主办的广学会及其文化活动在近代中国有开风气的作用。熊月之先生指出，广学会在晚清的西学东渐史上占有重要地位，其文化活动对近代中国思想界影响巨大。② "斗争哲学"却认为广学会就是帝国主义的文化侵略机构，其文化活动只是文化侵略活动。"斗争哲学"指责说："周谷城硬把广学会说成有'开通中国风气之作用'，实质是在为帝国主义的文化侵略打掩护，要中国人民服服帖帖地接受帝国主义的精神奴役。"③ 周谷城认为，在清末的教育维新中，张之洞等人起到积极作用。但批评者指责说："周谷城著的《中国通史》1957年修订本中，却为张之洞的反动本质进行涂脂抹粉，把张之洞的反动说成进步。"④

周谷城在分析近代中国思想时指出，戴震是中国近世思想界的一个分界点：其前是"理学思想的权威时代"；其后"分成两个较大的体系：一考订的体系；二现实的体系"。所谓"考订的体系"指乾嘉以来的考证思想体系，康有为的《新学伪经考》和"古史辨"学派都属于这个体系。所谓"现实的体系"指鸦片战争以来的实用主义思想体系，张之洞的"中体西用"说、梁启超的自由平等说和胡适的实用主义哲学都属于该体系。上述分析基本沿用周谷城《中国社会

---

① 周谷城：《中国通史》，上海开明书店1948年版，第1114页。
② 熊月之：《西学东渐与晚清社会》，上海人民出版社1994年版，第561页。
③ 俞沛铭：《广学会有"开通中国风气之作用"吗？——对周谷城美化帝国主义侵略必须批判》，《光明日报》1964年12月30日。
④ 李可琛：《周谷城是怎样为张之洞作辩护的》，《史学月刊》1965年第2期。

史论》的观点。有论者批评他为反动文化张目,"他对中国近代思想的评述,更完全否认了帝国主义、封建主义和人民大众的矛盾,为封建主义和帝国主义的反动文化同盟张目"①。张之洞的"中体西用"论在近代中国思想界影响之大毋庸置疑。早在1927年,周谷城就指出,张之洞的《劝学篇》"颇足以代表当时之时代精神"②。但"斗争哲学"指责他歪曲历史事实,一贯坚持反动的历史观③。另有批评者认定张之洞《劝学篇》体现的是反动的时代精神,指斥周谷城吹捧张之洞《劝学篇》就是吹捧反动的时代精神④。

有关中国近代思想的开端,周谷城在修订版周著《中国通史》中有所补充。在此我们一并说明。他认为,戴震的反理学思想和欧洲文艺复兴时期的人文主义思潮接近,都有解放思想的作用,认为资本主义思想体系产生于近代中国的救亡图存运动。但"斗争哲学"指责说:"和在政治经济上为帝国主义侵略及封建势力的卖国活动捧场相适应,周谷城更为反动统治阶级抵制改革、抵制革命的反动思潮大喝其彩,称之为近代中国的'时代精神'。"⑤

本章内容相当于修订版周著《中国通史》第四篇"近代史"部分的第五章"中国的图强御侮——经济方面的图强御侮"、第六章"戊戌维新与辛亥革命"和第七章"教育学术及思想的维新"的内容,分量有所扩充,但变动不大。周著《中国通史》从经济方面的图强御侮运动到政治方面的图强御侮运动,由政治方面的图强御侮运动再到教育学术及思想方面的图强御侮运动,可谓结构严谨、脉络分明。

(三)"军阀之阻碍图强"

周谷城认为,晚清政府责成各地编练新军,新军名义上隶属中

---

① 张岂之:《周谷城歌颂帝国主义、封建主义的文化同盟》,《新建设》1964年第10—11期。
② 周谷城:《中国教育小史》,上海泰东书局1929年版,第93页。
③ 丁凤麟:《张之洞的〈劝学篇〉体现什么精神——驳周谷城先生对时代精神的歪曲》,《学术月刊》1964年第12期。
④ 彭久松:《从周谷城对〈劝学篇〉的吹捧看他的"时代精神汇合论"的反动实质》,《光明日报》1964年11月18日。
⑤ 顾诚:《周谷城是怎样歪曲中国近代史的?》,《光明日报》1964年11月22日。

央,实际上是督抚们的私人部队。辛亥革命期间,袁世凯在清廷和革命势力之间左右要挟以攫取最高权力。"始则以民国威胁清廷……逼清帝将政权交出。继则以清廷交下的权力及自己所有的实力向民国相要挟"。周谷城剖析了袁世凯背叛民国、厉行专制的深层原因:"袁为专制政府里面培植出来的人,害怕资产阶级的民主政治,毫无民主政治的习惯……同时新兴资产阶级的实力尚未完全长成,还没有充分制裁军阀的作用,遂让军阀的种种活动顺利以进。"① 也有论者指出,袁世凯具有一定的新思想,这是他区别于顽固派官僚的地方,但他又是个极端专制主义者。②

周谷城在叙述清末新军的缘起时指出,湘军由忠实的湖南农民编练而成,袁世凯的北洋军是清政府御侮图强的产物。"斗争哲学"认为,农民对地主阶级只有阶级仇恨和反抗,批评周谷城"是对农民的极大污蔑和诽谤";"斗争哲学"还认为,袁世凯的北洋军"决不是也不可能是'抵抗'外侮",批评周谷城颠倒黑白,把反动军队说成是御侮图强③。

本章内容与修订版周著《中国通史》第四篇"近代史"部分第八章"封建势力的挣扎"的内容相一致,但题目很不一致。有关军阀混战的内容在修订版中有所减少,周谷城解释说该部分属于现代史范围,理应放到现代史部分加以叙述。

(四)"列强之加紧压迫"

周谷城分析了帝国主义对华侵略的加深:对外贸易入超严重、巧取豪夺中国的矿权、在华工厂数量显著增加和其他各业的明显发展。他对买办的危害性作了分析:"买办足以障碍中国外交之进行……买办有促成内乱之嫌。……买办足以断送国权,使外国资本家在华的势力日渐扩大。"

周谷城在分析列强对华关系时指出,英国蓄谋侵略西藏。"英

---

① 周谷城:《中国通史》,上海开明书店1948年版,第1128页。
② 张华腾:《袁世凯与近代名流》,新华出版社2003年版,第16页。
③ 刘达永:《驳周谷城对反动军队的辩护》,《史学月刊》1965年第4期。

国自并印度以后，即认西藏为可以发展的市场之一。要将西藏变为一良好的市场，则便捷之法莫如在该地扶植一种势力置于自己的支配之下。"① 中日关系因第一次世界大战的爆发而空前紧张。日本趁其他列强无暇东顾，趁机向北洋政府提出"二十一条"。周谷城还分析了中俄关系的演变，认为十月革命前的中俄关系史就是沙俄侵华史，而苏俄对华关系颇为友好。有论者分析，苏俄在当时制定了睦邻友好政策，而解决两国之间的历史悬案仍是两国关系的突出问题。②

周谷城认为，五四运动以后，爱国运动蓬勃兴起，帝国主义却应之以野蛮大屠杀政策。帝国主义先后制造出一系列惨案，激起国人的"废约"运动。"列强屠杀我无辜人民的惨案层出不穷，国人因此对过去所有一切不平等条约有深切之了解；明白认识中国之独立自主完全为不平等条约所剥去。于是废除不平等条约运动，正在这时，为之激进。"废除不平等条约是大革命的重要目标，"国民党之主张废除不平等条约，成了后来北伐运动或反帝国主义及军阀之运动中对外之最大目标"。③ 打倒帝国主义是中共二大党纲所定目标。1923年7月，中共三大把废除不平等条约作为党的最低奋斗目标。④ 与此同时，国民党也发表宣言，明确提出要修改不平等条约。⑤

本章的现代史部分（1919年之后）在修订版中被删除，其他内容基本不变。

（五）"反帝国主义及军阀"

周谷城认为，帝国主义和军阀阻碍中国的图强运动，但革命势力也不屈不挠地与之斗争，在得到苏俄和中国共产党的支持后，中国革

---

① 周谷城：《中国通史》，上海开明书店1948年版，第1181页。
② 李嘉谷：《中苏关系》，社会科学文献出版社1996年版，第5页。
③ 周谷城：《中国通史》，上海开明书店1948年版，第1202—1203页。
④ 中国社会科学院近代史研究所编：《"二大"和"三大"——中国共产党第二、三次代表大会资料选编》，中国社会科学出版社1985年版，第179页。
⑤ 王建朗：《中国废除不平等条约的历程》，江西人民出版社2000年版，第137页。

命出现转机。大革命以打倒帝国主义为重要目标,帝国主义对大革命极力阻挠和破坏。① 周谷城认为,北伐虽然完成,但北伐的目标并未实现:真正的民主政治尚未实现;民生问题亟待解决;中国的自由和独立也没有真正实现。周谷城的上述议论为学界所认同。例如,他认为改组后的国民党焕发了生机等。②

周谷城在修订版《中国通史》的结尾部分增加了一个提纲挈领的"结论"部分。"结论"对中国历史的发展趋势有简明扼要的叙述:从夏殷之际到春秋时期,中国社会属于"贵族或贵族奴隶主"支配下的奴隶社会时期;从春秋之初到西汉末年,中国社会属于"工商奴隶主"支配下的奴隶社会时期;从新莽初到五代末,中国社会属于封建地主势力的全盛时代;从北宋初期到鸦片战争时期,中国社会属于"商人势力与绝对专制相依演进的时代";从1840年到1919年为"近代中国"时期。

"结论"认为,近代中国史与欧洲近代史有很大不同,集中表现在近代中国资本主义发展的严重滞后。"结论"认为,近代中国的特殊性造就空前强大的革命力量,"中国近代史上的这种事实却给了我们一个优越条件,即培植了世界历史上所仅见的空前强大的革命力量,使我们历史的前进由较迟缓转为较迅速"。"结论"把"中国历史的转变"确定为五四运动时期,认为五四运动后不久,中国历史就进入新的历史阶段。"五四运动爆发后,对文化运动的影响乃愈演愈深,终至文化运动与爱国运动连成一气。到一九二一年,乃进到伟大的新民主主义阶段。"③《结论》明确运用新民主主义革命理论来阐释近代中国的发展和变化。

---

① 华岗认为,大革命锋芒所向为帝国主义势力及其羽翼下的一切反动势力,因而为帝国主义所仇视和竭力破坏。参阅华岗《中国大革命史》,文史资料出版社1982年版,第268页。

② 有学者指出,改组前的国民党成分复杂,组织涣散,战斗力很弱;通过制定新党纲、吸收新血液,改组后的国民党焕发了新的生机。参阅陈廉《第一次国共合作史》,北京图书馆出版社1998年版,第74页。

③ 周谷城:《中国通史》,上海人民出版社1957年版,第513页。

第五节　周著《中国通史》的特色

周著《中国通史》是周谷城长期学术积淀和独立深思的结果，蕴含着丰富的史学思想，特别是中国通史思想。"历史完形论"是我国近现代通史理论研究的先驱之作。该理论对史学基础概念、通史对象、通史体裁和通史编纂等基本问题都有深入探讨和精辟之见，初步确立起通史编纂的理论规范。该理论认为，通史应聚焦历史自身，即"人类过去的活动"，努力体现和维护历史的客观性及完整性，尤其强调完整性为通史之独特性所在。"历史完形论"是周谷城史学思想特别是中国通史思想的精华所在，也是周著《中国通史》及其后《世界通史》的独特魅力所在。

第一，周著《中国通史》有自己的通史编纂理论。新史学兴起后，新型通史虽纷纷涌现，然而通史理论研究却长期滞后。新史学更多的只是套用进化论，而对通史理论考虑不多。稍后兴起的马克思主义史学对通史理论同样考虑不多。苏联史学视历史唯物主义为史学理论，没有专门的通史理论。受苏联史学影响，中国马克思主义史学家也没有关注到通史理论。例如，范文澜的《中国通史简编》即如此。"历史完形论"使周著《中国通史》得以较好地体现和维护通史的独特性，因而更具理论意义和实践意义。

第二，周著《中国通史》体现和维护历史的客观性。史学研究贵在求真，这就需要尽力体现和维护历史的客观性。史学研究要体现和维护历史的客观性，需要史学工作者广泛搜集史料，妥善而充分地运用史料，努力做到论从史出和史论结合。周著《中国通史》史料运用之广泛足以令人称道，并非一些人指责的仅以《二十二史札记》著通史。周著《中国通史》不仅史料丰富，而且做到了史论结合和论从史出。"斗争哲学"肆虐时期，周著《中国通史》遭遇诸多批评和指责。总体而言，这些批评和指责大都因周著《中国通史》坚持客观真实和秉笔直书而起。

第三，周著《中国通史》体现和维护历史的完整性。完整性是通史之所以为通史的独特性所在，也是最为重要的基本属性之一。为体现和维护通史的完整性，周著《中国通史》既没有漫无边际的面面俱到，也没有纠缠于枝节之中，而是聚焦历史本身，以人类既往活动为编纂对象，因而脉络清晰，繁简得当，整体感强。在通史编撰中，金毓黻最为推崇"鸟瞰法"，认为"鸟瞰法"能够高屋建瓴地把握历史的总体轮廓、基本脉络和发展趋势，易于编纂合乎通史精神和要义的通史著作。[①] 在他看来，周著《中国通史》正是这样一部典范之作。

新史学自清末兴起后，运用新史观编纂新通史就成为中国史学界的一大目标。1904年至1906年间，夏曾佑编纂出一部《最新中学中国历史教科书》（后来更名为《中国古代史》，叙述到隋代）。该书运用了进化史观，被认为是新通史的拓荒之作，产生较大影响。其后，新通史著作纷纷涌现，到"抗战"爆发为止，新通史著作已有二十多部。"抗战"爆发后，为振奋民族精神，特别是为总结历史的经验教训，新通史的编纂又迎来一个高潮。周著《中国通史》出版于全面"抗战"爆发后的1939年，该通史上起远古时期、下迄北伐战争，是一部完整的新型通史著作。[②] 周著《中国通史》问世以前，完整的通史著作还很少见，只有李泰棻的《中国史纲》、吕思勉的《白话本国史》和王桐龄的《中国史》等屈指可数的几部通史著作。钱穆的《国史大纲》和缪凤林的《中国通史纲要》都出现得较晚，至于郭沫若、范文澜、吕振羽和翦伯赞等马克思主义史学家们的通史著作都未完成，或者尚未动笔。

民国版周著《中国通史》在1949年前基本未作过修订。1949年后，在"向苏联学习"的时代氛围下，史学界掀起学习苏联史学运动，史学家们大都自觉或不自觉地向苏联史学看齐，纷纷修订此前的学术著作。1955年至1957年，周著《中国通史》接连两次修订，此

---

① 金毓黻：《静晤室日记》，辽沈书社1993年版，第5003页。
② 莫志斌认为，在当代中国著名史家中，唯独周谷城编纂并出版一部完整的《中国通史》。参阅莫志斌《周谷城传》，湖南师范大学出版社1997年版，第161页。

后基本定型。

"历史完形论"是民国版周著《中国通史》的"导论"部分,也是全书的指导思想所在,其重要性不言而喻。修订版"导论"变动最大,"历史完形论"基本被删除。① 引人注目的是,修订版"导论"大量引用马、恩、列、斯特别是毛泽东的有关论述。民国版"导论"强调"求真",修订版"导论"推崇"致用"(通史的教育功能)。民国版"导论"认为历史是"人类过去的活动",而修订版"导论"宣称"历史就是斗争过程,就是矛盾发展和解决的过程"。

民国版周著《中国通史》对"五种社会形态说"持保留态度,尤其是对"中国奴隶社会说"持批评态度,但修订版周著《中国通史》明确肯定"中国奴隶社会说",认为新莽(公元9年)以前的中国历史属于奴隶社会阶段(其中,春秋以前为贵族奴隶主时期,春秋以后为工商奴隶主时期),而新莽(公元9年)以后的中国历史属于封建社会时期。

但整体而言,周著《中国通史》的修订仅限于技术层面,甚至有应付之嫌。② 该通史"导论"和"结论"部分变动大,表现为大量引用马克思、恩格斯、列宁和毛泽东等人的经典论述,对通史主体部分的修订基本限于枝枝节节的个别词句(例如对农民暴动问题的称谓,对历史阶段的个性化称谓等)。也正因如此,"斗争哲学"对周著《中国通史》的修订结果极为不满。

民国版周著《中国通史》被指责为"散布马克思主义毒素"而遭遇厄运,修订版周著《中国通史》又被"斗争哲学"指责为资产

---

① 1957年,周著《中国通史》修订重版时,有人对周谷城说,"历史完形论"是资产阶级学说,让其删除该理论。参阅吕涛、周骏羽编《周谷城传略》,山西人民出版社1988年版,第18—19页。

② "斗争哲学"指责周谷城未对《中国通史》作实质性修改。有批评者说:"《中国通史》初版于1939年,解放后重新修订出版。新版虽然作了若干修改,装点了一些马克思主义词句,但是,初版的体系根本未变,初版中绝大多数错误论点也依然沿袭下来,许多地方甚至一字未改。"

阶级史学著作①，甚至被指责为封建主义史学著作②。在诸多通史著作中，周著《中国通史》的遭遇最为坎坷和曲折③。迄今为止，学界对周谷城中国通史思想及其《中国通史》的定性和评价仍然扑朔迷离，甚至不乏大相径庭之论。有人认为周谷城是马克思主义史学家，周著《中国通史》是优秀的马克思主义史学著作。例如，美国学者阿里夫·德里克评价说："他的富于企图心的《中国通史》，可能是运用历史唯物主义来组织和解释历史资料的最具成果的范例之一。"④但也有一些学者将周谷城史学划入资产阶级史学阵营，周著《中国通史》也就成了资产阶级史学著作。周著《中国通史》的"非凡"经历及长期以来的聚讼纷纭，无不提示我们周谷城通史思想及其通史著作的独特性。

"五种社会形态说"的运用（借鉴性运用），特别是唯物史观和阶级分析方法的大量运用，无不显示出周谷城通史思想及周著《中国通史》蕴含有显著的马克思主义因素。但周谷城通史思想中又蕴含有明确无误的进化论因素，周著《中国通史》中大量运用的"生存竞争"说和与阶级斗争理论迥然不同的"地主、佃客相反相成"论等，又显示出该通史存在明显的非马克思主义因素。正是周谷城通史思想及周著《中国通史》同时蕴含上述两种因素造成了问题的扑朔迷离和长期以来的聚讼纷纭。周谷城通史思想及周著《中国通史》何以同时蕴含马克思主义因素和非马克思主义因素？答案就是周谷城的"生活系统论"。"生活系统论"既贯通古今又融会中西，既有很大的独创性又有很大的倾向性。其倾向性就是倾向于马克思主义。"生活

---

① 《关于复旦大学三四十个党外教师的调查报告》指责包括周谷城在内的一些党外教师"浸透了资产阶级的世界观和人生观"。参阅上海市档案馆馆藏文件（未刊），档案号：A23-2-72。

② 1959年4月，中共上海市委教育卫生部：《关于加强党对学术讨论批判领导的意见》（草稿），上海市档案馆馆藏文件（未刊），档案号：A23-2-484。

③ 王家范认为，周著《中国通史》可能是遭到政治批判最多的一部通史著作。参阅姜义华主编《二十世纪中国社会科学·历史学卷》，上海人民出版社2005年版，第169页。

④ ［美］阿里夫·德里克：《革命与历史：中国马克思主义历史学的起源，1919—1937》，翁贺凯译，江苏人民出版社2005年版，第176页。

系统论"奠定了周谷城的思想基础,同样也是周谷城通史思想及周著《中国通史》的思想基础。看不到"生活系统论"在其中的重要性,就看不到周谷城通史思想及周著《中国通史》的独特性。

周著《中国通史》也存在一些不容回避的问题和缺陷。例如,周著《中国通史》对"宋金议和"等若干重要历史问题的论述有欠妥之处。周著《中国通史》史料之丰富为人们所公认①,但也存在过度引用史料和简单罗列史料的问题②。此外,周著《中国通史》因大量直接引用史料原文而不够通俗易懂,影响了可读性。修订版周著《中国通史》受苏联史学影响颇大。"历史完形论"聚焦历史"活动"或"斗争",也最为看重历史的完整性,但是对诸如太平天国农民运动和义和团运动等重大历史事件的处理有点轻描淡写③。需要指出的是,周著《中国通史》对太平天国运动和义和团运动等农民运动的淡化处理,很可能是周谷城有意为之而非疏忽所致。此前,周著《中国社会史论》对历代农民运动已多有研究,认为历代农民运动的结果只是有乱无变。与此相应,周著《中国通史》也就不愿过多讨论农民运动问题。由此可见,通史作者的历史认知直接影响通史编纂的取舍。

小 结

周谷城的中国通史思想主要体现在周著《中国通史》一书中。周著《中国通史》以"历史完形论"为其编纂理论和指导思想。在系统总结我国通史编撰是非得失的基础上,"历史完形论"初步奠定新型通史编撰的理论基础,具有独到的学术价值和意义。"历史完形

---

① Teng. S. Y, "Chinese Historiography in the last Fifty Years", *Far Eastern Quarterly*, Vol. 8, No. 1 (Feb., 1949), pp. 131 – 161.
② 顾颉刚批评包括周著《中国通史》在内的通史著作一味列举史料、缺乏自己的见解。参阅顾颉刚《当代中国史学》,上海古籍出版社 2002 年版,第 81 页。
③ Teng. S. Y, "Chinese Historiography in the last Fifty Years", *Far Eastern Quarterly*, Vol. 8, No. 1 (Feb., 1949), pp. 131 – 161.

论"最为注重历史的客观性和完整性，强调完整性是通史之所以为通史的特殊性所在。以"历史完形论"为指导，周著《中国通史》着力体现和维护通史的完整性，突破依据朝代划分历史阶段的积习，打破堆积专史而为通史的编纂理念，实现通史编纂的重大创新。周著《中国通史》采用"鸟瞰法"，高屋建瓴地把握中国历史，因而脉络清晰、结构严谨、整体感强。"历史完形论"注重历史的客观性，周著《中国通史》坚持从历史实际出发，坚持论从史出，坚持独立思考，坚持秉笔直书。周著《中国通史》虽大量运用马克思主义理论，但这种运用又是"生活系统论"下的借鉴性运用和选择性运用。周著《中国通史》的独特性与此有关，周谷城中国通史思想的独特性同样与此有关。

第四章　世界通史思想

周谷城的世界通史思想集中体现于周著《世界通史》一书之中，兹主要结合该通史以讨论之。

第一节　周著《世界通史》的生成

周谷城对世界问题早有关注。大革命失败后，周谷城避居上海。在此期间，他接连翻译好几部有关世界问题的著作（《战后世界政治之关键》《文化之出路》《苏联外交及其邻国》《苏联新教育》）。1938年，周谷城在《公论丛书》杂志上发表《近代欧洲政治演变之动力》一文，这是他研究世界史的初步成果。他在中国史研究中早已感受到了解世界史的重要性，于是顺势转入世界史的教学和研究之中。1943年，周谷城接连翻译出版《新英国与新世界之建设计划》和《美国和战后世界之关系》两部学术著作。

周谷城在复旦大学搬回上海后就以主要精力编纂《世界通史》。世界史研究一直是中国史学的薄弱环节。洋务运动兴起后，同文馆和一些传教士先后编译过一些世界史著作，但大多采用文言文，社会影响不大。1928年，英国人韦尔斯编纂的《世界史纲》由梁思成等人译成中文，产生了较大的社会影响。此外，直接使用英文本《世界史》的情况也很多，其中影响较大的就是美国史学家海斯、穆恩和韦兰三人合著的《世界史》。该《世界史》出版于1932年，中文版则于1948年问世。

1949年，周著《世界通史》编纂而成，由商务印书馆出版发行。该《世界通史》上起古埃及文明，下止近代欧洲，全文约70万字，出版后未加任何修订。周著《世界通史》是第一部由中国人自己编纂而成的世界通史著作，周谷城也由此成为中国史学界乃至世界史学界独力编纂《中国通史》和《世界通史》两部通史著作的史学家。笔者认为，这样的成就并非不可思议。周谷城并非抱残守缺之辈，而中国史原本就是世界史的重要组成部分。何况从理论到内容，周著《中国通史》的编纂已为周著《世界通史》的编纂打下重要基础，尽管还远远不是全部。

周著《世界通史》诞生的年代，资料尤为稀缺，条件十分艰苦。周谷城曾感慨道："编著之时，最感困难的，便是书籍的缺乏。迫不得已，只好将可能借到的书籍作为参考，其不完备，实无可如何。"为便于读者参考，周著《世界通史》于每章篇尾之处附有引用资料目录。从所列文献看，周著《世界通史》的参考资料仍相当广泛。该通史中文资料翔实，固不待言，其外文资料有一百多种，其中广泛运用的有史密兹著《史家世界史》，汤因比著《历史研究》，《剑桥古代史》《剑桥中古史》《剑桥近代史》，以及柴尔德、汤普逊、安徒生、斯坦因、马士和摩尔根等人的研究成果。韦尔斯和海斯等人的著作也在参考之列。周著《世界通史》还大量利用原始文献、专史和断代史等方面的成果。从资料利用情况看，周著《世界通史》称得上广泛吸收各种既有成果，达到了较高的学术水准。

第二节 周著《世界通史》的结构

一 周著《世界通史》的结构

通史的结构布局或者说篇章结构最能体现通史的编纂理念，也最能体现通史的学术特色和成就，兹予专门分析。

周著《世界通史》基本内容有三篇：第一篇"远古文化之发展"、第二篇"亚欧势力之往还"和第三篇"世界范围之扩大"。周著《世界通史》原计划还有第四篇"平等世界之创造"，为产业革命后的世界史，目录已列出，但没有写出来。这里的"人类既往活动"，是具有世界影响和意义的人类活动。"历史完形论"认为，通史对象为"人类既往活动"，而完整性为通史之特殊性所在。周著《世界通史》正是以具有世界性的"人类既往活动"为编纂对象的世界通史。

"历史完形论"内在地运用于周著《世界通史》的编纂之中，这从其谋篇布局中也能清晰地看出来。其篇章架构如下：

第一篇"远古文化之发展"，共五章内容：

第一章"人类之起源"，包括"宇宙之大略""地球与生物""人类之起源"三部分内容。

第二章"生活之演进"，包括"生活之内容""演进之阶段""社会之进化"三部分内容。

第三章"远古文化区（上）"，包括"尼罗河流域""西亚文化区""爱琴文化区"三部分内容。

第四章"远古文化区（下）"，包括"中国文化区""印度河流域""中美文化区"三部分内容。

第五章"古文化之传播"，包括"世界古文化之分布""文化传播之学说""传播学说之批评"三部分内容。

第二篇"亚欧势力之往还"，共六章内容：

第一章"波斯势力之兴起"，包括"自然环境与人民""波斯帝国之兴起""波斯帝国之组织""波斯帝国与希腊"四部分内容。

第二章"亚欧势力之往还（上）"，包括"亚历山大之东征""由大夏安息到波斯中兴""阿拉伯势力之西进"三部分内容。

第三章"亚欧势力之往还（下）"，包括"十字军之东征""蒙古人之兴起""蒙古人之西进"三部分内容。

第四章"欧洲文化之演进"，包括"由希腊到罗马帝国""北方蛮族之南下""基督主义之传播"三部分内容。

第五章"亚洲文化之演进"，包括"由周末到秦汉帝国""西北民族之进逼""佛教文化之传播"三部分内容。

第六章"东西文化之交流"，包括"东西交通的道路""东西贸易的活动""东西文化的交流"三部分内容。

第三篇"世界范围之扩大",共六章内容:

第一章"欧洲社会政治之变革",包括"社会经济之变革""民族国家之成长""专制政治之发达""上层文艺之变动"四部分内容。

第二章"由大陆活动到海外开拓",包括"由陆上到海外""东行航道之开辟""西行航道之开辟"三部分内容。

第三章"西方重商主义之成功",包括"民族国家之功用""重商主义之实现""商业帝国之竞争""英法竞争之激烈"四部分内容。

第四章"东方重商主义之失败",包括"中国内部之建设""中国与东南诸国之通商""中日通商关系之决裂""西方诸国与东方之通商""中国重商主义之失败"五部分内容。

第五章"重商主义下世界之变化",包括"亚洲诸国之不宁""美洲殖民之激进""非洲土人之奴化"三部分内容。

第六章"东西思想之发展",包括"东西思想与社会""西方思想之变化""东方思想之变化"三部分内容。

二 周著《世界通史》的结构特色

从上述篇章架构看,周著《世界通史》的编纂理念颇为新颖:一是突破"欧洲中心论"框架;二是突破拼凑国别史和专门史为世界史的编纂格局。总体而言,周著《世界通史》脉络清晰,层次分明,整体感强烈。周著《世界通史》视野宽广,覆盖世界六大古文化区:尼罗河古文化区、西亚古文化区、爱琴古文化区、中国古文化区、印度古文化区和中美古文化区。周著《世界通史》的世界全局意识明显,不因反对"欧洲中心论"就贬低欧洲史的重要性,而是明确地把地理大发现后的欧洲史作为世界史的重点。周著《世界通史》突出世界史的世界性和有机联系,着重叙述世界不同地域、不同民族、不同国家和不同文化间的交往与联系,而不是漫无边际的面面俱到,更没有随心所欲的东拉西扯。统而观之,周著《世界通史》对"历史完形论"的运用更为内在和娴熟,是一部真正具有世界眼光的世界通史著作。

第四章 世界通史思想

英国人威尔斯的《世界史纲》和美国人海斯、穆恩、韦兰三人合著的《世界史》是周著《世界通史》问世前影响较大的世界史之作，兹以篇章结构为例，将两者略加比较。

第一次世界大战的惨烈和巨大破坏性震撼了整个欧洲。英国作家威尔斯并非专业的史学工作者，但他有感于世界大战的惨烈和巨大破坏性而决意编写一部世界史著作。威尔斯《世界史纲》编写于1918年至1919年，1920年出版发行，此后多有修订、补充。《世界史纲》问世后赞誉如潮，很快风靡全球，被认为是颇具世界眼光和时代感的世界史著作。截至目前，在世界范围内已重印数十次之多，总发行量高达1亿多册，可谓影响巨大，很值得拿来比较研究。

威尔斯《世界史纲》正文内容有八卷①，分别为：第一卷"人类出现之前的世界"，第二卷"人类的形成"，第三卷"最初的文明"，第四卷"犹太、希腊和印度"，第五卷"罗马帝国的兴旺"，第六卷"基督教和伊斯兰教"，第七卷"陆路上的诸蒙古帝国和海路上的诸新帝国"和第八卷"列强的时代"。《世界史纲》800多页篇幅，近百万字，堪称鸿篇巨制。

第一卷"人类出现之前的世界"共五章内容，分别为：第一章"漂浮在时空中的地球"，第二章"岩石中的历史"，第三章"生物和气候"，第四章"爬行动物时代"和第五章"哺乳动物时代"。

第二卷"人类的形成"共七章内容，分别为：第六章"猿和亚人"，第七章"尼安德特人——一个已灭绝了的种族（旧石器时代中期）"，第八章"旧石器时代晚期和最早的类似于我们的人"，第九章"新石器时代"，第十章"早期的思想"，第十一章"人类的种族"和第十二章"人类的语言"。

第三卷"最初的文明"共五章内容，分别为：第十三章"早期的帝国"，第十四章"航海民族与经商民族"，第十五章"文字"，第

---

① ［英］威尔斯：《世界史纲：生物和人类的简明史》，曼叶平、李敏译，北京燕山出版社2004年版。

十六章"神与星辰、僧侣与帝王"和第十七章"农奴、奴隶和自由的人"。

第四卷"犹太、希腊和印度"共七章内容，分别为：第十八章"希伯来的圣经和先知"，第十九章"史前的讲雅利安语的民族"，第二十章"希腊人与波斯人"，第二十一章"希腊的思想、文学和艺术"，第二十二章"亚历山大大帝"，第二十三章"亚历山大城的科学与宗教"和第二十四章"佛教的兴盛与传播"。

第五卷"罗马帝国的兴旺"共三章内容，分别为：第二十五章"两个西方共和国"，第二十六章"从提比利乌斯·格拉古到罗马神皇"和第二十七章"海洋和大平原间的罗马帝国"。

第六卷"基督教和伊斯兰教"共四章内容，分别为：第二十八章"基督教的形成和发展及罗马帝国的衰亡"，第二十九章"西罗马帝国和拜占庭帝国衰落期间亚洲的历史"，第三十章"穆罕默德及其伊斯兰教"和第三十一章"基督教世界与十字军东征"。

第七卷"陆路上的诸蒙古帝国和海路上的诸新帝国"共两章内容，分别为：第三十二章"成吉思汗和他的庞大帝国（陆路时代）"和第三十三章"西方文明的复兴"。

第八卷"列强的时代"共五章内容，分别为：第三十四章"君主、议会与列强"，第三十五章"美国与法国的新民主共和国"，第三十六章"拿破仑·波拿巴的生平事业"，第三十七章"19世纪的现实与思考"和第三十八章"近代帝国主义导致的大灾难"。

从篇章架构看，特别是从其具体内容看，威尔斯的《世界史纲》内容繁富，涵盖方方面面，似乎包罗万象，其中专门史内容很多。从通史的简明扼要、脉络清晰和整体性等基本要求看，威尔斯的《世界史纲》有点不像是世界史著作，似乎更像是面面俱到的百科全书或历史辞典。八卷内容之中，仅自然史和早期人类史就占了足足两卷，合计114页，显得迂阔而无当。雷海宗不无感慨地说："看不出它们与人类史有什么关系。"通篇内容多为专门史、国别史和人物史的堆积和拼凑，显得冗杂不堪。例如，第六卷内容为"基督教和伊斯兰教"，125页之浩大篇幅竟然全是宗教问题。篇章编排更是随意散乱，

第四章 世界通史思想

连莫须有的大西洋岛都加以大书特书。内容与标题也不尽相同，更显编纂紊乱。例如，第四卷名曰"犹太、希腊和印度"，但其中大量内容为波斯和马其顿，在叙述佛教时竟附带介绍中国的孔子和老子，显得莫名其妙。诸如此类的问题还很多。因此，从专业史学的角度看，威尔斯的《世界史纲》的学术价值并不高。雷海宗认为该书为鼓吹世界大同的文学作品，并无什么史学价值，因此郑重建议："研究历史时，最好读别的书，对威尔斯的书愈少过问愈好。"① 就通史的简明扼要、脉络清晰和整体性等诸多关键要素对比看，周著《世界通史》显然要驾而上之。

我们再来看两者对"欧洲中心论"的态度。威尔斯痛感欧洲引发世界大战且教训惨痛，因而对欧洲的狂妄自大有所反思和批评。正如某学者指出，威尔斯的《世界史纲》较之其他世界史著作有较多的世界全局意识②。较之其他"欧洲中心论"之作，该通史较多涉及欧洲外围地区，至于远离欧洲的"边远地区"仍显得可有可无。例如，有关中国史的篇幅就极其有限，至于地理大发现前的美洲史则被完全忽略了。实际上，威尔斯的《世界史纲》自觉和不自觉的"欧洲中心论"意识仍然极其严重。就其篇章结构和实际内容看，欧洲史竟然占了绝大比重。雷海宗尖锐地批评说："书虽名为世界史，实只头绪错乱参杂异质的西洋史。"威尔斯的《世界史纲》与周著《世界通史》对"欧洲中心论"的坚决批评和有力突破显然相去甚远，更无法相提并论。

美国史学家海斯、穆恩和韦兰三人合著的《世界史》于1932年出版发行。该《世界史》也迅即成为一部风靡全球的世界史之作，在中国的影响也很大。作者为此在"前言"中颇为自得地说："《世界史》这样广泛地受到教师和同学们的热诚欢迎，这是最使人高兴的。"1948年，《世界史》中译本出版发行。著名史学家翦伯赞为其

---

① 雷海宗：《世界史纲》，《史学》1930年12月第1期。
② 张广智先生认为该世界史着意打破欧洲中心论。参阅张广智《现代西方史学》，复旦大学出版社1996年版，第373页。

· 155 ·

作"序",认为该《世界史》优点很多而偏见较少。鉴于《世界史》的重要影响,我们在此以该《世界史》与周著《世界通史》略加比较,以明了各自特点和得失。

该《世界史》基本内容共十二编,分别为:第一编"文明的开端",第二编"希腊城邦的古典文明",第三编"罗马帝国内的古典文明",第四编"远亚的古典时代",第五编"从古典文明过渡到基督教文明",第六编"中世纪欧洲的基督教文明",第七编"欧洲的扩张",第八编"欧洲国家和教会中的动乱",第九编"今日文明的革命基础",第十编"民族主义和民主主义",第十一编"白种人的负担"和第十二编"近代文明在考验中"。

就上述各编名称和实际内容看,该《世界史》的"欧洲中心论"问题显得毋庸置疑,也可以说是一部变相的西方史。该《世界史》第一编对世界各文明区略加叙述后便转入对欧洲史的重点叙述。全书仅第四编"远亚的古典时代"叙述了印度史和中国史,而且所占篇幅很小。① 其他各编差不多都是欧洲史,间或叙述欧洲以外国家和地区的历史,也只是陪衬和点缀而已。第十一编"白种人的负担"更暴露出该《世界史》作者十足的种族优越感。这就不仅仅是"欧洲中心论"的问题了。该《世界史》露骨地宣称欧洲人自希腊、罗马时代以来就一直是世界历史的"主角",其他种族则是白种人的"配角"和负担②。在《世界史》作者看来,世界史就是欧洲文明不断向世界各地输出文明和传播福音的历史,其对外侵略和扩张不仅无可非议而且是善莫大焉!"欧洲中心论"的荒诞和危害也由此赫然可见。长期以来,世界各地笼罩于"欧洲中心论"的阴霾中,史学界更是重灾区,浸淫于中不能自拔。正如论者指出的,"直到20世纪中期以前,西方很多普遍史或世界史著作仍然受到欧洲中心论的束缚,无视甚至否认西欧北美以外国家和地区的历史"。③

---

① 该世界史正文内容1278页,而中国史所占篇幅不到30页。
② [美]海斯、穆恩、韦兰:《世界史》,冰心、吴文藻、费孝通译,世界图书出版公司2010年版,第470页。
③ 董欣洁:《全球史研究打破"欧洲中心论"》,《中国社会科学报》2019年第10期。

这就是周著《世界通史》生成前的时代背景和学术氛围,也是周著《世界通史》率先起来旗帜鲜明反对"欧洲中心论"的时代背景和学术氛围。对比之下,其学术自觉和学术勇气何其难能可贵!

第三节 周著《世界通史》的内容

一 第一篇:"远古文化之发展"

本篇内容共五章,分别为:第一章"人类之起源",第二章"生活之演进",第三章"远古文化区(上)",第四章"远古文化区(下)"和第五章"古文化之传播"。

(一)"人类之起源"

周谷城把人类的起源问题置于广阔的宇宙系统加以说明,步步深入,层层展开,给人以深刻印象。首先是宇宙和地球的基本概况和演化情况,然后是生物进化史,最后转入人类的起源问题。史学家大都忽略自然史,这似乎成为惯例,好像人类史与自然史无关。但马克思主义经典作家并不这样认为。马克思指出:"历史可以从两个方面来考察,可以把它划为自然史和人类史,这两方面是密切联系的;只要人存在,自然史和人类史就彼此制约。"[①] 张家哲分析说:"以往编写的世界通史,一不提世界历史在宇宙发展史中的地位;二少提或不提自然环境在世界历史发展中的重大影响和作用。其主要原因有:一是主观上对人类社会与自然界的高度统一性认识不足;二是受到了斯大林在批判'地理环境决定论'时一些过了头的论断及建国以来一些'左'的教条主义理论的影响和束缚。"[②]

(二)"生活之演进"

人类生活极其复杂,学界对其众说纷纭。马克思主义把人类的社会生活划分为经济基础和上层建筑两部分。周谷城认为该方法"不能

---

① 《马克思恩格斯全集》第3卷,人民出版社1960年版,第20页。
② 张家哲:《试论系统理论在编写世界通史中的运用》,转引自《中国史研究》编辑部、《近代史研究》编辑部、《世界历史》编辑部编:《系统论与历史科学》,中州古籍出版社1987年版,第235页。

说是绝对完全",但较之其他方法进步、是"有机的结构"。他认为，人类社会有六个进化阶段："一曰原始氏族共产时代；二曰奴隶经济时代；三曰封建经济时代；四曰前资本主义时代，五曰资本主义时代；六曰社会主义时代。"其中，前资本主义时代是过渡时代，"十六、十七、十八三世纪，工商阶级势力大涨。整个经济，呈一种过渡之状：一方面脱离中世封建经济的拘束；另一方面形成近世资本主义经济的根源，构成所谓前资本主义时代，或过渡时代"①。大量运用马克思主义理论是周著《世界通史》的一大特色，这与威尔斯的《世界史纲》和海斯、穆恩、韦兰合著的《世界史》都有显著不同。

（三）"远古文化区"

尼罗河文化区位于尼罗河下游河谷地带，是古埃及所在地。就发展农业的自然条件来说，尼罗河流域条件优越。古埃及在其演变过程中经历了古封建时代。周谷城强调，这种古封建不同于中世纪的封建。"中世纪的封建，是地主阶级支配农奴阶级的方式；古封建则是强大部族支配弱小部族的方式。埃及的古封建与中国殷周之际的封建颇相像。"②古封建与军事封建相近而不同于中世纪的封建，周谷城后来又专文探讨了该问题。③ 西亚文化区是人类活动频繁的大舞台，诸多部族、民族先后在此登台亮相。西亚文化最先由苏末人开创，然后由游牧的塞族人所继承，"他们的武力固然压倒了苏末人；但在文化方面，却只有投降，向苏末人诚心学习"④。爱琴文化区包括克里特岛在内的环爱琴海地区。该区处于尼罗河文化和西亚文化的双重影响下，自然条件也极为有利。希腊的城市生活发达，工商业尤为繁荣。希腊工商业的繁荣促使文化大发展，同时也促进了政治法律的完善。文化的起源和发展与地理环境密切相关。尼罗河文化区和西亚文化区无不得益于优越的自然条件，爱琴文化区则因为前两者的直接影响而发展起来。

---

① 周谷城：《世界通史》，河北教育出版社2000年版，第53、56页。
② 周谷城：《世界通史》，河北教育出版社2000年版，第75页。
③ 周谷城：《论古封建》，《中国社会科学》1980年第5期。
④ 周谷城：《世界通史》，河北教育出版社2000年版，第85页。

第四章 世界通史思想

周谷城认为，中国文化始于仰韶文化。殷商时期，中国文化有了很大发展，金属器物和文字出现，商业和手工业已有相当发展。从殷商到春秋战国时期，经济的发展更为明显。随着殷商以来社会的发展，统治阶级、奴隶阶级和自由民开始出现，社会呈现为阶级对立局面。周谷城从理论上推断当时的中国社会应该拥有大量的生产性奴隶。然而学界大都认为，这种推断并不可靠，把"农夫"视为奴隶更不妥，因为这些"农夫"实为农奴。从民国版周著《中国通史》到《世界通史》，周谷城的"中国奴隶社会论"发生显著变化：前者否认古代中国经历过奴隶社会①，后者却肯定古代中国经历过奴隶社会。

关于印度文化区。周谷城认为，古印度文化始于达罗毗荼人文明。雅利安人征服达罗毗荼人后，继承并发展了达罗毗荼人的文明。雅利安人入侵印度后，印度出现严格的等级制度，即婆罗门、刹帝利、吠舍和首陀罗。古印度阶级对立严重，与之相应的学术思想也随之发达起来，佛教在此背景下产生。周谷城认为，佛教的出世思想和道家学说很相似。"我国老子，也生在城市工商发达的时代，当时物欲的冲突也很激烈；他所提出的办法，也近似跳出物欲冲突的圈子。"② 周谷城在《世界通史》中熟练地运用中外历史比较法，使读者印象深刻，颇受启发，这显然得益于他熟知中国史。周谷城后来更成为中外历史比较研究的倡导者。③

关于美洲文化区。在美洲文化中，秘鲁和墨西哥是美洲文化区的核心区。美洲文化区较之世界其他文化区大为落后，直到公元前后，该文化区才开始从半开化到文明的变革。美洲文化区的玛雅文化已经有城市生活，有精美的雕刻艺术，有较为发展的文字和历法。周谷城认为，美洲文化的落后主要是地理因素所致，"美亚文化为同出一源。

---

① 周谷城：《中国通史》，上海开明书店1948年版，第112—113页。
② 周谷城：《世界通史》，河北教育出版社2000年版，第176页。
③ 周谷城撰写《中外历史的比较研究》（《光明日报》1981年3月24日）一文，该文大力倡导中外历史的比较研究，被学界认为是中外历史比较研究方法的最先倡导者。参阅王秀青《周谷城与中外历史比较研究》，《淮阴师范学院学报》2004年第4期。

惟以后来气候变化,交通断绝,亚洲文化虽有高度发展,而美洲文化则落在后边"。

(四)"古文化之传播"

周谷城看重影响古文化孕育的自然因素,认为温带地区最适于古文化的产生,古文化事实上也主要分布于温带。从新石器时代到金属时代,古文化发生了一些共性变化:城市工商业兴起;阶级社会出现;国家产生;象形文字出现;雕刻建筑技术显著进步。"社会演化说""文化传播说""文化压力说"等是有关古文化演变的几种主要学说。周谷城认为"文化传播说"更为可取,"与世界古文化关系最密者厥为传播派的学说"①。该学说认为,古文化在埃及产生,然后由埃及向外传播,先是在亚洲、欧洲、非洲各地传播,后来几乎传遍世界各地。

周谷城对古文化传入中国的情况的论述,同样受到"斗争哲学"的指责:"周谷城在其所著的《世界通史》中,宣扬资产阶级反动的文化传播学说,高唱'中国文化西来'的腐朽调子,为帝国主义的侵略找历史根据,对劳动、勇敢、智慧的中国人民祖先进行了恶毒的诽谤和诬蔑,令人不能容忍。"②汤因比对文化传播说提出了一些颇有价值的思考,周谷城介绍说:"传播出去的文化,有一种挑战作用,使未具此种文化的民族,起而应付,自创一种崭新的文化,以适合自己的要求。"③周谷城有关文化"挑战与应战"④的论述受到"斗争哲学"的指责:"周谷城崇拜西方资本主义,要我们顺从殖民主义的统治,任其奴役、压迫。"⑤

---

① 周谷城:《世界通史》,河北教育出版社2000年版,第226页。
② 莫任南:《批判周谷城为帝国主义侵略效劳的"中国文化西来说"》,《史学月刊》1965年第6期。
③ 周谷城:《世界通史》,河南教育出版社2000年版,第249页。
④ 汤因比的文化"挑战与应战"理论认为,文明的成长与适度的"挑战"有关,"挑战"的强度不足和强度过大都不利于文明的成长。参阅〔英〕汤因比《历史研究》,曹未风译,上海人民出版社1997年版,第236页。
⑤ 莫任南:《批判周谷城为帝国主义侵略效劳的"中国文化西来说"》,《史学月刊》1965年第6期。

周谷城对"文化传播说"和对汤因比的文化理论大致肯定,这与他后来力主加强中西文化交流相一致。批评者对此大加指责:"周谷城的'文化传播说'把人类历史归结为'文化演变',把外来文化的影响看成是各国历史发展的动力……企图抹杀社会的阶级斗争是这一社会发展动力的真理。"① 在他们看来,阶级斗争是人类社会发展和变革的唯一动力,而"文化传播说"只能是彻头彻尾的历史唯心主义。

二 "亚欧势力之往还"

本篇内容包括:第一章"波斯势力之兴起",第二章"亚欧势力之往还(上)",第三章"亚欧势力之往还(下)",第四章"欧洲文化之演进",第五章"亚洲文化之演进"和第六章"东西文化之交流"。

(一)"波斯势力之兴起"

波斯帝国是历史空前的大帝国,"这帝国的创造成功,较西方的罗马帝国为早,较东方的秦汉帝国也早。可以说是历史上空前的伟大帝国"②。周谷城以相当篇幅叙述了波斯帝国缔造者的生平事迹。批评者指责说:"周谷城一方面抹杀阶级斗争;另一方面为剥削阶级歌功颂德,为帝王将相的活动大书特书。"周谷城认为,波斯帝国是中央集权的君主专制国家。表现在:国王拥有至高无上的权力,中央对地方推行专制统治,中央与地方之间政令畅通,地方要向中央进贡,国王掌控庞大军队。波斯大军曾远征希腊,希波战争不仅规模大而且持续时间长,结果以波斯帝国的失败而告终。周谷城认为,希波战争客观上有助于东方文化在西方的传播,波斯文化在承前启后和融汇东西方面居于特殊地位。

(二)"亚欧势力之往还"

波斯帝国衰落之时,毗邻希腊的马其顿却在兴起。马其顿整军经

---

① 史彤:《周谷城著〈世界通史〉的反动观点》,《新建设》1965年第1期。
② 周谷城:《世界通史》,河北教育出版社2000年版,第253页。

武并联合希腊，初步奠定远征波斯的基础。马其顿在亚历山大大帝时大举东征，波斯帝国陷落，远征军还涉足印度河流域。亚历山大东征对印度历史产生了深远影响，"第一打破了东西的隔阂，开辟了印度与西方的水陆交通。第二把欧洲某些思想传入印度……第三把希腊的艺术影响加到印度的佛教艺术上，成为一种希腊化的佛教艺术"①。周谷城是中国史学界反对"欧洲中心论"的先驱之一②，他对亚历山大东征的客观叙述却被指责为宣扬"欧洲中心论"。

大夏和安息相继臣属于波斯帝国、马其顿帝国和色流古帝国。色流古帝国衰弱后，大夏和安息乘机独立。大夏处于东西方交接的枢纽位置，在东西方文化交流中占有重要地位。安息在独立后逐步发展为雄踞西亚的大帝国。安息处于罗马和中国之间，地理位置重要，与中国偏重于贸易接触，与罗马偏重于军事冲突。安息在与罗马的长期冲突中衰弱，安息治下的波斯乘机获得独立，史称萨珊朝波斯。萨珊朝波斯处于欧亚中心区，是东西方文化的交汇地。"当时东西贸易的往来，东西思想的汇合，东西宗教的折衷，几乎都以波斯为中心。"③周谷城认为，西亚在中西文化交流中占有重要地位，研究西亚史对于批判"欧洲中心论"有直接帮助，在此后的学术研究中他反复强调了这一重要性。④

阿拉伯势力伴随伊斯兰教的兴起而兴起。波斯、罗马两大帝国因长期征战而衰落，阿拉伯势力乘机发展为疆域辽阔的大帝国。周谷城认为，阿拉伯帝国迅速崛起的一大原因为政教合一。阿拉伯文化在吸收波斯文化的基础上突飞猛进，"因着波斯人的影响，阿剌伯人渐由粗野进入文明：一时科学的研究，文化的发展，为全世界之冠"⑤。阿拉伯帝国的文化昌盛与欧洲的文化低落形成鲜明对比，因为此时的

---

① 周谷城：《世界通史》，河北教育出版社2000年版，第313页。
② 张志哲：《周谷城及其〈世界通史〉》，《世界历史》1985年第10期。
③ 周谷城：《世界通史》，河北教育出版社2000年版，第341页。
④ 周谷城：《萨珊朝波斯》，《历史教学》1956年第10期；《论西亚古史的重要性》，《文汇报》1960年11月20日；《论世界历史发展的形势》，《历史研究》1961年第2期；《古代西亚的国际地位》，《世界历史》1979年第1期。
⑤ 周谷城：《世界通史》，河北教育出版社2000年版，第359—360页。

欧洲正处于漫长而黑暗的中世纪。周谷城在此后的学术研究中反复强调了这一观点。①

阿拉伯帝国衰落之时，土耳其帝国却在崛起，土耳其的军事扩张引起欧洲的强烈反弹。欧洲十字军东征前后历时二百多年，对欧洲历史产生了深远影响。就经济影响而言，十字军东征有助于加强东西方之间的商业联系，也有助于欧洲重商主义的兴起。就社会影响而言，十字军东征大量吸纳欧洲的剩余人口。就文化影响而言，十字军东征促进了东西方文化的交流，特别是促进了东方文化的西向传播。周谷城这些论述被指责为"欧洲中心论"。有论者指责说："在周著《世界通史》一书中，十字军东侵被说成是一种正义的战争……关于十字军东侵的后果，周先生也同许多'欧洲中心'论者一样，闭口不谈这次东侵对亚洲各国历史发展的阻碍作用。"②

12世纪后期，蒙古势力崛起。蒙古大军展开大规模征服活动：首先攻占西夏及金国，然后征服天山南路，接着征服高丽，最后征服安南、灭掉南宋。蒙古大军还远征亚欧大陆腹地，确立起蒙古汗国。蒙古入主中原后，采取了严厉的民族等级政策。在文化政策方面，蒙古创制自己的文字，大量翻译汉文典籍，尊重各种宗教，利用汉族文化等。蒙古大军在欧亚大陆纵横驰骋，确立起空前辽阔的大帝国，客观上有助于欧亚各国的经济、文化联系。

张荫麟在编纂《中国史纲》时曾无限感慨："撰写中国通史永远是一种极大的冒险。"③ 编纂中国通史尚且如此之难，何况编纂世界通史！需要指出的是，周著《世界通史》并非凭空而来，而与周谷城深厚的学术积淀有关。周著《中国通史》对蒙古崛起和远征已有较多阐述④，周著《世界通史》的相关论述主要是沿用既有成果。

（三）"欧洲文化之演进"

希腊虽为罗马所灭，但希腊文化为罗马继承。周谷城认为，罗马

---

① 周谷城：《论世界历史发展的形势》，《历史研究》1961年第2期。
② 程秋原：《评周谷城著〈世界通史〉》，《光明日报》1965年3月10日。
③ 张荫麟：《中国史纲》"自序一"，商务印书馆2003年版，第7页。
④ 周谷城：《中国通史》，上海开明书店1948年版。

帝国与中国秦汉王朝有很大相似性，"总括说来，就政权的变革言，就执政的人员言，就政府的任务言，罗马帝国都与秦汉帝国极相似"①。罗马帝国在文化方面既有继承又有创新，继承的是希腊文化，创新的是法律精神。周谷城有关古罗马史的叙述颇受指责。批评者指责他避而不谈奴隶起义问题，"斯巴达克起义沉重地打击了罗马奴隶主阶级的统治。古代史上这样一次伟大事件，连西方资产阶级学者在其著作中也不得不提到。然而，所有这些反映阶级斗争最激烈的历史事件与革命活动，在周谷城的《世界通史》中，都被排除净尽，找不到一点影子"②。周谷城有关罗马地主与农民关系的叙述更受非议，被指责为又一个地主、佃客"相反相成论"③。就上述批评看，批评者显然不理解周谷城史学思想和通史编纂理念。早在《中国社会史论》中，周谷城对历代农民暴动问题已多有考察，认为农民暴动只是有乱无变，因而在其后的《中国通史》和《世界通史》中不太关注农民暴动问题。通史贵在脉络贯通和简明扼要，通史取舍自然要权衡轻重而不是面面俱到。说到底，通史思想决定通史编纂内容的取舍。

罗马帝国经济、文化远逾北方蛮族。当罗马进入奴隶社会鼎盛之时，北方蛮族尚处于氏族时代。罗马帝国衰落后，北方蛮族乘机南下。蛮族南下对欧洲历史产生了深远影响。第一，促进封建制度的兴起。第二，蛮族的法律制度得到实施。第三，引起各民族语言的产生。第四，促进基督教的传播，"在蛮族国王的推动之下，蛮族人民几乎全部基督化"④。两汉时期，国力强大，匈奴被迫西迁。匈奴西迁引起连锁反应，与罗马帝国毗邻的北方蛮族被迫南下，最终导致罗马帝国崩溃，欧洲由此进入漫长而黑暗的中世纪。几乎与此同时，中国北方的少数民族也大举南下，由此开始"五胡乱华"和南北朝时期。东西方虽相隔遥远，但并非各自孤立发展，两者之间存在密切联

---

① 周谷城：《世界通史》，河北教育出版社2000年版，第448页。
② 史彤：《评周谷城著〈世界通史〉》，《新建设》1965年第1期。
③ 魏纪文：《周谷城歪曲了古罗马的阶级斗争》，《光明日报》1964年12月3日。
④ 周谷城：《世界通史》，河北教育出版社2000年版，第479页。

系,甚至还有惊人的相似之处。①

基督教从"犹太主义"发展而来,其教义有三:一是"爱人";二是"安贫";三是"自谦"。周谷城认为,基督教在欧洲的广泛流行与佛教在中国的广泛流行颇为相似,"基督主义之发达,正值北方蛮族侵入罗马时代;佛教之发达也是如此,正值北方民族侵入中原的时代"②。蛮族在吸收罗马文化的过程中接受了基督教,教会势力随之而起。教会和修道院除了传教之外,在保存典籍和发展教育方面也有相当贡献。基督教在欧洲的广泛传播发生在蛮族南下和罗马帝国倾覆后的大动荡时期,佛教在中国的广泛传播也发生在社会大动荡时期,两者颇为相似。周著《中国通史》有"佛法之东来"一章,专门阐述汉唐时期佛教东传之事。③ 也正因为熟知中国史,周谷城在阐述基督教的传播情形时能够发现两者的相似之处。

(四)"亚洲文化之演进"

从殷商时代到秦汉时期,古代中国社会处于从部族到民族再到统一国家的演变过程。在"战国七雄"中,秦国属于后起之秀。周谷城分析了其原因:"这个落后民族,介于周秦之间,一方面吸收周代的文化;另一方面创造秦朝的帝国,其地位与意大利人颇相当。意大利人较希腊人崛起为晚,文化亦较落后;然势力却最强,终于并吞希腊诸市国,建立空前未有的统一帝国、亦即罗马帝国是也。"④ 周谷城认为,秦朝是中国历史上第一个真正统一起来的国家,这种统一性表现在秦朝的中央集权上。从殷商到秦汉,中国社会发生了深刻变化。春秋战国时期,中国社会完成从氏族社会到政治社会的转变,社会的治理手段也相应变化,"法治"逐渐取代礼治。他认为,秦汉帝国的法制兴盛和罗马帝国的法律兴盛颇为一致。

---

① 周谷城一贯主张中西历史要对比研究,他认为中国历史上的"五胡乱华"和欧洲史上的蛮族南下极为相似。参阅上海社会科学学会联合会编《周谷城学术思想研究论文集》,上海社会科学院出版社1998年版,第197—198页。
② 周谷城:《世界通史》,河北教育出版社2000年版,第486页。
③ 周谷城:《中国通史》,上海开明书店1948年版,第605页。
④ 周谷城:《世界通史》,河北教育出版社2000年版,第503页。

然而毋庸置疑，秦汉法律与罗马法律也有明显不同：前者以刑法见长，后者以民法见长。就上述分析看，周谷城以秦汉王朝和罗马帝国相对比，的确能够揭示出两者的不少相似之处，给人以很大启发。但对比之中也有简单类比的倾向，就是偏重"求同"而轻视"求异"。秦汉帝国之说法，显然是类比罗马帝国，蕴含有以欧洲史框架中国史之意。

在论述隋唐时期汉族复兴之时，周谷城特意对比中西历史。他指出："日耳曼蛮族进据罗马以后，都能立得住足，成了罗马境内永久的主人；后来所谓民族国家，即是蛮族人民的继续发展。进据中原的西北民族则不然，他们虽能建国称号于一时，然都立足不住；后来隋唐继起，统一帝国再兴，西北诸民族的势力，竟被完全压下。"① 通过横向对比，蛮族南下后的欧洲和西北诸族南下后的中国，两者之异同清晰可见。在论述佛教文化的传播时，周谷城也加以中西对比，认为佛教寺院生活极其发达，其情形犹如基督教会和修道院在欧洲的流行。这些都是周谷城在中西历史对比研究中得出的有益启示，他后来又进一步总结说："中世纪世界史上这一不同情况凭比较研究可以看得很清，且可引起我们的考虑；若只注意一方，而不拿另一方对照着看，则不容易看出。"②

（五）"东西文化之交流"

周谷城认为，文化交流以商业活动为载体，而商路畅通则是开展商业活动的基本前提。各大帝国统治秩序的确立为文化交流的开展创造了良好条件。"自亚力山大东征前后到蒙古势力西进前后，一千余年间，各大帝国所创造出来的秩序，竟成了东西文化交流的优越条件。"欧亚大陆间有沟通欧亚各地的陆路和海路交通线，欧亚各文化区可通过这些交通线开展商业活动。汉唐时期，中西贸易通过陆路进行。汉唐以后，中西贸易从陆路贸易转向海路贸易。商路是贸易活动的桥梁，也是文化交流的桥梁。商路和贸易问题是文化史研究的重要

---

① 周谷城：《世界通史》，河北教育出版社2000年版，第538—539页。
② 周谷城：《中外历史的比较研究》，《光明日报》1981年3月24日。

课题，因为文化交流往往借助于商路和贸易活动进行。在编纂《世界通史》前，周谷城对中西商路和贸易问题已有相当研究。[①] 中亚、西亚地区在历史上充当了东西文化的交会所，"就历史的记载看，这等地方，俨然世界文化的中心……这里实为印度、中国及希腊化的西亚三方文化交汇之所"[②]。

周谷城认为，东西文化交流丰富了东西方的物质生活和精神生活，也促进了东西方社会的发展，东方的发明和创造对西方的影响尤其大。就东西文化交流的结果看，其积极作用显而易见。[③] 周谷城在《中国通史》和《世界通史》中对东西文化交流的广泛考察为其后"世界文化综合说"的提出奠定了坚实基础。

三 "世界范围之扩大"

本篇内容包括：第一章"欧洲社会政治之变革"，第二章"由大陆活动到海外开拓"，第三章"西方重商主义之成功"，第四章"东方重商主义之失败"，第五章"重商主义下世界之变化"和第六章"东西思想之发展"。

（一）"欧洲社会政治之演变"

周谷城认为，欧洲在东罗马帝国灭亡后和法国大革命期间发生了剧变。"一方面结束中世纪的历史；另一方面引出近代的历史……这过渡时代，可称为近代史的前期，或资本主义前期，或早期资本主义时代。"这种剧变主要表现为：资本主义农场经济和大工业的兴起以及海外贸易的兴起。他认为，欧洲的经济变革与重商主义兴起有直接关系。商业兴起带动工业发展，"工业的演进，几乎受着商业的驱使。在产业革命以后，工业是支配商业的，但在产业革命以前，在十五至

[①] 周谷城：《中国通史》，上海开明书店1948年版；周谷城：《西北交通之历史的观察》，《东方杂志》1945年第41卷第11号。

[②] 周谷城：《世界通史》，河北教育出版社2000年版，第605页。

[③] 胡绳武回忆在重庆听周谷城讲课的情形时指出："他在讲课过程中，比较重视中西文化的交流。他认为，无论是中国的或世界的、东方的或西方的文化，在历史发展的过程中，其精华的部分通过交流，必然为对方所吸收，产生交融的结果。"参阅《周谷城学术思想研究论文集》，上海社会科学院出版社1998年版，第23—24页。

十八世纪时代，商业确实拖着工业前进"。①

周谷城认为，地理大发现前，通常所谓的世界范围仅限于欧亚大陆和北非地区，其他地方则纯属未知世界。地理大发现后，上述未知世界开始纳入世界范畴。就此而言，周谷城有关"世界范围之扩大"的说法无非是沿用既定说法。论者却以此指责周谷城是"欧洲中心论"者。"首先引起我们注意的是该书的副标题——《世界范围之扩大》，这恰好表现出作者是站在欧洲资产阶级的立场来看历史的。"②

中世纪的欧洲，地方势力强大，国家权威未能确立起来。欧洲民族国家兴起的过程，就是国家整合地方势力的过程。周谷城认为，民族国家的成长表现为三个方面。第一，就政权和土地言，是统一的过程，各种地方势力为统一的民族国家所取代。第二，就宗教信仰言，是分裂的过程，民族国家确立后，统一的基督教世界不复存在。第三，就语言文字和文化言，既有统一的过程又有分裂的过程，"一方面各地方的语言风俗习惯等'汇合'而为'国家的'（national）；另一方面，基督世界的拉丁语言及基督文化等，则'分裂'而为'国家的'"。民族国家主要由民族经济推动而成，民族国家形成后又有力地推动了民族经济的成长，这种推动表现在各民族国家重商主义的兴起。"重商主义全盛时代，各民族国家无不帮助商人到国外经商，获得金银，以增加国家的财富。重商主义几乎全为民族国家所促成"。③

16—18世纪，西欧处于封建主义衰落和资本主义兴起的转变时期，周谷城称之为前资本主义时期。因该时期重商主义盛行，周谷城又称之为重商主义时代，这一说法似无不可。批评者认为，这样的说法背离了马克思主义的社会形态说："周谷城并没有根据马克思主义关于历史发展的基本规律去揭示这一历史时期的本质，却任意杜撰了一个历史分期法，把十六至十八世纪欧洲历史笼统地称为'重商主义

---

① 周谷城：《世界通史》，河北教育出版社2000年版，第631页。
② 张芝联：《评周谷城著〈世界通史〉》，《光明日报》1964年12月3日。
③ 周谷城：《世界通史》，河北教育出版社2000年版，第651页。

的历史'，而且以偏概全，把它到处乱用。"①

周谷城认为，民族国家形成之时，也是专制政治发达之时。工商势力的兴起促进专制政治形成，但当专制政治对工商势力构成严重障碍时，工商势力转而反对专制政治，两者从最初的水乳交融发展到最后的水火不容。荷兰资产阶级革命爆发的原因是荷兰资产阶级起来反对西班牙的专制统治。英国资产阶级革命爆发的原因则是英国资产阶级起来反对本国的专制统治，"国王常不得国会的同意，向工商各界以及其他中等阶级征收重税，致起反感。同时也因专制太甚，便又产生政治的原因：国会集议，国王常任意干涉，致代表中等阶级的国会大为不满"。②周谷城对近代欧洲政治关注已久③，上述有关民族国家和专制政治的论述颇为精辟。专制政治确立是欧洲民族国家形成的基本标志，专制政治又是欧洲民族国家成长的重要一环。专制政府先是推动民族国家发展，继而推动资本主义兴起。西欧资本主义兴起后，专制政府转而成为资本主义进一步发展的障碍，于是发生开明专制和民主政治的要求。

周谷城认为，随着城市工商业的发展，基督教日益成为欧洲社会发展的障碍。文艺复兴和宗教改革在此背景下应运而生，前者在思想上反对基督教，后者在行动上反对基督教。文艺复兴弘扬古希腊、古罗马时代的人文主义精神，有力地冲击了基督教的神学影响。宗教改革则从组织形式上对腐朽没落的基督教会进行改造。两者共同动摇了基督教在思想文化领域的统治地位，为资本主义的进一步发展创造有利条件。在此过程中，近代学术思想开始出现。周谷城认为，培根和笛卡儿的学说虽着重点不同，但同属于弃旧迎新的思想体系。"总括培根与笛卡尔两家学说看来，一重经验，一重理性，似极端相反。然反对基督思想，迎接工商时代，则两者又完全是一样的。"④

从经济领域的变动再写到思想文化领域的变动，这与唯物史观的

---

① 张芝联：《评周谷城著〈世界通史〉》，《光明日报》1964年12月3日。
② 周谷城：《世界通史》，河北教育出版社2000年版，第664页。
③ 周谷城：《近代欧洲政治演变之动力》，《公论丛书》第3辑，1938年11月。
④ 周谷城：《世界通史》，河北教育出版社2000年版，第684页。

基本要求相一致。周著《世界通史》对文艺复兴问题颇为关注,因为这是中国学界普遍关注的问题。梁启超就指出,文艺复兴运动的本质是人文主义精神的解放。① 中国学者甚至以文艺复兴比附近代中国的学术复兴或思想复兴。② 有学者指出,胡适就很乐意把中国的新文化运动称为文艺复兴运动。③

(二)"由大陆活动到海外开拓"

周谷城认为,欧洲向海外开拓的主要目的为经商牟利。"远东各地的珍贵物品,经由阿剌伯商人之手,到达地中海东部沿岸各地,然后输入欧洲。后以欧洲需要大增,欧洲人又觉东方富足无比,于是引出由海道与东方直接通商的狂热。"其次为传教。土耳其帝国阻挡了基督教向东方的扩张,欧洲人被迫寻求海路。"基督徒向东方传教的计划不能贯彻。因此乃与商人结合,向海外找出路,希望循海道能直达远东。"④ 这些论述受到"斗争哲学"的指责:"这一套所谓'人口的增加'乃是西方国家向'海外发展之动因'的'理论'正是不折不扣的马尔萨斯人口论的翻版。"⑤ 另有批评者认为,把近代欧洲"海外开拓"的主要内容归结为"通商"和"传教"等于为殖民主义罪恶辩护,"周先生竟完全抹杀了西方殖民主义者在通商形式掩饰下进行强取豪夺,以及在传教的旗帜下进行精神侵略的事实,把西方殖民主义者的海外侵略的目的归结为'通商的狂热'和广布基督教义的'传教狂热'"。⑥ 周谷城指出,葡萄牙人成功地开辟东行航线,而西班牙人成功地开辟西行航线。这些论述被指责为西欧殖民主义事业歌功颂德⑦。麦哲伦在环球航行中因和菲律宾土著发生冲突而死于非

---

① 梁启超:《清代学术概论》,东方出版社1996年版,第60页。
② 周策纵:《五四运动——现代中国的思想革命》,周子平译,江苏人民出版社1999年版,第345页。
③ 章清:《胡适评传》,百花洲文艺出版社1992年版,第123—124页。
④ 周谷城:《世界通史》,河北教育出版社2000年版,第697页。
⑤ 司武臣:《周谷城在〈世界通史〉中是怎样为殖民主义作辩护的》,《史学月刊》1965年第1期。
⑥ 程秋原:《评周谷城著〈世界通史〉》,《光明日报》1965年3月10日。
⑦ 张芝联:《周谷城是彻头彻尾的"欧洲中心论"者》,《光明日报》1964年12月3日。

命，周谷城在叙述中用了"不幸"一词，这也成了"斗争哲学"批判的靶子①。由于"斗争哲学"的不宽容，学者著述动辄得咎，周谷城学术著作的遭遇就很有代表性。

（三）"西方重商主义之成功"

周谷城认为，民族国家的最大功用就是促成国家经济的形成。第一，民族国家通过税制改革特别是利用关税制度来保护和促进国内经济发展。第二，民族国家通过货币改革和度量衡改革来促进国内经济发展。第三，民族国家通过政府权力的扩张来促进国家经济的形成。民族国家是现代国家的雏形，民族国家所采取的种种措施强化了国家职能，结束了欧洲长期以来地方主义盛行的局面。民族国家的确立为近代欧洲的崛起奠定了坚实基础。早在 20 世纪 30 年代，周谷城对该问题就多有关注②，周著《世界通史》的相关论述运用了这些早期成果。

民族国家和专制政治的形成有力地促进了重商主义的兴起。周谷城认为，重商主义以保护和促进国内工商业的发展为目标，是一种致富图强主义。保护主义是重商主义的精髓所在，重商主义通过关税制度来达到保护主义的目的。周谷城有关重商主义的精辟之论受到"斗争哲学"的指责。批评者竭力贬低重商主义的积极意义，"重商主义或重商政策只不过是原始积累时期被采用的一种措施；而殖民地掠夺才是原始积累时期的重要手段，'是原始积累的主要要素'"③。

周谷城对西欧商业帝国的兴衰加以考察。随着东西航线的发现，西欧商业帝国接踵而起。葡萄牙最先确立在远东的商业霸权，西班牙随后确立在新大陆的商业霸权，但两国皆因生产落后而丧失商业霸权。继葡

---

① 批评者指出："麦哲伦完全是怀着夺取殖民地的野心进行殖民活动而被打死的。如果不去歌颂击毙殖民主义者的英雄，反而对殖民主义者的死再三表示同情和惋惜，这是一种什么样的立场和感情呢？"参阅司武臣《周谷城在〈世界通史〉中是怎样为殖民主义作辩护的》，《史学月刊》1965 年第 1 期。
② 周谷城：《近代欧洲政治演变之动力》，《公论丛书》第 3 辑，1938 年 11 月。
③ 史彤：《周谷城著〈世界通史〉的反动观点》，《新建设》1965 年第 1 期。

萄牙和西班牙而起的是荷、法两国,最成功的却是英国。周谷城分析了其原因:"英国人的海外贸易,很激起了国内的生产事业,形成产业革命的先行条件。这是与西、葡各国截然不同的。"①

(四)"东方重商主义之失败"

周著《世界通史》以中国史代表东方国家史,但也同时申明:"这里且以中国为主,略述东方的重商主义。"这样的安排,一是中国确有一定的代表性;二是条件艰苦,以一人之力编纂一部《世界通史》显然很不容易。这样的叙事安排,更多是无奈之举,并非狂妄自大的"中国中心论"。

重商主义包括内部建设和对外贸易两方面。周谷城首先考察内部建设的情况,认为明清时期的中国出现了重商主义,但政府以增税为主。"中国重商主义时代,亦即明、清时代。其建设与法国路易十四时代差不多……一切农、矿、工、商之发展,概以增加王室收入为目的。"西方重商主义视金银为财富,明代亦然,"朝野上下都看重银两:银两就等于财富,财富就等于银两。这与西方重商主义时代视金银为国富是一样的"。②

明清时期的中国有无重商主义确实值得探讨③,而从重商主义的角度来考察明清时期中国的成败得失不乏启发意义,其中西历史对比意义不容忽视。但不可否认,此类说法也有简单类比欧洲史的倾向和问题。

周谷城继而考察明清时期中国的对外贸易。明代的对外贸易以朝贡为主,以郑和下西洋为鼎盛。他认为,郑和下西洋的主要目的就是招徕朝贡。"一方面在夸示中国之富足;另一方面在招徕诸国之朝贡。"④ 明代的朝贡关系虽很发达,但贸易量并不大,中日贸易纠纷导致了"倭寇扰华"事件。西方重商主义兴起后,西洋各国渐次来

---

① 周谷城:《世界通史》,河北教育出版社2000年版,第763—764页。
② 周谷城:《世界通史》,河北教育出版社2000年版,第789页。
③ 笔者认为,明清时期的中国应该不存在严格意义上的重商主义,而晚清以降的"实业救国"思潮则有明显的重商主义性。
④ 周谷城:《世界通史》,河北教育出版社2000年版,第790页。

华，但中西贸易受到严密管控。

明清时期，西欧的重商主义方兴未艾并大举东来。"西方诸国方兴未艾的重商主义之优势压来，中国的重商主义尚未成熟，以致抵挡不住；东南近邻的市场，且为欧洲诸国所夺。直到最后，欧洲在东方的重商主义之活动，继之以帝国主义的活动，中国在贸易上乃完全居于劣势的地位。"① 对外贸易失败表明中国重商主义的失败，"鸦片输入，白银外流，这与西方重商主义各国限制银两外流之政策恰恰相反。故中国重商主义之失败，恰恰帮助西方重商主义之成功"。重商主义对中西历史产生了极其深远的影响，"西方重商主义成功了，引出了产业革命，加速了各国的现代化。中国重商主义失败了，未能及早引出产业革命，中国之现代化因以延迟"。② 从重商主义角度对比分析中西社会发展的利弊得失，周谷城深刻地揭示出近代中国落后的症结所在。③

（五）"重商主义下世界之变化"

周谷城指出，欧洲殖民势力随重商主义的兴起而兴起，世界各地纷纷沦为其殖民地或半殖民地。面对西力东渐，亚洲各国应对态度迥异。"日本自一六四一年以后，坚持封锁政策，两百余年没有松懈；印度不然，完全屈服，结果至于亡国；中国介于两者之间，与西方人相处、兢兢业业，虽未至于灭亡，然国家地位已大为低落。"他认为，中西相处的最初情形颇为平等，"或在固定地方与他们互市；或径往外国，为他们通事；或自己冒险，出国经商；或被人招募出国，充当华工"。④ 欧洲殖民势力在美洲的进展最为顺利，美洲完全沦为殖民地。非洲也受到欧洲殖民势力的蹂躏，非洲土著被大量贩卖到世界各地充当黑奴。

---

① 周谷城：《世界通史》，河北教育出版社2000年版，第824页。
② 周谷城：《世界通史》，河北教育出版社2000年版，第828页。
③ 胡绳武回忆周谷城在重庆讲课的情形时说："他在讲课的过程中，常常将中西方历史发展的异同加以对比。例如，他在讲到十六世纪西方的'重商主义'成功时，要言不繁地指出中国'重商主义'失败的原因及其后果。"参阅《周谷城学术思想研究论文集》，上海社会科学院出版社1998年版，第23页。
④ 周谷城：《世界通史》，河北教育出版社2000年版，第836—837页。

我们认为，近代西方殖民势力的罪恶固然应受到无情的谴责，但他们毕竟充当了历史不自觉的工具，客观上起到"唤醒"落后国家和民族的作用。① 周谷城在叙述英印殖民统治时，并没有一味地揭露其殖民罪恶，也没有一味地渲染印度人的抗英斗争，而是力求客观地叙述英印殖民统治的进程和影响。

（六）"东西方思想之发展"

周著《世界通史》的西方思想史涵盖奴隶社会阶段、封建社会阶段和重商主义时期三个阶段。古希腊和古罗马处于奴隶社会阶段，因应阶级对立的各种学术思想在此阶段出现。从西罗马灭亡到东罗马灭亡的中世纪是封建经济的全盛时代。该时期欧洲社会的急剧动荡导致基督教兴盛。从东罗马灭亡到法国大革命兴起为重商主义时代。重商主义时代是过渡时代，重商主义时代的学术思想也表现出过渡性。就经济思想看，有重商主义学说，也有自由主义学说；就政治思想看，有君主专制说，也有民主共和说；就哲学思想看，有基督教神学思想，也有反对神学的理性主义和科学主义思潮。

周著《世界通史》认为，中国思想史也可划分为奴隶经济时代、封建经济时代、重商主义时代三个阶段。从夏殷之际到王莽篡汉为奴隶社会阶段。在此期间，中国社会呈现出阶级对立局面，反映这一社会现实的学术思想随之出现。从王莽篡汉到北宋初期为封建社会阶段，"世家大姓的封建庄园最为发达，可以说是东方的典型的封建经济时代"。西方在封建社会阶段盛行基督教思想，与此相应，中国在封建社会阶段盛行佛老思想。北宋以后到鸦片战争为重商主义时代。这一时期为典型的专制政治，这一时期的学术思想主要是维护专制政治的理学，但反理学思想也开始出现。"理学的发达，几乎是空前绝后的，与专制政治常相结合。因此之故，反响又起，戴东原之反理学，黄黎洲之反君权，便是很好的实例。"②

---

① 《马克思恩格斯选集》第1卷，人民出版社1995年版，第773页。
② 周谷城：《世界通史》，河北教育出版社2000年版，第881页。

第四章　世界通史思想

周著《世界通史》的上述论述充分运用了"生活系统论"。该论认为，思想的作用在于解决问题，问题出现了，解决问题的思想也就随之出现。① 该通史认为，人类社会的各种经典（中国的"六经"、基督教的《旧约》和《新约》、佛教的《吠陀经》和伊斯兰教的《古兰经》）无不产生于奴隶社会阶段，而且也只能产生于该时期。② 学术思想随阶级社会的出现而出现，也随阶级社会的演变而演变。学术思想的上述特点决定东西方思想不乏共通之处。通过对这些共性的深入研究，周谷城提出了不少精辟之论。

最后，周谷城对近代以来东西方思想的演变情况加以考察。西方重商主义时代的思想呈现为过渡性，重商主义思想虽居于统治地位，但反对重商主义的自由主义思想也日益兴盛。在经济思想领域，重商主义和自由主义呈现针锋相对之势。重商主义主张国家干预，而自由主义反对国家干预，主张自由放任。两者看似矛盾，实则相通——因为两者都是为资本主义服务的。重商主义是资本主义兴起时的"最爱"，而自由主义则是发达资本主义的"必需"。在政治领域，重商主义鼓吹专制政治，而自由主义倡导民主政治。周谷城认为，马基雅维利和霍布斯等人为前者的代表，而洛克和卢梭等人为后者的典范。周谷城还指出，国家至上的思想观念在重商主义时代颇为兴盛，黑格尔的"绝对精神"即其代表。

周谷城以中国为例，对重商主义时代东方国家学术思想的演变情况略加叙述。他认为，中国从北宋时期进入重商主义时代，其标志为商人势力兴起。商人势力不仅表现在经济上，也表现在政治上，"常能以其雄厚之资财，取得政治之重要地位，以影响一时的政治变局"。③ 周谷城对学界颇为流行的"重农抑商"说不以为然，认为该学说只是泛泛而论，并不符合实际。学界认为，中国历史上虽不乏巨

---

① 周谷城：《生活系统》，上海商务印书馆1928年版，第128—129页。
② 吕涛、周骏羽编：《周谷城传略》，山西人民出版社1988年版，第9页。
③ 周谷城：《世界通史》，河北教育出版社2000年版，第905页。

商大贾，但重商主义的说法毕竟不妥。①

周谷城还指出，理学是中国重商主义时代的主流学说，其功用在于维持封建专制统治，其标志为"存天理，灭人欲"之类的教条。该教条与黑格尔的"绝对精神"如出一辙，缺乏自我反省意识，毫无自我批判精神可言。戴震对理学的"存天理，灭人欲"提出过针锋相对的批评。理学与君主专制相互为用，两者在明清时期发展到顶点，但随之又产生反理学和反君主专制的思想。戴东原是反理学的代表，黄梨洲则是反君主专制的代表。周谷城甚至提出，黄宗羲的反君主专制思想堪与欧洲启蒙思想家们的反君主专制思想相媲美。

周著《世界通史》有关理学、反理学和反君主专制思想的讨论基本沿用周谷城既往的研究成果。②但与既往不同的是，周谷城将上述思想体系和近代西方的思想体系逐一对比。这些对比研究着眼于世界全局，令人眼前一亮，启发性很强。但毋庸讳言，此类对比研究也有明显的简单类比倾向，表现为对中国历史的特殊性观照不够。

第四节　周著《世界通史》的特色

从篇章结构和具体内容看，周著《世界通史》更为娴熟和内在地运用了"历史完形论"：既尽力体现和维护世界史的客观性，又尽力体现和维护世界史的完整性，因而是一部具有世界性的世界史著作。张家哲指出："周谷老把上述的史学理论和方法论（指'历史完形论'）也运用到了世界史研究之中，提出了许多精辟和中肯

---

①　周谷城后来修正了此类观点。修订后的《中国通史》已不再称谓中国明清时期为重商主义时期。他在阐述中西历史的对比研究时说："当中国尚停留在中世前期封建地方主义全盛之时，欧洲许多大大小小的国家进入了中世后期弥漫世界的重商主义时代。"这表明作者的观点有了较大的修正。参阅周谷城《中外历史的比较研究》，《光明日报》1981年3月24日。

②　周谷城在《中国通史》（上海开明书店1948年版）第四篇的第十章"巩固统治的理学"和第五篇第二章"中国之图强御侮运动"中阐述了上述问题。

的意见。"① 周著《世界通史》对世界史完整性的体现和维护，其实质就是学界通常所谓的"整体史观"，即把世界史作为一个有机整体或统一整体加以系统把握。周著《世界通史》一如周著《中国通史》，编纂方法仍是"鸟瞰法"：高屋建瓴地观察世界史的全貌及其发展趋势，既简明扼要又脉络贯通，整体感强烈。

周谷城的世界通史思想突破了世界史编撰中的一些陈腐观念，取得了显著成就，兹分析如下。

一是突破拼凑国别史而为世界史的编纂观念。

周著《世界通史》明确指出："世界通史并非国别史之总和……本人不认国别史之总和为世界通史，故叙述时，力避分国叙述的倾向，而特别着重世界各地相互之关联。"他认为，斯密兹的《史家世界史》就是拼凑国别史而为世界史。"虽规模宏大，共二十五卷，然内容却是几十种国别史之总和。"② 世界史有其内在属性，世界不同地域之间的相互影响和作用促使作为有机整体的世界史形成。换言之，简单罗列国别史并不能揭示世界史的有机整体性，而这样的世界史也就不能算是真正意义上的世界史。周谷城自始至终都强调世界史的有机整体性，坚持把世界史的地域性和世界性结合起来。反对拼凑国别史而为世界史这一重要史学思想并非凭空而来，这与周谷城"历史完形论"反对拼凑专门史而为通史的编纂思想相一致，并在此基础上有所拓展。通观全书，周著《世界通史》确与堆积专门史而为通史的俗套迥异，更与拼凑国别史而为世界史的痼疾不同。

周谷城在"第一篇"并列阐述人类历史上的六大文化区。他反复强调，尽管世界上多元文化并存，但它们并非"老死不相往来"，而始终存在着对话和交流的必然趋势。他在"第二篇"重点叙述亚欧势力的互动与东西文化的交流。他认为，地理大发现前，真正的世界性活动仅限于亚欧大陆和北非之间。亚欧大陆和北非在地理上紧密相

---

① 张家哲：《学习周谷老研究世界史的理论和方法》，转引自上海社会科学学会联合会编《周谷城学术思想研究论文集》，上海社会科学院出版社1998年版，第111页。

② 周谷城：《世界通史》"弁言"，河北教育出版社2000年版，第3页。

连，在这片广袤大地上发育滋长的各文化区、各国和各地之间，各种交往与联系也就特别频繁。战争固然是交往和联系，人口迁移和彼此混杂更是交往和联系，而各种交往和联系最终促进各地、各国乃至各文化区走向世界性的有机整体。正如于沛所指出的："从整体出发进行世界史研究决不是国别史的拼凑，或国别史、地区史加上专史的组合……世界史研究中的整体性应体现在人类社会矛盾运动进程中，各民族各国家之间的相互联系和相互作用。"① 总之，周谷城从世界全局出发，重视不同地域之间的相互联系和作用，从而揭示出世界史的有机整体性，也因而与其他诸如百科全书或历史词典式的世界史著作有了显著不同。

中国史是世界史的有机组成部分，世界史理应包括中国史，此为题中应有之义。从世界史的有机整体性出发，周著《世界通史》把中国史纳入其中。作为历史悠久而又具有重要世界影响的东方大国，中国史理应在世界史著作中占有相应的地位和比重。于沛指出："强调世界历史研究中的整体性，不能离开对中国史的深入研究。中国史是世界史的一部分，世界史中应包括中国史，这是人人皆知的道理……"② 然而在"欧洲中心论"支配下的世界史著作中，中国史只是欧洲史的陪衬，其分量少得可怜。至于中国人自己编写的世界史著作，通常情况下也不含中国史内容（因为中国史学界有中国史和世界史之划分，两者各自为政），就更谈不上世界史的有机整体性了。与上述情况不同的是，周著《世界通史》以相当篇幅叙述中国史。从世界史的有机整体性看，这不仅是无可非议的，也是十分必要的。某些学者以此指责周谷城不仅是"中国中心论"，而且是"汉族中心论"。这样的指责不免过于吹毛求疵和上纲上线。

二是突破"欧洲中心论"的陈腐理念。

"欧洲中心论"浸淫下的世界史之作仅关注到欧洲一隅，这就谈

---

① 于沛：《系统理论和世界史研究》，转引自《中国史研究》编辑部、《近代史研究》编辑部、《世界历史》编辑部编《系统论与历史科学》，中州古籍出版社1987年版，第183页。
② 于沛：《系统理论和世界史研究》，转引自《中国史研究》编辑部、《近代史研究》编辑部、《世界历史》编辑部编《系统论与历史科学》，第183页。

不上世界史的有机整体性，更与世界史的基本事实不符。周著《世界通史》之前的世界史著作大都是程度不等的"欧洲中心论"之作。这些世界史著作大都从古埃及开始叙述人类早期文明史，接下来便是以古希腊、古罗马为中心的古典世界，即使提及世界其他地区，也仅仅是欧洲史的点缀和陪衬而已。黑格尔认定亚洲文明尚未开化，亚洲人的历史不能划入世界史的中心范畴，或者干脆剔除在外。大史学家兰克编纂的《世界史》更是典型的"欧洲中心论"著作。该著作仅在开头部分简单介绍古埃及和西亚情况，其他内容全都是欧洲史，这是一部十足的"欧洲中心论"之作。

周著《世界通史》在"弁言"中明确指出："欧洲通史并非世界通史之中心所在。"① 周著《世界通史》虽旗帜鲜明地反对"欧洲中心论"，但并不抹杀或否认欧洲史在世界史中应有的地位和作用。地理大发现后的近三个世纪，欧洲确实在世界范围产生了较大影响。欧洲资本主义的兴起和发展，产业革命的完成以及世界市场的开辟，对整个世界都产生了重大而深远的影响。这是毋庸置疑的事实。地理大发现前，欧洲并非世界重心之所在，中国和印度等东方国家各有其重要性，它们对世界历史的作用和影响同样不可低估。从世界全局看，或者从世界史的有机整体性看，反对"欧洲中心论"是史学家编纂世界史的必然选择。张家哲指出："把世界历史看成是一个具有统一性和整体性的大系统，把各文明区域、国家和民族看成是这个大系统下的各个子系统，对于彻底破除欧洲中心论，无疑是个强大的理论武器。"②

三是力避公式主义问题。

"生活系统论"倾向马克思主义。与此相应，周著《世界通史》大量运用了马克思主义理论。周谷城认为，人类社会的发展有规律可循，一般都要经历大致相同的发展阶段。周著《世界通史》明确

---

① 周谷城：《世界通史》"弁言"，河北教育出版社2000年版，第3页。
② 张家哲：《试论系统理论在编写世界通史中的运用》，转引自《中国史研究》编辑部、《近代史研究》编辑部、《世界历史》编辑部编《系统论与历史科学》，中州古籍出版社1987年版，第239页。

指出:"世界各地历史的演进,无不有阶段可循。典型的阶段为氏族社会时代到奴隶经济时代,再到封建时代。再到前资本主义及资本主义时代,然后到社会主义时代。"世界史的发展和演进虽然有阶段性,但这种阶段性只能由具体的历史事实加以体现,而不是简单地套用公式,更不能像黑格尔那样,抛开具体的历史事实而大谈抽象的"理念"。周谷城为此一再强调"力避机械的公式主义"。[1]也正因如此,周著《世界通史》对世界史的发展和演变力求做出合乎实际的判断和叙述。周谷城一贯重视阶级分析法,也注重研究各种矛盾和斗争,但他并不认为各种矛盾和斗争就是一切,更不是"以阶级斗争为纲"[2]。他以相当篇幅着重叙述不同地域、不同国家和不同文明之间的文化交流与融合情况,而且十分强调这种交流与融合的历史作用,这样的叙述也更为合乎实际。周谷城力求客观真实而又具有整体性的世界史。今天看来,这恰恰凸显出周著《世界通史》的学术性和独特魅力。需要指出的是,尽管周著《世界通史》大量运用了马克思主义,但这种运用又是"生活系统论"下的选择性运用,而不是简单套用,更不是照单全收。周著《世界通史》的独特性与此有关。

毋庸讳言,周著《世界通史》远非尽善尽美。中国史所占篇幅过多,以中国史代替东方史更为不妥。尽管有其客观原因和现实无奈,但无疑也是周著《世界通史》的硬伤和缺憾。此外,周著《世界通史》在中西历史对比中存在简单类比的问题,这在一定程度上也影响到该通史的科学性。尤为令人遗憾的是,作为通史有机组成部分的第四篇"平等世界之创造"始终没有写出来。此外,周著《世界通史》存在的以上问题和缺憾始终没有得到修订和完善,这不能不说也是遗憾。

20世纪50年代,较之"整体史观"更为可取的"全球史观"在

---

[1] 周谷城:《世界通史》"弁言",河北教育出版社2000年版,第4页。
[2] 张家哲:《学习周谷老研究世界史的理论和方法》,转引自上海社会科学学会联合会编《周谷城学术思想研究论文集》,上海社会科学院出版社1998年版,第109页。

西方学界兴起，1970年，美国史学家斯塔夫里阿诺斯运用"全球史观"编纂的《全球通史》问世，旋即引来赞誉如潮。《全球通史》分上下两册，上册叙述公元1500年前的世界史，时间跨度十几万年，约43万字；下册叙述公元1500年后的世界史，即地理大发现后的一段世界史，约73万字。《全球通史》上迄远古，下止最近，真可谓贯通古今且详今略古。该通史作者开宗明义地指出："研究的是全球而不是某一国家或地区的历史；关注的是整个人类而不是局限于西方人或非西方人。"[①] 换言之，《全球通史》不以国别史拼凑世界史，同时力求超越"欧洲中心论"或其他什么"中心论"。就此而言，《全球通史》的编纂理念与周著《世界通史》并无二致。也正因如此，斯塔夫里阿诺斯曾经向周谷城虚心讨教，两人惺惺相惜，可谓英雄所见略同。毋庸讳言，《全球通史》无论是总体框架、篇章结构还是具体内容都更为充实和完整，正所谓后来者居上。周著《世界通史》毕竟生成于战乱年代，资料缺乏，加之时代的局限，也就难免存在一些问题和缺憾。

尽管存在一些问题和缺憾，但周著《世界通史》的学术价值和独特魅力仍不容低估。周著《世界通史》生成之时，中国的世界史研究极其薄弱，几乎一片空白。这实属不易。[②] 有论者指出，周著《世界通史》为中国世界史研究的筚路蓝缕之作。[③] 姜义华先生认为："周谷城的《世界通史》无愧为中国历史学家贡献于20世纪世界史学界的一部珍贵的科学著作，在中国近代史学发展史上具有极为重要的意义。"[④] 这些评价当不为过。

[①] [美]斯塔夫里阿诺斯：《全球通史》，吴象婴、梁赤民译，上海社会科学院出版社1992年版，第54页。

[②] 桂遵义指出，中国的世界史研究在1949年以前处于空白状态，而周著《世界通史》无论在体例上还是内容上都别具一格，有自己的独到见解。参阅桂遵义《马克思主义史学在中国》，山东人民出版社1992年版，第544—545页。

[③] 姜玢：《周谷城的史学成就与他的〈世界通史〉》，转引自上海社会科学学会联合会编《周谷城学术思想研究论文集》，上海社会科学院出版社1998年版，第117页。

[④] 姜义华：《世界通史》"弁言"，转引自《二十世纪中国史学名著叙录》，河北教育出版社2002年版，第271页。

小　结

　　周谷城的世界通史思想主要体现在周著《世界通史》之中。周著《世界通史》的指导理论仍是"历史完形论",而且有所拓展和深化。就其篇章结构看,周著《世界通史》的编纂理念颇为新颖:一是突破根深蒂固的"欧洲中心论";二是突破拼凑国别史和专门史为世界史的积习。就其具体内容看,周著《世界通史》坚持从历史实际出发,坚持史论结合,坚守史学的客观真实性,因而招致"斗争哲学"的诸多批评和指责。周著《世界通史》虽大量运用了马克思主义理论,特别是大量运用阶级斗争理论,但这种运用又是"生活系统论"下的借鉴性和选择性运用,而不是简单套用,更不是"以阶级斗争为纲"。周著《世界通史》的独特性与此有关,而"斗争哲学"的诸多批评和指责也与此有关。无可否认的是,尽管通史作者主观上力避公式主义,但周著《世界通史》实际上仍未能完全避免公式主义倾向,主要表现为以世界史框架中国史的类比倾向,尤其是在历史分期方面几乎全面运用"五种社会形态说"。这不能不说是周著《世界通史》的一大缺憾,也是周谷城世界通史思想的一大缺憾。

第五章　其他重要史学思想

历史分期问题、"欧洲中心论"问题、历史教育问题和中西文化问题都是中国史学曾经面临的重大理论问题，也是周谷城史学研究中关注到的重要理论问题。1949年后，中国社会进入新阶段，周谷城留下了宝贵的思想遗产。1978年以后，周谷城在历史教育方面提出了不少真知灼见，尤其是集毕生学术功力和心得提出了"世界文化综合说"。

第一节　历史分期问题

历史分期问题是中国马克思主义史学不可回避的重大理论问题，也是中国史学界长期聚讼纷纭的理论难题。[①] 周谷城是中国现当代史坛上"纵论今古，横说中外"的学术大家，其历史分期观可谓独树一帜。遗憾的是，史学界有把其历史分期观等同于"东汉封建说"的简单化倾向[②]，这就忽略了其复杂演变和丰富内涵。周谷城的历史分期观在其史学思想体系中占有重要一环，兹予专门讨论。

---

① ［美］阿里夫·德里克认为，古史分期问题是"中国社会史论战"的焦点之一。［美］阿里夫·德里克：《革命与历史：中国马克思主义历史学的起源——1919—1937》，翁贺凯译，江苏人民出版社2005年版，第149页。费维凯认为，中国马克思主义史学长期陷入历史分期的陷阱而不能自拔。Albert Feuerwerker, "China's History in Marxian Dress", *American Historical Review*, Vol. 66, No. 2 (Jan, 1961) pp. 323 – 353.

② 学界大都把周谷城的历史分期观视为"东汉封建说"。参阅林甘泉、田人隆、李祖德《中国古代史分期讨论五十年》（上海人民出版社1982年版）；《历史研究》编辑部：《建国以来史学理论问题讨论举要》（齐鲁书社1983年版）；张志哲：《博大精深周谷城》（《史学月刊》1986年第4期）；莫志斌：《周谷城传》（湖南师范大学出版社1997年版）；上海市社会科学联合会：《周谷城学术思想研究论文集》（上海社会科学院出版社1998年版）。

大革命期间，周谷城即撰文分析中国社会和历史。大革命失败后，周谷城逐渐走上教学、科研之路，后来相继撰写出《中国社会之结构》《中国社会之变化》《中国社会之现状》三部系列之作。这三部著作后来被合称为《中国社会史论》。《中国社会史论》提出中国历史分期的初步见解：自黄帝至周初为贵族政治时代，但封建政治也在孕育之中；自周至秦为封建政治时代，但专制政治也初露端倪；秦代为封建政治和专制政治的交替时代；秦代以后专制政治成为常态，封建政治成为余波。① 此处所谓"封建"，为中国历史用语，意即"封土建邦"。以"封建政治"和"专制政治"的演变为线索来划分中国历史时期，不失为切合实际。周谷城在此期间尚未接受马克思的历史分期观，而同期的中国马克思主义学者大都套用马克思的历史分期观来划分中国历史，公式主义倾向明显。② 历史分期问题是"中国社会史论战"的焦点问题之一，论战各方聚讼纷纭，其中不乏大相径庭之论。周谷城不胜感慨："中国社会史分段的问题，闹到今日尚茫无头绪。"③

1939年，周著《中国通史》编纂而成，周谷城的历史分期观开始发生显著变化。我们先看周著《中国通史》各篇名称。第一篇：游徙部族定居时代（周平王东迁洛邑以前即公元前年以前）——中国民族初步形成；第二篇：私有田制生成时代（自周平王元年至新莽元年即自公元前770年至公元9年）——社会关系发生剧变；第三篇：封建势力结晶时代（自新莽元年至北宋元年即自公元9年至960年）——由内乱到种族战争；第四篇：封建势力持续时代（自北宋初至鸦片之战即自公元960年到1840年）——种族战争愈演愈烈；第五篇：资本主义萌芽时代（鸦片战争以后到现在即公元1840年以后到现在）——工国农国相摩相荡。

从上述篇名即可看出，"封建势力"成为周谷城历史分期的主要

---

① 周谷城：《中国社会之结构》，上海新生命书局1930年版，第46页。
② 张广志：《中国古史分期讨论的回顾与反思》，陕西师范大学出版社2003年版，第56—57页。
③ 周谷城：《中国社会之现状》"弁言"，上海新生命书局1933年版。

依据。在他看来,"封建势力"产生前为"游徙部族定居时代","封建势力"的孕育期为"私有田制生成时代","封建势力"的鼎盛期为"封建势力结晶时代","封建势力"的衰落期为"封建势力持续时代","封建势力"的消亡期为"资本主义萌芽时代"。此处所谓的"封建势力"也就是"地主阶级"或"封建地主阶级"[①]。换言之,周著《中国通史》的历史分期着眼于"地主阶级"的产生、鼎盛、衰落及消亡,已不再是"封建政治"和"专制政治"的演变。此处"封建政治"和"封建势力"中的"封建"看似相同实则迥异。前者取"封土建邦"之义,为中国历史用语,而后者则与马克思历史分期观中的"封建社会"相对应。

通过词义转换和"封建势力"与"地主阶级"的对等化,周谷城不动声色地将马克思的历史分期观引入了中国历史的分期中。然而周著《中国通史》并非简单套用马克思的历史分期观。例如,在马克思的历史分期中有奴隶社会阶段,而周著《中国通史》中没有。周著《中国通史》虽也肯定秦汉时期有相当数量奴隶的存在,但并不认为秦汉时期就是奴隶社会。不仅如此,周著《中国通史》甚至专门批驳所谓"中国奴隶社会说",认为中国历史不可能存在奴隶社会阶段。[②]

1939年后,周谷城的学术重点转向了世界史教学和研究。1949年,周著《世界通史》出版发行。该通史在中国历史分期问题上又有显著变化。周著《中国通史》明确否认"中国奴隶社会说",而周著《世界通史》明确肯定"中国奴隶社会说",把殷初到秦汉划为奴隶社会时期。该通史将西周封建制度称为"古封建",将西周后的封建制度称为"中世封建",并明确区分两者,认为"古封建"与奴隶社会相关联,"中世封建"与封建社会相关联[③]。周著《世界通史》还将秦汉时期的中国统称为秦汉帝国,认为秦汉帝国与罗马帝国相

---

① 周谷城:《中国通史》,上海开明书店1948年版,第555页。
② 周谷城:《中国通史》,上海开明书店1948年版,第112—113页。
③ 周谷城:《世界通史》(上),河北教育出版社2000年版,第150页。

当,同属奴隶制国家。① 从否定"中国奴隶社会说"到肯定"中国奴隶社会说",其变化不可谓不大。然而何以如此变化?是周谷城发现了新论据吗?显然不是。因为周著《世界通史》有关"中国奴隶社会说"的论据,几乎就是周著《中国通史》用以批驳"中国奴隶社会说"的论据。最大的可能性是,周谷城在此期间接受了"五种社会形态说"。1938 年,斯大林将马克思的历史分期观诠释为"五种社会形态说",并成为苏联史学的官方标准。在"以俄为师"的特殊年代,"五种社会形态说"不胫而走,很快就为中国马克思主义者所接受。② 1941 年底,周谷城从上海转移到重庆。从 1942 年开始,周谷城与同在重庆的郭沫若、翦伯赞、吕振羽和陈望道等马克思主义学者有了密切接触和交流,很可能因郭、翦、吕、陈等人的影响而接受了"五种社会形态说"。

1949 年后,随着苏联史学的影响,周谷城更为明确地接受了"五种社会形态说"。周谷城在 1950 年发表的《中国奴隶社会论》一文中指出:"中国社会的任何段落所历时间都很长,任何段落的个性都不十分明显,由前一段到后一段的转变也都不甚显著。凡此等等特点,或可勉强称之为亚细亚式的。至于各段落的名称仍只能是氏族社会、奴隶社会、封建社会等等。"③ 他认为,殷商到西汉末为奴隶社会阶段:殷周为贵族奴隶主时代,战国秦汉为工商奴隶主时代。这一历史分期主张与当时影响很大的"西周封建说"和"战国封建说"大为不同。在强调"古封建"与"中世封建"不同的基础上,周谷城为其历史分期观阐述了三点理由:一是秦汉奴隶主势力依然强大,不能说秦朝灭亡后中国的奴隶社会就终结了;二是由王莽改革可知,当时依然盛行使用奴隶;三是从世界全局看,把秦汉划入奴隶社会阶段更为合适。在上述理由中,周谷城尤为看重第三点理由:"我把秦汉当作奴隶社会的高潮,是工商业奴隶主的时代,把我所理解的世界

---

① 周谷城:《世界通史》(下),河北教育出版社 2000 年版,第 521 页。
② [美]阿里夫·德里克:《革命与历史:中国马克思主义历史学的起源,1919—1937》,翁贺凯译,江苏人民出版社 2005 年版,第 177 页。
③ 周谷城:《中国奴隶社会论》,《文汇报》1950 年 7 月 27 日。

古代史一对比,我的讲法似较近真。我认为全局决定部分,我国的古代不会与世界的古代相差很远。"①

以此为标志,周谷城的"东汉封建说"基本形成。有论者指出:"东汉封建说"着眼于世界大势,最主要的依据就是全局决定部分的道理。② 为了找论据,周谷城还做了一些古史考证工作。③ 1955年和1957年,周谷城前后两次修订周著《中国通史》。最引人注目的是,修订版《中国通史》全面采用"五种社会形态说",有"原始社会""奴隶社会""封建社会""资本主义社会""社会主义社会"历史阶段称谓。修订版《中国通史》沿用至今,未再变动,学界通常所谓的周著《中国通史》大都指修订本。

1978年后,史学界有关该问题的学术讨论重趋活跃。一些学者对"中国奴隶社会说"提出了质疑,一些学者对"中国封建社会长期说"表示不满,另有学者干脆否认"五种社会形态说"对中国社会和历史的适用性。④ 面对越来越多的质疑和诘难,历史分期的各个流派纷纷调整或充实自己的观点。周谷城也不例外,他先后发表了四篇学术论文⑤,除将"东汉封建说"微调为"东汉后期封建说"之外,仍反复申明其历史分期观。

综上所述,周谷城的历史分期观可谓几经演变,远非"东汉封建说"所能涵盖和明了。就其演变的结果看,周谷城最终认同了"五种社会形态说"。然而"五种社会形态说"与中国历史并不切合,其最大问题就是以欧洲史框架中国史。学界对其适用性问题也早有质疑和争论。早在"中国社会史论战"期间,该问题就是各界争论不休的

---

① 吕涛、周骏羽编:《周谷城传略》,山西人民出版社1988年版,第41页。
② 张广志:《中国古史分期问题的回顾与反思》,陕西师范大学出版社2003年版,第170页。
③ 主要有:《奴隶社会意识形态的研究》,《新建设》1951年第5期;《庶为奴役》,《文史哲》1955年第5期;《古史零证》,上海群联书店1956年版。
④ 张广志:《中国古史分期问题的回顾与反思》,陕西师范大学出版社2003年版,第229—240页。
⑤ 此四篇文章分别为:《论古封建》(《中国社会科学》1980年第5期);《封建长期似乎不长》(《社会科学战线》1981年第1期);《再谈中国古代历史分期的看法》(《文汇报》1990年10月3日);《论封建长期说》(《江海学刊》1993年第4期)。

焦点问题，1949年后更一度成为史学界激烈争论的"五朵金花"之一。迄今为止，学界对此问题仍不乏大相径庭之论。历史分期问题似乎成了一大学术"黑洞"，不知耗费了多少学者的心血和智慧。问题的根源则是人们长期以来把"五种社会形态说"视为中国历史分期的金科玉律和理所应当。然而如此一来，史学研究也就难免陷入公式主义泥沼而难以自拔。戴鞍钢指出："强调人类社会必然经过原始社会、奴隶社会、封建社会、资本主义社会、共产主义社会这五个历史发展阶段的框架内进行，很少有人认真思考，更无人公开质疑'五种社会形态说'是否真的与中国社会历史发展进程相吻合，这种主题先行式的讨论，令当年一些积极参与者后来深为抱憾。"① 问题越来越清楚，"五种社会形态说"并不符合马克思主义经典作家的本意。余英时指出："马克思的五阶段论是他观察西欧历史所获得的一种综合看法，他自己并不承认这是'放之四海而皆准'的普通规律。当他的追随者要把他的理论应用于俄国的时候，他立刻表示了强烈的反对。他明白地指出，西欧的特殊历史经验不能转化为一般性的历史哲学学说，以为一切民族都必然经过同样的历程。"②

第二节　批判"欧洲中心论"

批判"欧洲中心论"是周谷城史学思想的重要内容和特色所在。周著《世界通史》明确反对"欧洲中心论"。关于这一点，我们在第四章已有所阐释和讨论。20世纪50年代末60年代初，周谷城开始猛烈批判"欧洲中心论"，提出了不少真知灼见。

"欧洲中心论"是一种较为宽泛的说法，既可以说是"西欧中心论"，也可以说是"西方中心论"。地理大发现后，西欧国家强势崛起并全球扩张，狂妄自大的"欧洲中心论"也就应运而生，世界史

---

①　戴鞍钢：《坎坷前行——20世纪后半叶中国历史学的演进》，《复旦学报》2004年第2期。
②　[美]余英时：《十字路口的中国史学》，何俊编、李彤译，上海古籍出版社2004年版，第82页。

领域成为"欧洲中心论"的重灾区。有学者指出:"西欧的急速发展冲昏了西方人的头脑,他们大肆宣扬西欧诸民族地域人种的优越,把西欧一隅的发展视为整个世界历史的发展过程。这些观念表现在世界史理论和编纂上,就形成了一种典型的西欧中心论。"①

黑格尔是早期"欧洲中心论"的典型代表。他认为,世界史从古代东方开始,中间经过希腊、罗马,最后到达日耳曼世界。也就是说,非日耳曼国家和地区几乎与世界史无涉。

孔德更为露骨地宣扬"欧洲中心论"。他认为,西欧以外的各国历史对世界史几乎没有发生过任何重要影响,因而都可以忽略不计。在他看来,世界史研究应该集中在人类的精华或者先锋队上(也就是欧洲白人),而为了研究得更精确,甚至只应该以西欧为限。

兰克更加狂热地鼓吹"欧洲中心论"。他认为,拉丁民族和条顿民族自古希腊、罗马时代以来就一直是世界历史舞台的主角,其他国家和民族都无足轻重。兰克晚年编纂出一部"欧洲中心论"意味十足的《世界史》著作。他从北非、西亚史开始,略加叙述之后便转入古希腊、罗马史(一至四卷),第五卷叙述民族大迁徙,最后叙述西欧中世纪史。

兰克之后,"欧洲中心论"大有愈演愈烈之势。1932年,美国史学家海斯、穆恩和韦兰三人合著的《世界史》出版发行,在世界各国产生很大影响。该《世界史》大肆宣扬"欧洲中心论",竟然直言不讳地声称:"从伯利克里和恺撒的时代直到现在,历史的伟大戏剧中的主角,都是由欧洲的白种人担任的……要引导千百万的陌生人走上欧洲文明和进步的道路,是一个负担,而且是一个沉重的负担。"②

苏联史学的"欧洲中心论"问题同样不容忽视。中国革命长期"以俄为师",中华人民共和国成立初期更是全面学习苏联。③ 在此氛围中,周谷城也和其他绝大多数史学工作者一样,努力向苏联史学学

---

① 张广智、张广勇:《现代西方史学》,复旦大学出版社1996年版,第320页。
② [美]海斯、穆恩、韦兰:《世界史》,中央民族学院研究室译,生活·读书·新知三联书店1975年版,第1059—1060页。
③ 张广智:《苏联史学输入中国及其现代回响》,《社会科学》2003年第12期。

习。在此期间，他两次修订周著《中国通史》，努力向苏联史学"看齐"。此外，他还接连发表文章介绍苏联史学的先进经验，号召史学工作者向苏联史学学习："中国史学工作的推进，是与伟大的十月社会主义革命及苏联史学工作的先进经验分不开的。"①

苏联史学对新中国史学的影响可谓重大而深远。有学者指出："检查那时的出版物，不难看到连篇累牍的苏联历史著作的引证，对苏联史学中的所谓马克思主义观点的正确性真可谓是深信不疑了。"②然而不可否认的是，苏联以欧洲国家自居，苏联史学同样坚持"欧洲中心论"。巴勒克拉夫指出："苏联的世界历史概念甚至比西方非马克思主义历史学家更带有西方中心论的性质。"③姜义华等学者认为，中国马克思主义史学"在基本理论上，受到了俄国式的马克思主义，特别是斯大林所解释的马克思主义（以《联共（布）党史简明教程》为代表的深深打着沙皇专制主义与俄国民粹主义烙印的马克思主义）的影响"④。张家哲分析了苏联史学的"欧洲中心论"问题以及对新中国史学的负面影响："新中国成立后，苏联史学曾在相当长的一段时间内左右着我国的史学研究，绝大多数史学工作者都以苏联史学'马首是瞻'，跟着苏联史学界的观点转。然而由于苏联本身是欧洲国家，其文化和史学传统也都是以欧洲为主，因此苏联史学也没有跳出欧洲中心论的圈子。"⑤

总之，在"欧洲中心论"的语境中，欧洲（后来又扩大到美国和苏联）是天然的中心，其他国家和地区是配角，其作用和地位微不足道。"欧洲中心论"大肆兜售种族优越论，竭力鼓吹欧洲文化的优

---

① 周谷城：《吸取苏联先进经验，改革历史教学工作》，《光明日报》1953年1月6日。
② 黎澍：《马克思主义与中国历史学》，《历史研究》1983年第2期。
③ ［英］巴勒克拉夫：《当代史学主要趋势》，杨豫译，上海译文出版社1987年版，第248页。
④ 姜义华、瞿林东、赵吉惠：《史学导论》，复旦大学出版社2003年版，第312—313页。
⑤ 上海社会科学界联合会：《周谷城学术思想研究论文集》，上海社会科学院出版社1998年版，第113页。

越性，轻易抹杀世界其他文化的地位和作用。"欧洲中心论"的荒谬和危害虽不难想象，然而要彻底消除"欧洲中心论"却并不容易。

20世纪内两次世界大战的接连爆发震撼了全世界。作为对世界大战爆发缘由的深刻反思，斯宾格勒和汤因比的文化形态说也就应运而生，"欧洲中心论"开始受到质疑。斯宾格勒全面探讨世界各种文化的兴衰更替，对自高自大的"欧洲中心论"有所冲击和突破。汤因比认为，西方文明之外还存在着各种文明，这些文明对于人类社会发展也有贡献。汤因比的观点进一步冲击了"欧洲中心论"。1928年，中国史学家雷海宗严厉批评威尔斯著《世界史纲》的"欧洲中心论"问题："书虽名为世界史，实只头绪错乱参杂异质的西洋史。"① 毋庸置疑，这些学术动向对于周谷城挺身而出批判"欧洲中心论"具有重要的启发和借鉴意义。

"历史完形论"注重通史的客观性和完整性。然而当时流行的世界史著作无不是"欧洲中心论"之作，突出表现为以欧洲史为世界史中心，甚至以欧洲史代替世界史。这就谈不上什么通史的客观性和完整性。周谷城长期从事世界史的教学和研究工作，深感问题之严重："我写世界通史之前，曾翻阅了许多著作，发现其中有一共通之点，都是从埃及开始，接着便是希腊、罗马，所谓古典世界；古典世界之后，则是基督教。这种做法，便是欧洲中心论。"②

1956年初，赫鲁晓夫的"秘密报告"无意中捅破了"苏联神话"，反思苏联模式的弊端已不可避免。周谷城就形式逻辑和辩证法问题率先发文，反对学界将形式逻辑和辩证法问题混为一谈，实质就是反对学界盲目跟风苏联，结果引发一场全国性的学术大论战。

周谷城认为，世界史理应具有世界性，然而实际情形并非如此。"所有的世界史教科书，截至今日为止，无论是进步的或不进步的，几乎都以欧洲为中心，俨然欧洲史一样。"他指出，世界史是个统一整体，世界史的世界性就表现为统一整体性。"历史自身是复杂众多

---

① 雷海宗：《评汉译威尔斯著〈世界史纲〉》，《时事新报》1928年3月4日。
② 周谷城：《着重统一体，反对欧洲中心论》，《文汇报》1982年5月10日。

的统一整体,它的各部分互相联系着,互相依靠着,互相制约着:既不是空洞的'一',也不是散漫的'多'。"① 基于上述分析,他强调,世界史研究应有全局观念或统一整体性②。

由此出发,周谷城透辟地揭示出既有世界史著作中普遍存在的"欧洲中心论"问题。一是借亚非古国为开端和铺垫。二是以欧洲史为世界史的中心。三是地理大发现后,仍以欧洲史为中心。四是把欧洲的侵略和扩张美其名曰为"白种人的负担"。周谷城对这些谬论逐一驳斥。一是希腊、罗马并非高踞其他古国之上。二是中世纪的欧洲并非世界中心。三是中国人的海外活动先于欧洲人。四是反对殖民主义和帝国主义的需要。"我们讲世界史,不能只讲侵略,不讲反侵略,只讲欧洲资产阶级的向外扩张,不讲反扩张;更不能只让他们负担'欧化的包袱',而不替他们解除包袱。"③

第二次世界大战后,直白露骨的"欧洲中心论"已明显收敛,但各种隐蔽潜藏的"欧洲中心论"仍大行其道。1958年,英国史学家编写的《世界史简易丛编》(*The Concise Encyclopaedia of World History*)出版发行。周谷城指出,该世界史著作虽有一定的世界眼光,但并未真正跳出"欧洲中心论"。其一,该书作者仍坚持种族优越论,"他们始终认为欧洲人高于世界其他各地的民族,他们认为欧洲人的天才在征服环境方面,获得了最大的成功;它创造了世界文化的技术基础"。④ 其二,为了掩盖自己的"欧洲中心论"问题,作者故意东拉西扯,混淆视听。其三,该书敌视中国并故意混淆是非。

周谷城虽极力反对"欧洲中心论",但并不否认欧洲在世界史中的应有地位。新航路开辟之后的几个世纪,欧洲的确是世界史的重点所在。周著《世界通史》第三编也相应地以其为重点,但有人以此指责周谷城为"欧洲中心论"者。周谷城为此反复申明:"反对欧洲

---

① 周谷城:《史学上的全局观念》,《学术月刊》1959年第12期。
② 周谷城:《世界是多元的整体》,《文汇报》1988年3月6日。
③ 周谷城:《评没有世界性的世界史》,《文汇报》1961年2月7日。
④ 周谷城:《迷惑人们的欧洲中心论——评〈世界史简易丛编〉》,《文汇报》1961年9月10日。

中心论,并不抹杀世界史上某一个时期欧洲是重点。若没有重点,不仅没有世界史,也将没有历史本身。"① 他强调:"十六、十七、十八世纪,欧洲在世界历史的发展上,确实成了重点,这是事实,不能否认,如实叙述是应该的。"②

两次世界大战的接连爆发,社会主义阵营的出现以及战后亚非拉地区反殖民、反霸权力量的壮大,都有力地冲击了根深蒂固的"欧洲中心论"。周谷城满怀信心地指出,编纂新观点、新体系的世界史,以实际行动埋葬"欧洲中心论"的时机已经到来。"客观的历史正在改变之中;主观的历史亦必力求改变,以加速客观历史的大改变。否定以欧洲为中心的世界史,建立具有新观点新体系的世界史的时候已经到了。"③

反对"欧洲中心论"之关键在于具有世界全局观或统一整体观,这就需要熟悉中外历史并加以深入的比较研究。周谷城学贯中西,深谙其中道理。他指出:"比较研究,即经常拿彼此不同的东西对照着看的意思。这样做,可以使我们易于看出一些不应有的偏见。"④ 从了解现实世界和反对"欧洲中心论"的迫切需要出发,周谷城一再呼吁加强世界史的研究和教育工作。

周谷城反对"欧洲中心论"的一大出发点,在于打破西方的话语霸权,特别是打破国人对西方的盲目崇拜,而绝不是主张闭目塞听或新的闭关自守。因此,在大力批判"欧洲中心论"的同时,周谷城也不忘强调对西方学术了解的必要性。甚至对于《世界史简易丛编》之类的"欧洲中心论"之作,周谷城也主张认真阅读。他说:"应该细心的读:一则从它可以获得'知识',知道历史事实是歪曲不了的;二则从它可以知道资产阶级学者在做什么,怎样欺骗世人;三则可以提高我们的警惕,进而加紧我们的工作。"⑤

---

① 周谷城:《我是怎样研究世界史的》,《浙江日报》1981 年 9 月 14 日。
② 周谷城:《着重统一体,反对欧洲中心论》,《文汇报》1982 年 5 月 10 日。
③ 周谷城:《论西亚古史的重要性》,《文汇报》1960 年 11 月 20 日。
④ 周谷城:《中外历史比较研究》,《光明日报》1981 年 3 月 24 日。
⑤ 周谷城:《周谷城史学论文选集》,人民出版社 1983 年版,第 179 页。

改革开放以后,面对国内学界"欧洲中心论"问题的再度升温,周谷城也重申其反对"欧洲中心论"的坚定立场。"欧洲中心论到底要不要反对呢?答曰:完全要反对。就是西方资产阶级史学家也已有人悟到反对的必要。"①"欧洲中心论"不仅背离客观事实而且富于侵略性和扩张性,这就不能不坚决反对。"欧洲资产阶级的史学家讲世界史,以欧洲为中心,如不坚持侵略,不以欧洲为侵略中心,原没有什么不可。但我们自己讲世界史,如果也以欧洲为中心,则大不可。就爱国的思想说,不应该;就地理的方位说,有错误。"②

耐人寻味的是,中国学界对周谷城批判"欧洲中心论"的高声疾呼却应者寥寥。"我的这个观点,在国内学术界同意我的没有几个。"③有的外国学者更是横加指责:"一则曰中国不配批评欧洲中心论,只有他们才配;再则曰周某的文章是奉命写的。"④周谷城据理反驳,甚至不惜当面与苏联人齐赫文斯基辩论。不过,也有外国学者明确支持周谷城的史学理念,周谷城为此颇感快慰:"'西方是主人,非西方是附庸'的讲法,是令人气愤的。现在就连美国人都感到这种讲法是错的。"⑤

第一次世界大战打破了西方人自我陶醉的迷梦,"欧洲中心论"开始受到质疑。1918年,德国人斯宾格勒著《西方的没落》一书道出西方人普遍存在的失落感。此书出版后在西方社会引起强烈反响。第二次世界大战进一步动摇了西方人的优越感。20世纪50年代开始,"全球史观"在西方兴起。"全球史观"不仅声称要反对"欧洲中心论",而且也反对其他任何形式的中心论:"不仅放眼世界,展示全球,而且不带成见和偏私,公正地评价各个时代和世界各地区一

---

① 周谷城:《我是怎样研究世界史的》,《浙江日报》1981年9月14日。
② 周谷城:《迷惑人们的欧洲中心论——评〈世界史简易丛编〉》,《文汇报》1961年9月10日。
③ 吕涛、周骏羽:《周谷城传略》,山西人民出版社1988年版,第41页。
④ 周谷城:《周谷城文选》,辽宁教育出版社1990年版,第9页。
⑤ 吕涛、周骏羽:《周谷城传略》,山西人民出版社1988年版,第43页。

切民族的建树。"①

周谷城倡导的史学全局观或统一整体观,与第二次世界大战后逐渐兴起的"全球史观"颇为一致。也正因如此,《全球通史》的作者斯塔夫利阿诺斯教授引周谷城为同调,曾经致信周谷城,向其虚心讨教。就国内情况看,周谷城对"欧洲中心论"的批判,有理论,有实践,堪称领风气者先。然而由于时代的局限,特别是受"斗争哲学"的困扰和束缚,周谷城对"欧洲中心论"的批判又有明显的局限性。例如,他始终没有明确提出苏联史学的"欧洲中心论"问题,始终没有明确提出中国自身存在的"欧洲中心论"问题等。然而最为重要的是,尽管他本人主观上极力反对"欧洲中心论",客观上却难以撇清和挣脱"欧洲中心论"的话语体系和理论体系。也正因如此,"斗争哲学"才会不分青红皂白地指责周谷城为彻头彻尾的"欧洲中心论"者。周谷城的遭遇和困境,也正是中国史学界长期以来的遭遇和困境:要反对"欧洲中心论",却没有自己的理论体系和话语体系。正如马克垚先生指出:"非西方国家和地区的史学,是学习西方史学后建立的,缺乏从自己的历史出发建立的理论。"② 于沛先生认为,中国史学亟待构建我们自己的史学理论体系和话语体系。③ 姜义华先生呼吁:"大力推进我国史学理论体系与话语体系创新。"④

令人感慨的是,西方史学界竟然在反思"欧洲中心论"问题中又走在了世界前列。巴勒克拉夫的《当代史学主要趋势》、斯塔夫里阿诺斯的《全球通史》、沃勒斯坦的《现代世界体系》、弗兰克的《白银资本——重视经济全球化中的东方》、彭慕兰的《大分流》和柯文的《在中国发现历史——中国中心观在美国的兴起》等作品在超越

---

① [英]巴勒克拉夫:《泰晤士世界历史地图集》,三联书店译,生活·读书·新知三联书店1985年版,第13页。
② 马克垚:《困境与反思:"欧洲中心论"的破除与世界史的成立》,《历史研究》2006年第3期。
③ 于沛:《世界史研究》,福建人民出版社2006年版,第198页。
④ 姜义华:《创新我国史学理论体系与话语体系》,《人民日报》2016年8月22日。

"欧洲中心论"方面都有显著成就。一些西方学者甚至深入清理某些隐蔽潜藏的"欧洲中心论"问题。例如,英国学者赛义德对东方主义的分析和批评就很有深度。他认为,东方主义是西方在"欧洲中心论"语境下对东方的一种想象和建构,其中不乏歪曲、丑化和妖魔化的成分。① 美国学者德里克认为,西方固然是塑造东方主义的主导性力量,但东方的认同和参与同样起了不可低估的作用。② 德里克的分析让我们恍然大悟,周谷城何以高调批评"欧洲中心论"而应者寥寥,这也更让我们明白了中国史学界去"欧洲中心论"之特别重要和特殊困难。

在"欧洲中心论"阴霾笼罩的岁月,周谷城挺身而出高调批判"欧洲中心论",从而为中国史学的健康发展指明了方向。在"欧洲中心论"依然严重③和学界殷切期盼"中国学风"与"中国学派"到来的今天④,我们重温周谷城反对"欧洲中心论"这一重要史学思想,仍不无现实意义和理论意义。

第三节　历史教育思想

周谷城长期从事史学研究和教育工作,深知历史教育的重要性。中华人民共和国成立后,特别是改革开放后一段时期,社会上急功近利心态严重,重理轻文现象尤为突出,历史教育处于边缘化境地。面对不正常现象,周谷城一再呼吁加强历史教育,并提出了不少真知灼见。

---

① [英]萨达尔:《东方主义·导言》,马雪峰等译,吉林人民出版社2005年版。
② [美]赛义德:《后殖民主义文化理论》,陈永国等译,中国社会科学出版社1999年版,第79—88页。
③ 张旭东先生指出:"现在,中国任何一个现象都只能在别人的概念框架中获得解释,好像离开了别人的命名系统,我们就无法解释自己在干什么。我们生活的意义来自别人的定义。"参阅张洁宇《全球化时代的中国文化反思:我们现在怎样做中国人——张旭东教授访谈录》,《中华读书报》2002年7月17日。
④ 任东波:《"欧洲中心论"与世界史研究——兼论世界史研究的"中国学派"问题》,《史学理论研究》2006年第1期。

一 历史教育很重要

历史教育具有资政、育人等重要职能,其作用无可替代。马克思主义经典作家曾意味深长地指出:"我们仅仅知道一门唯一的科学,即历史科学。"① 毛泽东也精辟地指出:"今天的中国是历史的中国的一个发展;我们是马克思主义的历史主义者,我们不应当割断历史。从孔夫子到孙中山,我们应当给以总结,承继这一份珍贵的遗产。"②

历史教育说起来很重要,但落实起来却很难。早在抗战时期,周谷城就发现历史教育备受冷落:"对教师多未能予以专任之职,报酬亦太薄;教师所需参考书籍,未能如量供给,史学教育之设备,均付阙如。"③ 中华人民共和国成立后,周谷城对历史教育更为重视,将其功能概括为四点:一是"提高对祖国的认识";二是"培养爱国的热情";三是"巩固建设祖国的信心";四是"养成建设祖国的品质"。④ 改革开放后,周谷城一再强调,历史教育不仅是汲取历史智慧的需要,更是培养爱国情操和为社会主义建设服务的需要。⑤

二 以马克思主义为指导

尽管周谷城史学思想以"生活系统论"为思想基础,但"生活系统论"倾向于马克思主义。1949年后,史学研究和历史教育的相应变革势在必行,而其关键就是确立马克思主义的指导地位。周谷城起而呼吁:"今后我们在研究方面,必须以马列主义观点来选择研究叙述的重点,决定应该运用的材料。在教学方面,必须以马列主义为指导原则,对旧教材、旧观点进行批评,开展有计划的研究和集体的研究。"⑥

---

① 《马克思恩格斯选集》第1卷,人民出版社1995年版,第66页。
② 《毛泽东选集》第2卷,人民出版社1991年版,第534页。
③ 周谷城:《考察史学教育报告》,《高等教育季刊》1943年第4期。
④ 周谷城:《中国通史》"导论",新知识出版社1955年版。
⑤ 周谷城:《中国历史知识及其年代学的处理》,《文史知识》1981年第2期。
⑥ 周谷城:《以马列主义观点进行史学研究工作》,《解放日报》1952年11月29日。

然而在当时一些人对马列主义教育不感兴趣，甚至颇有厌烦、抵触情绪。对此现象和问题，周谷城不主张无原则地迁就。他掷地有声地说："欧美资本主义国家在拥护私有制的前提下学习资本主义，已几百年，还嫌不够；学校里还有拥护私有制的公民训练。我们在否定几千年私有制的前提下学习马克思主义，还不到八年，难道就够了吗？"①

三 为社会主义服务

周谷城对社会主义的历史必然性深信不疑。早在20世纪30年代初，周谷城就颇有预见性地指出："中国国家之建设，必然的由封建旧社会、越过资本主义的社会，径向社会主义的社会进行。"②他强调，随着社会主义制度在中华人民共和国得到确立，为社会主义服务的学术路线也要随之确立。③任何学术研究都要为社会主义建设服务，史学研究自然也不能例外。④他认为，历史教育的首要任务是帮助人们明了历史演变的必然趋势，其次要提高人们的思想品质，最后是要尽快适应社会主义建设的需要。面对史学领域颇为突出的厚古薄今问题，周谷城呼吁史学工作者要更多地致力于近现代史研究，以便更好地为社会主义建设服务。⑤同时他也强调，古为今用也是史学工作者为社会主义建设服务的重要内容。⑥改革开放后，周谷城仍一再强调："在这继往开来的大转变时，中国的史学工作者也决不能停滞不前，也要把工作转移到社会主义建设上来，为中国自己的四个现代化服务。"⑦

四 注重爱国主义教育

爱国主义教育是历史教育的重要内容。卢梭指出："要让青少年

---

① 周谷城：《发展学术的大好时代》，《人民日报》1957年7月10日。
② 周谷城：《中国教育之历史的使命》，《教育杂志》1929年第2期。
③ 周谷城：《历史发展与学术变迁》，《复旦学报》1958年第1期。
④ 周谷城：《历史与现实》，《光明日报》1958年4月23日。
⑤ 周谷城：《史学如何为现实服务》，《文汇报》1958年4月14日。
⑥ 周谷城：《坚持古为今用》，《学术月刊》1961年第2期。
⑦ 周谷城：《继往开来的史学工作》，《中国史研究》1979年第3期。

读自己国家的历史,使祖国的辉煌业绩和著名人物的形象,保留在他们的心灵中,使之成为一个民主主义者和爱国主义者。"① 中华人民共和国一成立,周谷城就起而呼吁:"今日我们必须培植对祖国的信心,我们必须认识到祖国的伟大,无论从哪一方面讲,都是很明显的。"② 周谷城注重运用历史教育来开展爱国主义教育,认为历史教育是对青少年进行爱国主义教育的好形式,为此他一再呼吁史学工作者和史学教育者应肩负起对青少年进行爱国主义教育的重任。他特别强调,世界史领域也要发挥好爱国主义教育作用,"凡从事世界史的教学或科研工作者,能使听世界史课的人、或读世界史的人不崇洋媚外,就是发挥了爱国主义教育的作用"③。世界史领域要发挥好爱国主义教育作用,就特别需要反对"欧洲中心论"。关于这一点,我们在前文已有充分讨论。

五 强化世界史教育

世界史教育是历史教育不可或缺的重要组成部分。周谷城兼治中外历史,深知其中的奥妙。他谆谆告诫青年们要"略识世界学术大势",同时又告诫史学界同仁要"赶快摸国际水平的底,以便及早达到或超过国际水平"。④ 周谷城认为,不了解世界史,就很难看清中国史,因为这是"全局可以订正部分的道理"。他强调,中国近现代史研究尤其需要世界眼光,"放眼世界,放眼未来,把照镜子的历史观扩大一点,把中国近现代史的研究,放在世界现代化中去研究"⑤。周谷城反复指出,世界史研究的冷落状况亟待改变⑥,也一再呼吁要加强世界史教育⑦。他满怀信心地指出:"世界史的教育,今后必与

---

① 张健新:《毛泽东的历史教育思想和实践》,《湘潭师范学院学报》2000 年第 9 期。
② 周谷城:《中国文化的历史地位》,《解放日报》1951 年 1 月 1 日。
③ 周谷城:《历史与爱国主义教育》,《红旗》1983 年第 22 期。
④ 周谷城:《对〈学术月刊〉如何贯彻"百花齐放、百家争鸣"方针的意见》,《学术月刊》1957 年第 6 期。
⑤ 周谷城:《把中国近代史放在世界现代化中去研究》,《求索》1989 年第 2 期。
⑥ 周谷城:《以研究世界史来庆祝党成立六十周年》,《社会科学》1981 年第 4 期。
⑦ 周谷城:《发扬祖国史家研究外国的精神》,《新建设》1962 年第 8 期。

中国史的教育同样被重视,同样受到推进而发展起来。"① 而要强化世界史教育,就要相应地加强世界史的研究和教学工作,增设世界史系和世界史研究所也就必不可少②,同时还要努力填补世界史研究的学术空白③。

六 加强教材建设

教材编写是落实历史教育事业不可或缺的重要一环。周谷城精辟地指出:"青年们读了一部好的历史书,认识了祖国,就会体会到自己的生活与祖国的存在完全分不开。"④ 早在抗战时期,周谷城即发现历史教材方面问题多多。1949 年后,历史教材的问题依然突出,不仅中国史教材如此,世界史教材同样如此。周谷城认为,历史教材要有可读性,要真正起到历史教育作用,就必须解决好教材的编纂体系问题。他强调,统一整体性是历史的基本属性,成功的历史教材必须体现出历史的这一基本属性。这显然是"历史完形论"的基本宗旨和要义,即通史编纂要注意体现和维护历史的完整性(统一整体性)。周著《中国通史》和《世界通史》的成功也确与此有关。

七 办好历史系

周谷城曾几次担任大学系主任一职,对办好历史系很有心得体会,提出了不少真知灼见。一是历史系应依据轻重缓急而开设基础课、必修课和选修课。二是中国通史和世界通史应分别作为历史系最为重要的两门基础课。三是历史系要加强史学情报工作,以便及时把握国际学术动态。四是要加强学生的语言文字能力。五是教学、科研工作要相互促进。教学与科研相辅相成,两者不可偏废。六是强化师资力量建设。他强调,历史系要大力培养学识渊博而且有气魄的接班

---

① 周谷城:《周谷城史学论文选》,人民出版社 1983 年版,第 200 页。
② 周谷城:《办好历史系的几点意见》,《高教战线》1982 年第 4 期。
③ 周谷城:《世界古典文明研究在我国的空白必须填补》,《世界历史》1985 年第 11 期。
④ 周谷城:《历史与爱国主义教育》,《红旗》1983 年第 22 期。

人,"这样的接班人必须是创造新的历史科学,阐明中外历史发展的必然趋势的人"。① 七是强化世界史研究和教学工作,增开世界史系和世界史研究所。八是采用学分制,实行科学管理。

周谷城的历史教育思想紧密联系实际,问题意识突出,时代特色鲜明。1949年前,周谷城注重史学求真,目的是明了历史发展的必然趋势和规律。② 1949年后,他转而强调致用,注重历史教育问题。这种转变显示出周谷城对时代变迁的准确理解和对求真、致用关系的妥善把握。站在今天的高度看,周谷城的历史教育思想仍具有强烈的现实意义和理论意义。

第四节 "世界文化综合说"

"世界文化综合说"是周谷城中西文化观的集中体现,是其史学思想的重要组成部分,也是其毕生治学的心血结晶和总结论。③ 周谷城对中西文化问题早有关注。改革开放后,随着中西文化问题的骤然升温,他极力推动文化及文化史研究。1984年,周谷城主持创办《中国文化研究集刊》。1985年,周谷城主持召开国际文化学术讨论会,并主编《中国文化史丛书》和《世界文化史丛书》。1989年,周谷城发起主编《民国丛书》,因工程浩大,被誉为当代"四库全书"。同年,中国现代文化学会在北京成立,周谷城担任名誉会长。1990年,周谷城发起中华炎黄文化研究会的筹备工作,并担任第一任会长。

周谷城在其漫长的学术生涯中对中西文化问题有深入思考,提出了不少真知灼见。其一,反对铁板一块的文化观,认为文化是个复杂的统一体,具有可损益性,可相互交流。其二,认为世界文化的发展不会是纯粹的东方模式或西方模式,而是走向综合。其三,认为中国

---

① 周谷城:《继往开来的史学工作》,《中国史研究》1979年第3期。
② 周谷城:《中国史学之进化》,《复旦学报》(人文版)1944年第1期。
③ 张惠芝:《二十世纪中国史学名著叙录》,河北教育出版社2002年版,第274页。

文化的出路在于现代化，而现代化的关键在于产业革命。其四，尊重中国文化的应有地位，反对"欧洲中心论"。简言之，周谷城的中西文化观就是"世界文化综合说"。

迄今为止，学界对周谷城"世界文化综合说"的关注还相当有限。① 例如，对其来龙去脉和形成过程语焉不详，对周谷城反复强调的产业革命关注不多。有的文章竟认为周谷城主张"中体西用"论，等等。既有成果表明，周谷城的"世界文化综合说"有待深入探讨。

一 文化及其属性

对文化属性的认识关乎对文化问题的基本判断。近代以来，学界对中西文化问题聚讼纷纭，其中不乏大相径庭之论，而其根源多与此有关。文化的定义最为复杂难下，美国学者对文化的定义有160多种。② 中国学者虽有一些共识性的看法，但具体而言也是众说纷纭。③ 文化定义的众说纷纭归根结底是文化本身的复杂性所致。周谷城虽很早关注文化问题，但他不主张轻率地下定义。在他看来，文化只能是个复杂的、概括的统一体，而绝不是什么"铁板一块"的东西。④

然而各种"铁板一块"的文化说始终存在，而且影响很大。新文化运动时期，梁漱溟把世界文化划分为三大类型：斗争进取的西方文化，向后倒退的印度文化，调和持中的中国文化。周谷城认为，这就是"铁板一块"的看法。他反驳说：西方人在中世纪时以神为本；中国也不乏奋斗进取之人；说印度文化向后倒退也不尽然，因为西方和中国也有自杀之人。⑤ 周谷城还提到当时从联合国传出来的一种说法：希腊、罗马是物质文化，西南亚是神本文化，东亚是人本文化。周谷城批驳说，这同样是"铁板一块"的文化观。因为西方人大都

---

① 莫志斌：《周谷城先生的中西文化观》，《东方》2000年第5期；上海社会科学学会联合会编：《周谷城学术思想研究论文集》，上海社会科学院出版社1998年版。
② 郭莲：《文化的定义与综述》，《中共中央党校学报》2002年第1期。
③ 王韦孚：《关于对文化定义的综述》，《江淮论坛》2006年第2期。
④ 周谷城：《文化不是铁板一块》，《中国文化报》1986年7月9日。
⑤ 周谷城：《中西文化的交流》，《复旦学报》1986年第2期。

信仰基督教，而中国古代的四大发明都是物质的，因此不见得只有西方文化是物质文化。这些批驳无疑是很有依据和说服力的。

各种"铁板一块"的文化说，其共性的问题就是过于含糊、笼统和抽象，所得结论也就难免似是而非。反对"铁板一块"的文化说，是周谷城"世界文化综合说"的基本前提和重要内容。因为只有打破"铁板一块"的文化说，才谈得上文化的可损益性。他指出："文化的发展，用损、益这两个字最为妥帖。文化的交流与发展决不是谁吃掉谁，而是损益者有之……东西方文化的关系，也只是损益。"① 也正因为文化具有可损益性，不同文化之间才有相互交流的可能性。为此他强调："今日要讲文化交流，必须打破铁板一块的观念。"②

二 世界文化会走向综合

不同文化相遇，其结果会怎样？一些学者特别是西方学者持"文化冲突论"。周谷城却乐观地认为："西方文化到中国来，中国文化到西方去……只会使双方的文化更为丰富多彩、更为进步，不会有消极的结果，不会破坏或有损于各自的固有文化。"③ 他认为，文化交流有助于缓和民族间的紧张关系，"到了一定的时候，双方的发展就能达到一种接近状态，民族紧张的问题必然趋于缓和"。近代以来，中西文化论争激烈，有"全盘西化"论，有"东方文化优越"说，还有"中西文化折衷"论。周谷城却精辟地指出："今后世界文化的发展，不会是纯粹的东方模式或西方模式，而是会走向综合。"④ 周谷城并非专门的文化学学者，何以提出颇具真知灼见的"世界文化综合说"？张广智认为，史学就是文化中的文化，"历史学就是广义的文化史，世界历史则是整个人类文化的历史"。⑤ 周谷城的"世界文

---

① 周谷城：《论中西文化的交融》，《文史知识》1987 年第 1 期。
② 周谷城：《文化不是铁板一块》，《中国文化报》1986 年 7 月 9 日。
③ 周谷城：《中西文化的交流》，《复旦学报》1986 年第 2 期。
④ 张兰馨、袁云珠：《周谷城文化艺术文集》"序"，教育科学出版社 1991 年版。
⑤ 张广智：《史学，文化中的文化——文化视野中的西方史学》，浙江人民出版社 1990 年版，第 15 页。

化综合说"正是在其漫长的学术生涯中,特别是在浩繁的中西史学研究中逐步形成的。

早在新文化运动时期,周谷城就十分关注中西文化问题。他注意到,时人大都认为中国人的生活是与世无争的"自然生活"或"精神生活",而西洋人的生活是征服自然的"科学生活"或"物质生活"。崇尚西方文化者认定中国积贫积弱的根源在于"自然生活"或"精神生活",而西方富强的根源在于"科学生活"或"物质生活",据此提出要以西洋的"科学生活"取代东方的"自然生活",或曰以西洋的"物质生活"取代东方的"精神生活"。推崇东方文化者则从第一次世界大战中看到了西方文化的危机,认为西洋人早已为其"科学生活"或"物质生活"痛苦不堪,正渴望东方人的"自然生活"或"精神生活"相救济。此外,还有折衷于其间的"中西参将"说:一面认定中西文化根本不同;另一面又认为两者各有其妙,主张折衷调和。以上论调就是影响至今的"全盘西化论""东方文化优越论""中西文化折衷论"的思想源头。周谷城尖锐地批评这些文化观的含糊、笼统和抽象,批评其没有看到中西文化本质上的相通之处,因而批评这些文化主张都是似是而非之论。[1]

在暨南大学任教期间,周谷城主要从事中国通史的教学和研究工作。在对比隋唐文化和秦汉文化的基础上,他发现两者有明显差异:秦汉时期汉族虽与周边少数民族关系密切,但秦汉文化仍由汉族独创;而隋唐时期中国处于南北朝的长期对立之后,其典章、制度大都由汉族与周边少数民族分别创造,并随着隋唐统一国家的出现而汇合演进成一种更为高级和复杂的隋唐文化。周谷城据此提出"中外文化汇合演进"说[2],这是其后"世界文化综合说"的雏形和先声。

三 文化现代化的关键是产业革命

中国文化的出路固然在于现代化,然而现代化千头万绪,其关键

---

[1] 周谷城:《生活系统》,上海商务印书馆1924年版,第171页。
[2] 周谷城:《中国通史》,上海开明书店1939年版,第522页。

和要害究竟是什么？长期以来，学界对此聚讼纷纭，就事论事者有之，不着边际者有之，似是而非者更有之。周谷城认为，现代化的关键和要害就是产业革命，有了产业革命，人类社会生活的方方面面都会发生相应的改变。① 他精辟地指出："没有产业革命，就没有整个社会生产的发展，人民生活就不能提高；德先生和赛先生也活不长久，真正的现代化仍不可能到来。"② 环顾当今世界并回顾中国现代化的曲折历程，我们愈发感觉这一真知灼见之精妙。

周谷城何以有此高见？兹略加考察。早在大革命期间，周谷城即开始撰文探讨中国社会问题。大革命失败后，他先是避居上海，仍以中国社会及社会史为研究重点。其后，周谷城应邀任教于中山大学社会学系，更是潜心于中国社会及社会史研究，对中国文化有了深刻认识。他认为，近代中国发生剧变的根源就是"西洋机器文明"的扰动。③ 他深深地意识到，近代西方的富强和中国的落后同在于产业革命——前者有产业革命，而后者没有。西方的侵略开启了近代中国产业革命的历程，中国由此开始发生剧变："中国近几十年来社会上变化万端。但一切的变化，无不是直接间接以产业革命为中心或枢纽；无不是直接间接为产业革命或大或小的一部分。"④ 由此观之，有无产业革命不仅是中西文化之别的关键，也是中国古今之别的关键。

周谷城之所以看重产业革命，是因为他看到了产业革命在推动社会发展和历史前进中的基础地位与决定性作用。他精辟地指出："新文明是枝叶，物质的变动是根本。"⑤ 产业革命主要指机器生产代替手工劳动，但影响范围涵盖社会生活的方方面面："则凡物质生活之改进，整个经济组织之变革，社会生活之改进，政治组织之变革，乃至精神生活之改进，与夫学术思想文化美术等等之发展进步，概可纳

---

① 周谷城：《文化不是铁板一块》，《中国文化报》1986年7月9日。
② 周谷城：《把中国近代史放在世界现代化中去研究》，《求索》1989年第2期。
③ 周谷城：《中国社会之结构》，上海新生命书局1930年版，第283页。
④ 周谷城：《中国社会之变化》，上海新生命书局1931年版，第35页。
⑤ 周谷城：《中国社会之结构》，上海新生命书局1930年版，第289页。

入产业革命的意义之中。"① 周谷城在分析近代中国产业革命的特征时指出，中国的产业革命属外铄后发型，与西方的产业革命差距悬殊，加之帝国主义操纵中国的政治、经济命脉，中国自主进行的产业革命也就异常艰难和曲折。

抗战后期，面对中西文化的聚讼纷纭，他再次强调产业革命的重要性。他指出，人们通常所谓的中西文化不同或中西社会不同，说到底并不是两者根本性质的不同，而主要是发展程度的不同。这就需要我们区别对待，不可一概而论："凡性质不同，值得保存者，分别保存；程度不同，必须赶上者，迎头赶上。"在他看来，中西发展既是程度不同，而亟须迎头赶上的就是产业革命。"所谓中国之现代化，其意不过曰：将产业革命以前之中国，推之使进，转而为产业革命以后之中国而已。"② 他进而指出，以产业革命为核心，就是以产业革命为标准来权衡中西文化并加以取舍。这些精辟之论的确是抓住了中国文化现代化的关键。

四 文化领域尤需反对"欧洲中心论"

"欧洲中心论"不仅是史学领域的痼疾，也是整个文化领域的顽症。周谷城不仅反对史学领域的"欧洲中心论"，更大力反对文化领域的"欧洲中心论"。

近代中国积贫积弱，以致民族自卑心理严重。一些中国人对中国文化缺乏起码的理解和尊重，甚至以蔑视祖国和糟践祖国为能。这样的文化心态贻害无穷，可谓自毁长城。正所谓"人必自侮而后人侮之，家必自毁而后人毁之，国必自伐而后人伐之"。周谷城深谙其中道理，他挺身而出为中国文化辩护："中国文化在历史上的地位，全世界几乎没有一国能比得上。"③ 别人盛讲"西学东渐"之时，他却大谈"中学西渐"，借以揭示中国文化的世界影响和贡献，目的是增

---

① 周谷城：《论中国之现代化》，《新中华》（复刊）1943 年第 9 期。
② 周谷城：《论中国之现代化》，《新中华》（复刊）1943 年第 9 期。
③ 周谷城：《中国文化的历史地位》，《解放日报》1951 年 1 月 1 日。

强国人的民族自信心。周谷城语重心长地告诫国人:"外国人看重中国文化,日本人看重中国文化,中国人自己却不看重,那就是错误。"①

1949年后,顶礼膜拜西方的"欧洲中心论"虽有所收敛,但唯苏联马首是瞻的"欧洲中心论"却在恶性发展。20世纪五六十年代之交,"欧洲中心论"仍充斥神州大地。周谷城接连撰文,猛烈批判"欧洲中心论"②。1978年后,崇洋媚外思潮与"全盘西化"论沉渣泛起。周谷城再次挺身而出,旗帜鲜明地批判"欧洲中心论"。除了继续批判史学领域的"欧洲中心论"之外,他着重批判文化层面的"欧洲中心论":"文化上的好传统、好特色,是我们的财富,也是中国文化对世界文化的贡献,我们应该继承和发扬。而欧洲中心论却说什么都是他们的好,要我们丢掉中国文化的好东西,这就必须反对。"③周谷城还发人深省地指出:"'西方是主人,非西方是附庸'的讲法,是令人气愤的。现在就连美国人都感到这种讲法是错误的。"④

实现文化自信、构建文化强国,是我们实现中华民族伟大复兴的必然选项和迫切需要。当此之际,我们重温周谷城的"世界文化综合说"不无启发、借鉴意义。

小 结

周谷城学贯中西,兼具学者和实践家双重气质,早在民国时期已著述丰厚,对很多重要的史学问题和理论问题有自己的独到之见,可谓学术积淀深厚。正因如此,周谷城在与新社会的磨合中才会"激情

---

① 吕涛、周骏羽:《周谷城传略》,山西人民出版社1988年版,第47页。
② 周谷城:《论西亚古史的重要性》,《文汇报》1960年11月20日;周谷城:《评没有世界性的世界史》,《文汇报》1961年2月7日;周谷城:《迷惑人们的欧洲中心论——评〈世界史简易丛编〉》,《文汇报》1961年9月10日。
③ 周谷城:《中国文化史研究的意见和希望》,转引自复旦大学历史系中国思想文化史研究室《中国文化研究集刊》第1辑,复旦大学出版社1984年版,第26页。
④ 吕涛、周骏羽:《周谷城传略》,山西人民出版社1988年版,第43页。

四射",接连迸发出耀眼的思想火花。周谷城的历史分期观几经演变,最后定型为"东汉封建说",在诸多学派中独树一帜。批判"欧洲中心论",可谓领风气之先,对于中国史学乃至中国学术的健康发展都具有重要意义。作为史学研究者和教育工作者,周谷城在历史教育方面提出了诸多精辟之见。"史学是文化中的文化。""世界文化综合说"不是抽象的理论演绎,而是周谷城毕生治史的心血结晶和总结,是宝贵的思想遗产。

结　语

周谷城既求真又致用，具有学者与实践家双重身份。"始乃转俗成真，终乃回真向俗。"这是章太炎的心迹写照，也是周谷城的心路历程。前者是说因致用而求真；后者是说求真之后仍要致用。求真和致用两者间的升沉起伏推动着周谷城的学术演进和社会实践。这种双重性在其史学研究和史学思想中都有鲜明体现。作为史家的周谷城，他强调历史的客观性和完整性，以追寻历史真相。作为实践家的周谷城，他注重为现实服务而研究，积极致用并服务社会。

《生活系统》出版于1923年前后，"五四精神"遗风犹存。"生活系统论"带有鲜明的时代特征，即思想解放、独立思考、崇尚科学和理性等。"生活系统论"反复申明其唯一宗旨是"说明生活的真相"，反复强调"生活"的客观性和完整性，明确反对各种主观武断的人生观和不顾"生活真相"的"异说"。"生活系统论"既注重求真又讲求致用，两者内在统一于一体。强烈的致用精神是周谷城勇于社会实践的思想基础。"生活系统论"虽稳妥可靠，但毕竟是坐而论道，在革命战争年代难有大的影响和作用。也正因如此，大革命兴起后，周谷城在毛泽东的影响下投入了轰轰烈烈的两湖农民运动。

周谷城的社会史思想主要体现在《中国社会史论》中。作为大革命的参与者，周谷城虽然也在努力探讨大革命的失败原因，但不愿过多卷入这场空泛的理论之争，而是将探寻的目光投向中国社会和历史的深处。周著《中国社会史论》主要以革命者的视角来观察中国社会和历史，大量运用马克思主义理论，其中蕴含丰富的社会史思想，是周谷城史学思想体系中不可或缺的重要一环。周著《中国社会史论》并未脱离"生活系统论"的思想底蕴。

　　周谷城的中国通史思想是其史学思想的精华和重点所在,主要体现在周著《中国通史》之中。"历史完形论"是周著《中国通史》的指导理论,该理论系统总结我国通史编撰的是非得失,基本奠定新型通史的理论规范,具有很高的学术价值。周著《中国通史》高屋建瓴地观察和叙述中国史,总体取舍得当,结构严谨,脉络清晰,整体感强烈。尽管周著《中国通史》马克思主义色彩浓厚,但又不同于马克思主义史学著作,因为周著《中国通史》是在《生活系统》思想底蕴的基础上借鉴性和选择性地运用马克思主义理论的。周著《中国通史》的非凡遭遇和独特性盖与此有关。

　　周谷城的世界通史思想也是周谷城史学思想的精华和重点所在,主要体现在周著《世界通史》之中。周著《世界通史》在运用"历史完形论"方面更为娴熟,在编撰理念上有很大的创新和突破。主要表现在:注重世界史的有机整体性,突破堆积、拼凑国别史和专门史为世界史的编史观;注重世界史的客观性和整体性,打破根深蒂固的"欧洲中心论";尊重历史实际,力避公式主义和机械主义。与此同时,周著《世界通史》受苏联史学影响明显,集中表现为全面接受"五种社会形态说"。

　　周谷城的历史分期观在其史学思想体系中占有重要地位。周谷城的历史分期观几经演变,远非通常所谓的"东汉封建说"所能涵盖。从一开始有限地选择性运用马克思的历史分期观,到最后全面认同苏联史学的"五种社会形态说",周谷城走过了曲折的心路历程。

　　反对"欧洲中心论"是周谷城史学思想的重要内容和特色。"历史完形论"注重历史的客观性和完整性,而"欧洲中心论"下的世界史著作既不客观也不完整。这是周谷城坚决反对"欧洲中心论"的内在依据。文化、教育和社会等领域的"欧洲中心论"也很严重,这是周谷城猛烈批判"欧洲中心论"的原因所在。

　　"世界文化综合说"是周谷城文化观的集中体现,也是其毕生治学的总结论,在其史学思想体系中占有重要地位。周谷城注重文化分析,强调文化的可损益性和可交流性,始终反对各种文化机械论。在他看来，文化交流有助于文化的发展和提高，而不是相互冲突和对抗。

毋庸讳言，周谷城史学思想也有其明显的不足和局限。我们注意到，"斗争哲学"和苏联史学在其史学研究中若隐若现，尤其是在《中国社会史论》和历史分期观中表现得更为明显。就批判"欧洲中心论"看，周谷城的态度是坚决的，但实际成效确有问题。苏联史学的"欧洲中心论"似乎更为严重，但他始终没有明确提出该问题，其中缘由显然与苏联史学对其消极影响有关。再就历史分期问题看，马克思并不认为西欧的社会形态演变具有世界普适意义，而斯大林武断地将马克思基于西欧经验的历史分期观诠释为"五种社会形态说"。在基本接受"五种社会形态说"及其普适性的前提下，周谷城虽力避公式主义和机械主义，但显然又很难避免此类问题。周著《世界通史》明显存在以世界史框架中国史和将中国史与世界史简单类比的倾向，其根源也与公式主义和机械主义有关。对于这些时代的局限，我们不必也不应苛求这位史学前辈。

综合观之，周谷城史学思想体系博大，内涵丰富，多有真知灼见，堪称博大精深。周谷城史学思想对后学多有启发、借鉴意义，值得我们认真总结。思考之一：学术研究要解放思想，敢于创新。没有"五四精神"的熏陶和影响，就没有周谷城学术研究的大胆创新。思考之二：学术研究要坚持求真和独立思考。可以断言，周谷城史学思想的精华和创见都是他锐意求真和独立思考的结果。思考之三：学术研究要有问题意识和致用精神。就其本质看，学术研究是要解决社会问题的，是致用的，这就需要研究者具备问题意识和致用精神。周谷城具有强烈的社会责任感和致用精神，周谷城史学思想正是他积极致用的结果。思考之四：学术研究要勇于开拓，不能自设藩篱，更不能画地为牢。周谷城"纵论今古，横说中外"，治学领域广泛，取得多方面的重大学术成就。学科划分系人为所致，目的是便于分类管理，而学术研究并不以学科为限。周谷城在跨学科研究和综合研究方面为我们作出了表率。

参考文献

一 档案类

（一）中共上海市委教育卫生部：《关于加强党对学术讨论批判领导的意见》，1959年4月，上海市档案馆馆藏文件，档案号：A23-2-484。

（二）《关于复旦大学三四十个党外教师的调查报告》，上海市档案馆馆藏文件，档案号：A23-2-72。

（三）复旦大学档案馆馆藏资料，档案号：80—11号，1979年2月9日。

二 文章类

（一）周谷城文章

《农村社会之新观察》，武汉《中央副刊》1927年4月第27—32期。
《今日中国之教育》，《教育杂志》第19卷第11号，1927年11月。
《教育界之党派观》，《教育杂志》第20卷第7号，1928年1月。
《中国教育之历史的使命》，《教育杂志》1929年第2期。
《官场似的教育界》，《社会与教育》1930年第5期。
《关于历史哲学》，《史地丛刊》1933年第11期。
《黑格尔逻辑引端》，《新中华》1933年第18期。
《文字与教育》，《东方杂志》1933年第30卷第24号。
《近代欧洲政治演变之动力》，《公论丛书》第3辑1938年11月。
《考察史学教育报告》，《高等教育季刊》1943年第4期。
《论中国之现代化》，《新中华》（复刊）1943年第9期。

《中国史学之进化》,《复旦学报》(人文版) 1944 年第 1 期。

《西北交通之历史的观察》,《东方杂志》1945 年第 41 卷第 11 号。

《中国奴隶社会论》,《文汇报》1950 年 7 月 27 日。

《中国文化的历史地位》,《解放日报》1951 年 1 月 1 日。

《以马列主义观点进行史学研究工作》,《解放日报》1952 年 11 月 29 日。

《吸取苏联先进经验,改革历史教学工作》,《光明日报》1953 年 1 月 6 日。

《实用主义批判》,《新建设》1955 年第 3 期。

《萨珊朝波斯》,《历史教学》1956 年第 10 期。

《对〈学术月刊〉如何贯彻"百花齐放、百家争鸣"方针的意见》,《学术月刊》1957 年第 6 期。

《发展学术的大好时代》,《人民日报》1957 年 7 月 10 日。

《历史发展与学术变迁》,《复旦学报》1958 年第 1 期。

《历史与现实》,《光明日报》1958 年 4 月 23 日。

《史学如何为现实服务》,《文汇报》1958 年 4 月 14 日。

《史学上的全局观念》,《学术月刊》1959 年第 12 期。

《论西亚古史的重要性》,《文汇报》1960 年 11 月 20 日。

《坚持古为今用》,《学术月刊》1961 年第 2 期。

《论世界历史发展的形势》,《历史研究》1961 年第 2 期。

《评没有世界性的世界史》,《文汇报》1961 年 2 月 7 日。

《史学与美学》,《光明日报》1961 年 3 月 16 日。

《迷惑人们的欧洲中心论——评〈世界史简易丛编〉》,《文汇报》1961 年 9 月 10 日。

《礼乐新解》,《文汇报》1962 年 2 月 9 日。

《艺术创作的历史地位》,《新建设》1962 年第 12 期。

《发扬祖国史家研究外国的精神》,《新建设》1962 年第 8 期。

《评茹行先生的艺术论评》,《新建设》1963 年第 9 期。

《统一整体与分别反映》,《光明日报》1963 年 11 月 7 日。

《古代西亚的国际地位》,《世界历史》1979 年第 1 期。

《评〈文艺报〉特约评论员的评论》,《新文学论丛》1979年第2期。
《继往开来的史学工作》,《中国史研究》1979年第3期。
《再论"无差别境界"》,《复旦学报》1979年第4期。
《关于〈艺术创作的历史地位〉》,《社会科学战线》1980年第1期。
《周谷城自传》,《晋阳学刊》1980年第2期。
《相互客气,明辨是非》,《新文学论丛》1980年第3期。
《论古封建》,《中国社会科学》1980年第5期。
《封建长期,似乎不长》,《社会科学战线》1981年第1期。
《中国历史知识及其年代学的处理》,《文史知识》1981年第2期。
《中外历史的比较研究》,《光明日报》1981年3月24日。
《以研究世界史来庆祝党成立六十周年》,《社会科学》1981年第4期。
《我是怎样研究世界史的》,《浙江日报》1981年9月14日。
《办好历史系的几点意见》,《高教战线》1982年第4期。
《着重统一体,反对欧洲中心论》,《文汇报》1982年5月10日。
《我是怎样研究起史学来的》,《文史知识》1983年第10期。
《历史与爱国主义教育》,《红旗》1983年第22期。
《我随毛主席从事农民运动的回忆》,《光明日报》1983年12月10日。
《中国文化史研究的意见和希望》,《中国文化研究集刊》1984年第1辑。
《世界古典文明研究在我国的空白必须填补》,《世界历史》1985年第11期。
《中西文化的交流》,《复旦学报》1986年第2期。
《文化不是铁板一块》,《中国文化报》1986年7月9日。
《论中西文化的交融》,《文史知识》1987年第1期。
《世界是多元的整体》,《文汇报》1988年3月6日。
《把中国近代史放在世界现代化中去研究》,《求索》1989年第2期。
《再谈中国古代历史分期的看法》,《文汇报》1990年10月3日。
《论封建长期说》,《江海学刊》1993年第4期。

(二)其他文章

陈毛弟:《"世纪老人"的高风亮节——记周谷城同志对身后事的安

排》,《周谷城学术思想研究论文集》,上海社会科学院出版社 1998 年版。

程秋原:《评周谷城著〈世界通史〉》,《光明日报》1965 年 3 月 10 日。

邓恭三:《评周谷城著中国通史》,《中国青年(重庆)》1942 年第 2—3 期。

邓演达:《现在大家应该注意的是什么?》(一九二七年二月十七日),《邓演达历史资料》,华中理工大学出版社 1988 年版。

邓演达:《中国国民党临时行动委员会政治主张》,《邓演达历史资料》华中理工大学出版社 1988 年版。

丁文江:《玄学与科学——评张君劢〈人生观〉》,《努力周报》1923 年第 48、49 期。

董欣洁:《全球史研究打破"欧洲中心论"》,《中国社会科学报》2019 年第 10 期。

[美]杜威:《科学与人生之关系》,郑宗海译,《民国日报》1920 年 6 月 20 日、21 日。

葛剑雄整理:《谭其骧日记选(1966 年 5 月至 1970 年 12 月)》,《史学理论研究》1996 年第 11 期。

古田:《评周谷城著〈中国通史〉》,《新建设》1958 年第 7 期。

顾诚、孙恭恂、杨风阁:《周谷城在〈中国通史〉中是怎样诬蔑农民起义的》,《光明日报》1964 年 10 月 27 日。

顾晓鸣:《学者何为?周谷城之楷模——兼论周谷城先生历史观和方法论的当代性》,《复旦学报》1998 年第 4 期。

胡适:《〈科学与人生观〉序》,《胡适作品集》第 8 集,台北:远流出版公司 1986 年版。

胡啸、姚介后、樊森:《周谷城"真实感情"说的真实面目》,《学术月刊》1965 年第 1 期。

胡啸、虞伟人:《"合二而一"论的一个标本——驳周谷城先生的"无差别境界"说》,《学术月刊》1964 年第 10 期。

翦伯赞:《前封建时期之中国农村社会》,《三民主义半月刊》1935 年第 5 卷第 9 期。

翦伯赞：《"商业资本主义社会问题"之清算》，《世界文化》1936年创刊号。

姜玢：《周谷城的史学成就与他的〈世界通史〉》，《周谷城学术思想研究论文集》，上海社会科学院出版社1998年版。

姜义华：《创新我国史学理论体系与话语体系》，《人民日报》2016年8月22日。

姜义华：《"斗争哲学"重围中的孤军之战——周谷城六十年代历史哲学辩论重评》，《复旦学报》1998年第4期。

金应熙：《周谷城是怎样袒护秦桧、赞成投降、诋毁主战派的》，《红旗杂志》1964年第17、18期。

李习东：《周谷城的实用主义认识论》，《新建设》1965年第2期。

李星：《周谷城的反动历史观和"时代精神汇合论"》，《人民日报》1964年9月3日。

李勇：《论周谷城世界通史编纂思想及实践与当代"整体史"观和"全球史"观的相关性》，《学术探索》2004年第6期。

李泽厚：《两种宇宙观的分歧》，《人民日报》1964年8月20日。

林弘：《"历史完形论"批判——评周谷城先生的反动史学理论》，《历史研究》1965年第1期。

刘达永：《驳周谷城对反动军队的辩护》，《史学月刊》1965年第4期。

刘纲纪：《论所谓："无差别的境界"》，《文汇报》1963年11月14日。

刘纲纪：《时代精神只能是革命阶级的精神》，《人民日报》1964年8月2日。

刘梦云：《中国经济之性质问题的研究》，《读书杂志》第1辑，中国社会史论战1931年专号。

陆晓冰：《周谷城是殖民主义强盗的辩护士》，《光明日报》1965年1月13日。

罗敦伟：《中国社会史论战总评及中国社会结构的新分析》，《中国社会》1934年7月创刊号。

罗思鼎：《评周谷城所谓"张之洞—梁启超—胡适"的道路》，《学术月刊》1965年第2期。

罗思鼎:《为什么要替秦桧翻案?》,《文汇报》1964年11月5日。

罗思鼎:《周谷城历史观的面面观》,《解放日报》1964年11月15日。

马克垚:《困境与反思:"欧洲中心论"的破除与世界史的成立》,《历史研究》2006年第3期。

孟伟哉:《反动腐朽的精神不是时代精神》,《光明日报》1964年7月27日。

缪凤林:《周谷城著中国通史上下册》,《中央周刊》1939年第49期。

莫任南:《批判周谷城为帝国主义侵略效劳的"中国文化西来说"》,《史学月刊》1965年第6期。

莫志斌:《敢创新说,追求真理——周谷城与20世纪60年代初期的学术大论争》,《湖南城市学院学报》2005年第3期。

倪凤翰:《驳周谷城对农民起义的诬蔑》,《史学月刊》1965年第4期。

宁可:《从〈中国通史〉(封建社会部分)看周谷城的阶级调和论》,《新建设》1965年第2期。

牛致功:《从"理学"的实质看周谷城的阶级调和论》,《史学月刊》1965年第3期。

裴汝诚:《周谷城是如何诋毁马克思主义的阶级斗争观点的》,《学术月刊》1964年第11期。

任东波:《"欧洲中心论"与世界史研究——兼论世界史研究的"中国学派"问题》,《史学理论研究》2006年第1期。

茹行:《从哲学观点评周谷城先生的艺术观点》,《新建设》1963年第10期。

汝信:《货色从何而来?同谁划清界限?——评周谷城反动观点的几个理论来源》,《人民日报》1965年2月25日。

汝信:《评周谷城的艺术观的哲学基础》,《红旗》1964年第12期。

施仁诚:《周谷城的反动历史观的核心及其哲学基础》,《光明日报》1964年12月24日。

史丁:《周谷城"断而相续论"的由来》,《文汇报》1964年11月21日。

史彤:《周谷城著〈中国通史〉的反动观点》,《新建设》1965年第

1 期。

史言般：《批判周谷城关于中国近代经济发展的谬论》，《光明日报》1965 年 1 月 27 日。

司武臣：《周谷城在〈世界通史〉中是怎样为殖民主义作辩护的》，《史学月刊》1965 年第 1 期。

孙克服：《驳周谷城为帝国主义侵略战争作辩护的谬论》，《史学月刊》1965 年第 5 期。

陶希圣：《中国之商人资本及地主与农民》，《新生命》1929 年 10 月第 3 卷第 2 号。

陶用舒、易永卿：《论周谷城的史学贡献》，《湖南城市学院学报》2004 年第 5 期。

王庆成：《驳周谷城对太平天国革命的歪曲和对曾国藩、外国侵略者的美化》，《新建设》1964 年第 12 期。

王思治：《周谷城的"阶级合作论"反动历史观》，《光明日报》1964 年 11 月 5 日。

王秀青：《周谷城与中外历史比较研究》，《淮阴师范学院学报》2004 年第 4 期。

王永祥：《"新史学"与周谷城的通史编纂》，《人文杂志》2015 年第 2 期。

王知常：《批判周谷城〈中国通史〉》，《学术月刊》1958 年第 11 期。

魏杞文：《周谷城歪曲了古罗马的阶级斗争》，《光明日报》1964 年 12 月 3 日。

吴汉亭：《评周谷城先生的美学观点》，《合肥师范学院学报》1963 年第 4 期。

吴汝柏：《读周谷城〈孔子之政治学说及其演化形势〉》，《沪潮月刊》1928 年创刊号。

武克全：《"纵论今古，横说中外"的学术大家——周谷城传》，姜义华主编：《史魂：上海十大史学家》，上海辞书出版社 2002 年版。

项立岭、孙恭恂：《周谷城是怎样为秦桧、张邦昌翻案的——评周著〈中国通史〉宣传民族投降主义的反动观点》，《解放日报》1964 年

10月16日。

徐复芝：《风风雨雨五十年——周谷城〈中国通史〉的不寻常经历》，《周谷城学术思想研究论文集》，上海社会科学院出版社1998年版。

徐克林：《评周谷城"阶级次序"论的本质》，《史学月刊》1965年第6期。

杨宽：《评周谷城先生的"生存竞争"历史观》，《文汇报》1964年11月21日。

姚文元：《略论时代精神问题》，《光明日报》1963年9月24日。

姚文元：《评周谷城先生的矛盾观》，《光明日报》1964年6月10日。

叶秀山：《评周谷城先生的"绝对境界"说》，《新建设》1964年第1期。

易寿成：《周谷城是怎样用"生存竞争"论来反对阶级观点的?》，《光明日报》1964年11月15日。

张家哲：《学习周谷老研究世界史的理论和方法》，《社会科学》（上海）1998年第11期。

张银荣：《"无差别境界"论是一帖麻醉剂》，《人民日报》1965年1月20日。

张芝联：《周谷城是彻头彻尾的"欧洲中心论"者》，《光明日报》1964年12月3日。

张志哲：《博大精深周谷城》，《史学月刊》1986年第4期。

（三）外文期刊

Adam Oliver, "Rectification of Mainland China Intellectuals, 1964 – 1965", *Asian Survey*, No. 10 (Oct., 1965).

Albert Feuerwerker, "China's History in Marxian Dress", *American Historical Review*, Vol. 66, No2 (Jan, 1961).

Benjamin Schwatz, "A Marxist Controversy on China", *The Far Eastern Quarterly*, Vol. 13, No. (Feb., 1954).

D. Fokkema, "Chinese Criticism of Humanism: Campaigns against the Intellectuals, 1964 – 1965", *The China Quarterly*, No. 26 (Apr.-Jun., 1966).

James P. Harrison, "The Ideological Training of Intellectuals in Communist China", *Asian Survey*, Vol. 5, No. 10 (Oct., 1965).

Stephen Uhally, "The Controversy Over Li Hsiu-cheng: An Ill-timed Centenary", *The Journal of Asian Studies*, Vol. 25, No. 2 (Feb., 1966).

Teng. S. Y, "Chinese Historiography in the Last Fifty Years", *The Far Eastern Quarterly*, Vol. 8, No. (Feb., 1949).

Vincent Yu-cheng Shih, "Interpretations of the Taiping Tien-Kuo by Non-communist Chinese Writers", *The Far Eastern Quarterly*, Vol. 10, No. 3 (May, 1951).

三 著作类

（一）周谷城著作

《农村社会新论》，上海远东图书公司1929年版。
《生活系统》，上海商务印书馆1924年版。
《生活系统》，上海商务印书馆1928年版。
《世界通史》，河北教育出版社2000年版。
《中国教育小史》，上海泰东书局1929年版。
《中国社会史论》，湖南教育出版社2009年版。
《中国社会史论》，齐鲁书社1988年版。
《中国社会之变化》，上海新生命书局1931年版。
《中国社会之结构》，上海新生命书局1930年版。
《中国社会之现状》，上海新生命书局1933年版。
《中国史学之进化》，上海生活书店1947年版。
《中国通史（简本）》，山西人民出版社1986年版。
《中国通史》，上海开明书店1948年版。
《中国通史》，上海人民出版社1957年版。

（二）经典著作

《马克思恩格斯选集》第1—4卷，人民出版社1995年版。
《毛泽东选集》第1—4卷，人民出版社1991年版。

（三）其他著作

蔡尚思：《蔡尚思学术自传》，成都巴蜀书社1993年版。

常书林：《帝国主义与中国》，上海世界书局1927年版。

陈伯达：《斯大林和中国革命》，人民出版社1952年版。

陈廉：《第一次国共合作史》，北京图书馆出版社1998年版。

陈懋恒：《明代倭寇考略》，人民出版社1957年版。

陈梧桐：《朱元璋研究》，天津人民出版社1987年版。

陈寅恪：《隋唐制度渊源略论稿》，生活·读书·新知三联书店2004年版。

邓广铭：《北宋政治改革家王安石》，人民出版社1997年版。

丁晓强：《五四与现代中国》，山西人民出版社1989年版。

杜蒲：《极左思潮的历史考察》，河南人民出版社1994年版。

段云璋、邱捷：《孙中山与中国近代军阀》，四川人民出版社1989年版。

樊树志：《晚明史》，复旦大学出版社2003年版。

范文澜：《中国通史简编》，延安新华书店1943年版。

冯晓林：《中国隋唐五代教育史》，人民出版社1994年版。

复旦大学历史系编：《中国传统文化的再估计》，上海人民出版社1987年版。

顾诚：《明末农民战争史》，中国社会科学出版社1984年版。

顾颉刚：《当代中国史学》，上海古籍出版社2002年版。

桂遵义：《马克思主义史学在中国》，山东人民出版社1992年版。

郭沫若：《中国古代社会研究》，人民出版社1954年版。

何兆武：《中西文化交流史论》，中国青年出版社2001年版。

胡适：《胡适作品集》第8集，台北：远流出版公司1986年版。

华岗：《中国大革命史》，文史资料出版社1982年版。

黄逸峰、姜铎等：《旧中国的买办阶级》，上海人民出版社1982年版。

翦伯赞：《历史哲学教程》，北京大学出版社1990年版。

姜义华：《二十世纪中国社会科学·历史学卷》，上海人民出版社2005年版。

姜义华、瞿林东、赵吉惠：《史学导论》，复旦大学出版社 2003 年版。

姜义华：《史魂：上海十大史学家》，上海辞书出版社 2002 年版。

姜义华：《中华文化读本》，上海人民出版社 2004 年版。

蒋维明：《川陕楚白莲教起义》，四川人民出版社 1985 年版。

金毓黻：《静晤室日记》，辽沈书社 1993 年版。

金岳霖：《罗素哲学》，上海人民出版社 1988 年版。

雷家宏：《奠基陈桥驿：赵匡胤的治国谋略》，华夏出版社 2000 年版。

李楚材：《帝国主义侵华教育史资料——教会教育》，教育科学出版社 1987 年版。

《李达文集》编辑组编：《李达文集》第 1 集，人民出版社 1980 年版。

李达：《中国产业革命概观》，上海昆仑书店 1929 年版。

李鸿彬：《满族崛起与清帝国建立》，天津古籍出版社 2003 年版。

李嘉谷：《中苏关系》，社会科学文献出版社 1996 年版。

李明山、左玉河：《当代中国学术思想史》，河南大学出版社 1999 年版。

李振宏：《历史学的理论与方法》，河南大学出版社 1999 年版。

《历史研究》编辑部：《建国以来史学理论问题讨论举要》，齐鲁书社 1983 年版。

梁启超：《清代学术概论》，东方出版社 1996 年版。

林家有：《政治·教育·社会：近代中国社会变迁的历史考察》，天津古籍出版社 2004 年版。

吕思勉：《白话本国史》，上海古籍出版社 2005 年版。

吕思勉：《吕著中国通史》，华东师范大学出版社 1992 年版。

吕涛、周骏羽编：《周谷城传略》，山西人民出版社 1988 年版。

罗志田：《二十世纪的中国：学术与社会·史学卷》，山东人民出版社 2001 年版。

马金科：《中国近代史学发展叙论》，中国人民大学出版社 1994 年版。

莫志斌：《周谷城传》，湖南师范大学出版社 1997 年版。

钱穆：《国史大纲》，商务印书馆 1994 年版。

邱挺、郭晓春：《邓演达生平与思想》，甘肃人民出版社 1985 年版。

上海社会科学学会联合会：《周谷城学术思想研究论文集》，上海社会科学院出版社1998年版。

苏绍兴：《两晋南朝的士族》，台北：联经出版公司1987年版。

陶希圣：《中国封建社会史》，上海南强图书局1930年版。

陶希圣：《中国社会之史的分析》，辽宁教育出版社1998年版。

陶希圣：《中国问题回顾与展望》，上海新生命书局1930年版。

王炳照、徐勇：《中国科举制度研究》，河北人民出版社2002年版。

王建朗：《中国废除不平等条约的历程》，江西人民出版社2000年版。

王学典：《20世纪中国史学评论》，山东人民出版社2002年版。

王亚南：《中国地主经济形态与官僚政治研究》，福建教育出版社1988年版。

王颖楼：《隋唐官制（公元581—907年）》，四川人民出版社1995年版。

熊月之：《西学东渐与晚清社会》，上海人民出版社1994年版。

徐松勤：《北宋文人与党争——中国士大夫群体研究之一》，人民出版社1998年版。

许冠三：《新史学九十年》，岳麓书社2003年版。

许辉、邱敏、胡阿祥：《六朝文化》，江苏古籍出版社2001年版。

杨国桢、陈支平：《明史新编》，人民出版社1993年版。

杨际平：《北朝隋唐"均田制"新探》，岳麓书社2003年版。

杨志玖：《元史三论》，人民出版社1985年版。

曾宪林主编：《邓演达历史资料》，华中理工大学出版社1988年版。

张光武：《史海丹心——周谷城画传》，上海书店出版社、复旦大学出版社2005年版。

张广志：《中国古史分期讨论的回顾与反思》，陕西师范大学出版社2003年版。

张广智：《史学，文化中的文化——文化视野中的西方史学》，浙江人民出版社1990年版。

张广智：《现代西方史学》，复旦大学出版社1996年版。

张华腾：《袁世凯与近代名流》，新华出版社2003年版。

张岂之:《中国思想史》,西北大学出版社2001年版。

张书学:《中国现代史学思潮研究》,湖南教育出版社1998年版。

张艳国:《张艳国自选集》,华中理工大学出版社1999年版。

张荫麟:《中国史纲》,商务印书馆2003年版。

张玉发:《中国现代史论集·军阀政治》第5辑,台北:联经出版公司1980年版。

章清:《胡适评传》,百花洲文艺出版社1992年版。

赵益:《王霸义利:北宋王安石改革批判》,南京大学出版社2000年版。

中国航海史研究会:《郑和下西洋》,人民交通出版社1985年版。

中国社会科学院近代史研究所:《"二大"和"三大"——中国共产党第二、三次代表大会资料选编》,中国社会科学出版社1985年版。

《中国史研究》编辑部、《近代史研究》编辑部、《世界历史》编辑部编:《系统论与历史科学》,中州古籍出版社1987年版。

中央档案馆编:《中共中央文件选集》第1—5册,中央党校出版社1983年版。

周良宵、顾菊英:《元史》,上海人民出版社2003年版。

朱从兵:《教育史话》,社会科学文献出版社2000年版。

(四) 中译本

[荷] 许里和:《佛教征服中国》,李四龙译,江苏人民出版社1998年版。

[美] 阿里夫·德里克:《革命与历史:中国马克思主义历史学的起源,1919—1937》,翁贺凯译,江苏人民出版社2005年版。

[美] 杜威:《实验主义伦理学》,周谷城编译,商务印书馆1923年版。

[美] 郭颖颐:《中国现代思想中的唯科学主义(1900—1950)》,雷颐译,江苏人民出版社1990年版。

[美] 海斯、穆恩、韦兰:《世界史》,中央民族学院研究室译,生活·读书·新知三联书店1975年版。

[美] 齐锡生:《中国的军阀政治》,杨云若译,中国人民大学出版社1991年版。

［美］赛义德：《后殖民主义文化理论》，陈永国等译，中国社会科学出版社1999年版。

［美］斯塔夫里阿诺斯：《全球通史》，吴象婴、梁赤民译，上海社会科学院出版社1992年版。

［美］威廉·约瑟夫：《极左思潮与中国》，夏军等译，东南大学出版社1989年版。

［美］余英时：《十字路口的中国史学》，何俊编、李彤译，上海古籍出版社2004年版。

［美］张灏：《梁启超与中国思想的过渡（1890—1907）》，崔志海、葛夫平译，江苏人民出版社1995年版。

［美］周策纵：《五四运动——现代中国的思想革命》，周子平等译，江苏人民出版社1999年版。

［日］上田茂树：《世界社会史》，施复亮译，上海昆仑书店1929年版。

［英］巴勒克拉夫：《当代史学主要趋势》，杨豫译，上海译文出版社1987年版。

［英］巴勒克拉夫：《泰晤士世界历史地图集》，三联书店译，生活·读书·新知三联书店1985年版。

［英］伯特兰·罗素：《逻辑与知识（1901—1950年论文集）》，苑莉均译，商务印书馆1996年版。

［英］萨达尔：《东方主义》，马雪峰等译，吉林人民出版社2005年版。

［英］汤因比：《历史研究》，曹末风译，上海人民出版社1997年版。

［英］韦尔斯：《世界史纲：生物和人类的简明史》，吴文藻等译，广西师范大学出版社2001年版。

附录　周谷城学术系年

一　著作类

*《试验主义伦理学》，商务印书馆1923年版。

《生活系统》，商务印书馆1924年版，1928年版，《民国丛书》第1编第3册，上海书店1989年版。

*《文化之出路》，新宇宙书店1928年版。

*《战后世界政治之关键》，春松书局1928年版。

《中国教育小史》，泰东书局1929年版。

《农村社会新论》，远东图书公司1929年版。

《中国社会之结构》，新生命书局1930年版，《民国丛书》第1编第77册。

《中国社会之变化》又名《现代中国社会变迁概论》，新生命书局1931年版。《民国丛书》第1编第77册。

《中国社会之现状》，新生命书局1933年版，《民国丛书》第1编第77册。

*《社会学大纲》，大东书局1933年版。

《泛说小品文》，生活书店1935年版。

《中国通史》上、下册，开明书店1939年版，1948年版，上海人民出版社1957年版。《民国丛书》第3编第62册，上海书店1991年版。

《中国政治史》，中华书局1940年版、1982年版。

*《美国与战后世界之关系》，独立出版社1943年版。

*《新英国与新世界之建设计划》，独立出版社1943年版。

《中国史学之进化》，生活书店 1947 年版，《民国丛书》第 1 编第 72 册，上海书店 1989 年版。

《世界通史》1—3 册，商务印书馆 1949 年版，《民国丛书》第 1 编第 71 册。

＊《黑格尔逻辑学大纲》，商务印书馆 1951 年版。

《爱科学》，新知识出版社 1955 年版。

《古史零证》，群联书店 1956 年版。

《世界通史》修订本第 3 册，商务印书馆 1958 年版。

《形式逻辑与辩证法》，科学出版社 1959 年版，生活·读书·新知三联书店 1962 年版。

《史学与美学》，上海人民出版社 1980 年版。

《周谷城史学论文选集》，人民出版社 1983 年版。

＊＊《中国文化史丛书》，上海人民出版社 1984—1990 年版。

《诗词小集》，湖南人民出版社 1985 年版。

＊＊《世界文化史丛书》，浙江人民出版社 1986—1991 年版。

《中国通史（简本）》，山西人民出版社 1986 年版。

《中国近代经济史论》，复旦大学出版社 1987 年版。

《周谷城全集》第 1 卷，上海社会科学院出版社 1988 年版。

《中国社会史论》上、下册，齐鲁书社 1988 年版，湖南教育出版社 2009 年版。

《周谷城学术精华录》，北京师范学院出版社 1988 年版。

《辩证法原著选读》，山西人民出版社 1989 年版。

＊＊《民国丛书》1—5 编，上海书店 1989—1995 年版。

《哲学与逻辑》，辽宁教育出版社 1990 年版。

《周谷城文选》，辽宁教育出版社 1990 年版。

《周谷城教育文集》，吉林教育出版社 1991 年版。

《周谷城文化·艺术文集》，辽宁教育出版社 1991 年版。

《周谷城学术论著自选集》，北京师范学院出版社 1992 年版。

《周谷城全集》（16 册），上海人民出版社 2018 年版。

（备注：加"＊"为周谷城译著；加"＊＊"为周谷城主编）

二 文章类

《中国农村社会之新观察》,《中央副刊》1927 年第 27—32 期。

《孔子之政治学说及其演化之形势》,《民铎》1927 年第 9 卷第 1 期。

《秦以前之政治思想》,《民铎》1927 年第 9 卷第 2 期。

《今日中国之教育》,《教育杂志》1927 年第 19 卷第 11 期。

《董仲舒的政治思想》,《民铎》1928 年第 9 卷第 3 期。

《名学引端》,《民铎》1928 年第 9 卷第 4 期。

《新唯识论之独立观》,《民铎》1928 年第 9 卷第 5 期。

《教育新论》,《教育杂志》1928 年第 20 卷第 1 期。

《教育与占有欲》,《教育杂志》1928 年第 20 卷第 4 期。

《苏俄最近之工艺教育》,《教育杂志》1928 年第 20 卷第 4 期。

《教育界之党派观》,《教育杂志》1928 年第 20 卷第 7 期。

《中国教育之历史的使命》,《教育杂志》1928 年第 21 卷第 2 期。

《国家建设中之教育改造》,《教育杂志》1928 年第 21 卷第 4 期。

《中国土地制及总理土地公有学说》,《新生命》1928 年第 1 卷第 12 期。

《中国教育之历史的使命》,《教育杂志》1929 年第 21 卷第 2 期。

《国家建设中之教育改造》,《教育杂志》1929 年第 21 卷第 4 期。

《封建制度与封建国家之辩难》,《教育杂志》1930 年第 22 卷第 3 期。

《官场似的教育界》,《社会与教育》1930 年第 5 期。

《现代中国社会变迁概论》,《社会学刊》1931 年第 2 卷第 3 期。

《论殖民地似的新教育》,《社会与教育》1931 年第 2 卷第 10 期。

《中国农村变乱的根源及其前途》,《现代学术》1931 年第 1 卷第 2 期。

《破坏农村经济的商业资本》,《读书杂志》1931 年第 1 卷第 1 期。

《现代中国经济变迁概论》,《读书杂志》1932 年第 2 卷第 7—8 期。

《论幽默》,《论语》1933 年第 7 期。

《文字与教育》,《东方杂志》1933 年第 30 卷第 24 期。

《关于历史哲学》,《史地丛刊》1933 年第 1 卷第 2 期。

《中国土地制度及总理土地公有学说》,《地政月刊》1933 年第 1 卷第 1—6 期。

《黑格尔的逻辑大纲》,《正理报》1933 年第 1 期。

《思想批判：自称转变了的李石岑君》,《正理报》1933 年第 1 期。

《思想批判：买办学者胡适博士》,《正理报》1933 年第 2 期。

《文化批评：质主张中国彻底现代化者》,《正理报》1933 年第 3 期。

《黑格尔逻辑引端》,《新中华》1933 年第 1 期。

《工人哲学家狄慈根的生平》,《学术月刊》1933 年第 2—3 期。

《文章天成论》,《论语》1934 年第 32 期。

《黑格尔逻辑中之"质量"编》,《时代公论》1934 年第 3 卷第 8 期。

《论雅与俗》,《论语》1934 年第 38 期。

《说美》,《论语》1934 年第 40 期。

《世界现势与教育》,《大夏学报》1934 年第 1 卷第 3 期。

《谈创作》,《论语》1934 年第 49 期。

《黑格尔逻辑中之存在论"质量"篇》,《文化与教育》1934 年第 16 期。

《中学生活的回忆》,《青年界》1935 年第 7 卷第 1 期。

《对中日问题之意见》,《现世界》1936 年第 1 卷第 7 期。

《莫错过了暑假》,《青年界》1936 年第 10 卷第 1 期。

《书评：古代中亚之遗迹》,《暨南学报》1936 年第 2 卷第 1 期。

《书评：东方文化与中国之部（格鲁宾）》,《暨南学报》1937 年第 2 期。

《书报介绍：两篇介绍斯坦因著 On Ancient Central-Asian Track 的书评》,《边疆》1937 年第 8 期。

《中国近百年史研究大纲》,《读书青年》1937 年第 2 卷第 21 期。

《中学时代》,《中山周刊》1938 年第 5 期。

《中国复辅音之变例》，《自学（上海）》1939 年第 3 期。
《考察史学教育报告》，《高等教育》1943 年第 2 期。
《论中国之现代化》（上），《新中华》1943 年第 1 卷第 6 期。
《论中国之现代化》（中），《新中华》1943 年第 1 卷第 9 期。
《中国史学之进化》，《复旦学报》1944 年第 1 期。
《复兴民族之民主政治论》，《宪政月刊》1944 年第 2 期。
《论民主趋势之不可抗拒》，《宪政月刊》1944 年第 4 期。
《辟几种有碍民主的言论》，《宪政月刊》1944 年第 9 期。
《论东方哲学不必遮拔西方科学》，《民主世界》1944 年第 11 期。
《世界民主政治之倾向与中国民主政治之创造》，《东方杂志》1944 年第 1 号。
《世界民主政治之最后胜利》，《东方杂志》1944 年第 40 卷第 6 号。
《政治民主化》，《宪政月刊》1945 年第 12、13 期。
《民主运动中学者之任务》，《自由论坛（昆明）》1945 年第 5 期。
《目前青年运动的主要任务是争取政治的民主》，《新华日报》1945 年 4 月 3 日。
《历史与人生》，《书报精华》1945 年第 5 期。
《论扩大功利境界以兴邦》，《民主世界》1945 年第 1 期。
《论民主政治之建立与官僚主义之肃清》，《中华论坛》1945 年第 2 期。
《诗与人生画报》，《人生画报》1945 年第 3—4 期。
《英国民主政治之发展》，《中华论坛》1945 年第 1 卷第 5、6 期合刊。
《一九四五年世界民主展望》，《大学月刊》1945 年第 4 卷第 1、2 期。
《青年奋斗的方向》，《中国学生导报》1945 年第 4 期。
《纪念鲁迅先生》，《中国学生导报》1945 年第 24 期。
《西北交通之历史的观察》，《东方杂志》1945 年第 41 卷第 11 号。
《中国历史之现阶段》，《青年学习》1946 年第 6 期。
《人民时代之中国农民》，《文萃》1946 年第 25 期。

《论土地与地租》,《青年学习》1946 年第 3 期。
《赞学生运动》,《民主星期刊》1946 年第 20 期。
《近五十年来中国之政治》,《时与文》1947 年第 1 期。
《对日和约意见》,《书报精华》1947 年第 34 期。
《念亡友李石岑先生》,《人物杂志》1947 年第 3 期。
《新思潮之历史的意义》,《文汇报》1947 年 4 月 12 日。
《现阶段中国之政治与教育》,《时与文》1947 年第 6 期。
《近五十年世界政治史之线索》,《大学》1947 年第 7 期。
《历史·文学·人生》,《现代学生(汉口)》1947 年创刊号。
《吃的简史》,《论语》1947 年第 8 期。
《斯坦因氏所考见之中西交通》,《历史社会季刊》1947 年第 3 期。
《中国之独立地位》,《时代批评》1947 年第 59 期。
《考古学上所见之史前的革命》,《中国建设月刊》1947 年第 5 卷第 3 期。
《为庸众服务》,《时代批评》1948 年第 1 期。
《莫让教育与社会分家》,《现代教育从刊》1948 年第 4 辑。
《个人在文化发展中的地位》,《时代批评》1948 年第 79 期。
《戊戌维新五十周年》,《中国建设》1947 年第 6 卷第 4 期。
《青年大众现在的伟大任务》,《文汇报》1949 年 6 月 22 日。
《暑期学习会的意义》,《文汇报》1949 年 7 月 21 日。
《彻底消灭封建残余》,《中国建设》1949 年第 7 卷第 2 期。
《大局在晦明之间》,《中国建设》1949 年第 7 卷第 2 期。
《革命人生观》,《文汇报》1949 年 8 月 10 日。
《1950 年的新希望》,《新闻日报》1950 年 1 月 1 日。
《希望于青年学生者》,《文汇报》1950 年 1 月 1 日。
《解放后的大学教育》,《新教育》1950 年创刊号。
《"五四"的历史地位》,《文汇报》1950 年 5 月 4 日。
《一年来,上海风气的转变》,《大公报》1950 年 5 月 28 日。
《上海大学生的进步》,《解放日报》1950 年 5 月 28 日。
《中国奴隶社会论》,《文汇报》1950 年 7 月 27 日。

《美帝对我国侵略的毒辣》,《大公报》1950 年 11 月 23 日。

《"东学西渐"——中国文化的历史地位》,《解放日报》1951 年 11 月 23 日。

《奴隶社会意识形态的研究》,《新建设》1951 年第 5 期。

《忆卢志英烈士》,《大公报》1951 年 5 月 4 日。

《古代对于天地之认识——释玄黄》,《光明日报》1951 年 9 月 1 日。

《胡适的道路》,《大公报》1951 年 12 月 16 日。

《以马列主义观点进行史学研究》,《解放日报》1952 年 11 月 29 日。

《吸取苏联先进经验 改革历史教学工作》,《光明日报》1953 年 1 月 6 日。

《圭田辨》,《历史研究》1954 年第 6 期。

《实用主义批判》,《新建设》1955 年第 3 期。

《庶为奴役》,《文史哲》1955 年第 5 期。

《形式逻辑与辩证法》,《新建设》1956 年第 2 期。

《再论形式逻辑与辩证法》,《新建设》1956 年第 7 期。

《三论形式逻辑与辩证法》,《新建设》1956 年第 9 期。

《埃及与苏伊士运河》,《文汇报》1956 年 10 月 25 日。

《萨珊朝波斯》,《历史教学》1956 年第 10 期。

《四论形式逻辑与辩证法》,《新建设》1957 年第 1 期。

《克罗兹尼:〈西亚、印度及克莱特古史〉》,《学术月刊》1957 年第 1 期。

《争辩讨论是推进学术的最好办法》,《人民日报》1957 年 5 月 3 日。

《美的存在与历史》,《光明日报》1957 年 5 月 8 日。

《对〈学术月刊〉如何贯彻"百花齐放、百家争鸣"方针的意见》,《学术月刊》1957 年第 6 期。

《积极帮助共产党整风》,《光明日报》1957 年 6 月 14 日。

《五论形式逻辑与辩证法》,《新建设》1957 年第 6 期。

《发展学术的大好时代》,《人民日报》1957年7月10日。

《庆祝十月革命四十周年》,《解放日报》1957年10月23日。

《历史发展与学术变迁》,《复旦学报》1958年第1期。

《史学如何为现实服务》,《文汇报》1958年4月14日。

《历史与现实》,《光明日报》1958年4月23日。

《六论形式逻辑与辩证法》,《人民日报》1958年6月14日。

《文教界当奋勇前进》,《文汇报》1958年8月29日。

《七论形式逻辑与辩证法》,《哲学研究》1958年第6期。

《评古田对〈中国通史〉的书评》,《新建设》1958年第7期。

《反对侵略 保卫和平》,《学术月刊》1958年第8期。

《中国之中世纪早期》,《中国建设》(英文版)1958年第11期。

《八论形式逻辑与辩证法》,《新建设》1959年第2期。

《相期大跃进》,《文汇报》1959年2月。

《论张与驰》,《光明日报》1959年3月26日。

《形式逻辑与辩证法的区别与关系》,《光明日报》1959年4月17日。

《五四运动与青年学生》,《解放日报》1959年5月4日。

《继续改造,力求进步——纪念上海解放十周年》,《文汇报》1959年5月26日。

《增加我们工作力量的伟大文献》,《学术月刊》1959年第6期。

《论实践和推理、真理性和正确性的统一:与李世繁同志商榷》,《新建设》1959年第6期。

《九论形式逻辑与辩证法》,《新建设》1959年第7期。

《教授的光荣》,《文汇报》1959年9月27日。

《关于形式逻辑的几个问题》,《光明日报》1959年8月30日。

《崭新的国家 崭新的学术》,《文汇报》1959年10月1日。

《评马特先生的真实性和正确性的关系》,《哲学研究》1959年第11、12期。

《史学上的全局观念》,《学术月刊》1959年第12期。

《评〈也来谈谈演绎推理再认识过程中的作用〉》,《新建设》1959

年第 12 期。

《评张尚水先生的新知获得说》,《光明日报》1960 年 1 月 31 日。

《评江天骥先生的工具作用论》,《新建设》1960 年第 3 期。

《高举红旗　奋勇前进》,《解放日报》1960 年 5 月 16 日。

《评高崇会先生的客观基础论》,《光明日报》1960 年 7 月 1 日。

《新形势对我们的新要求》,《文汇报》1960 年 10 月 3 日。

《再评高崇会先生的客观基础论》,《光明日报》1960 年 11 月 18 日。

《论西亚古史的重要性》,《文汇报》1960 年 11 月 20 日。

《支持不知可推、不定可论的意见》,《光明日报》1961 年 1 月 10 日。

《坚持古为今用》,《学术月刊》1961 年第 2 期。

《论世界历史发展的形势》,《历史研究》1961 年第 2 期。

《评没有世界性的世界史》,《文汇报》1961 年 2 月 7 日。

《史学与美学》,《光明日报》1961 年 3 月 16 日。

《要有精辟独到之见》,《文汇报》1961 年 7 月 21 日。

《略论朝代学在历史研究中的地位》,《学术月刊》1961 年第 8 期。

《迷惑人们的欧洲中心论:评〈世界史简易丛编〉》,《文汇报》1961 年 9 月 10 日。

《评划清主义界限:评马特〈形式逻辑的对象和作用问题〉》,《哲学研究》1961 年第 11 期。

《评柴尔德的古史研究》,《复旦学报》1962 年第 1 期。

《斯坦因与亚洲及中部文物》,《学术月刊》1962 年第 2 期。

《礼乐新解》,《文汇报》1962 年 2 月 9 日。

《纪念孔子　讨论学术》,《学术月刊》1962 年第 7 期。

《发扬祖国史家研究外国的精神》,《新建设》1962 年第 8 期。

《制裁美帝罪行》,《文汇报》1962 年 9 月 18 日。

《艺术创作的历史地位》,《新建设》1962 年第 6 期。

《评〈关于艺术创作的一些问题〉》,《新建设》1962 年第 12 期。

《评王子野的艺术评论》,《文艺报》1963 年第 7、8 期。

《评茹行先生的艺术评论》,《新建设》1963 年第 9 期。

《统一整体与分别反映》,《光明日报》1963 年 11 月 7 日。

《评朱光潜的艺术评论》,《文艺报》1964 年第 4 期。

《逻辑推不出真理》,《复旦学报》1978 年第 1 期。

《〈罗马帝国衰亡史〉翻译答问》,《复旦学报》1978 年第 1 期。

《秦汉帝国的统一运动》,《教学通讯》1978 年第 6 期。

《奴隶主与经古今：略论奴隶主阶级的变动与儒家经典的分派》,《中华文史论丛》1978 年第 7 期。

《怀念郭沫若先生》,《中华文史论丛》1978 年第 8 期。

《回忆毛主席的教导》,《光明日报》1978 年 12 月 20 日。

《因明、逻辑、墨辩是帮助实践的工具》,《学术月刊》1979 年第 1 期。

《古代西亚的国际地位》,《世界历史》1979 年第 1 期。

《评〈文艺报〉特约评论员的评论》,《新文学论丛》1979 年第 2 期。

《逻辑能推出新东西吗？与李世宗先生商榷》,《复旦学报》1979 年第 2 期。

《怀念周总理》,《光明日报》1979 年 3 月 3 日。

《"五四"时期的自由辩论》,《复旦学报》1979 年第 3 期。

《继往开来的史学工作》,《中国史研究》1979 年第 3 期。

《再论"无差别境界"》,《复旦学报》1979 年第 4 期。

《关于〈艺术创作的历史地位〉》,《社会科学战线》1980 年第 1 期。

《与余大行先生商量》,《复旦学报》1980 年第 1 期。

《周谷城自传》,《晋阳学刊》1980 年第 2 期。

《仁的教育思想》,《教育研究》1980 年第 3 期。

《相互客气　明辨是非》,《新文学论丛》1980 年第 3 期。

《论古封建》,《中国社会科学》1980 年第 5 期。

《中外历史的比较研究》,《光明日报》1981 年 3 月 24 日。

《毛主席对我的鼓励》,《解放日报》1981 年 6 月 29 日。

《怀念周予同教授》,《文汇报》1981 年 7 月 31 日。

《赵充国的"千古之策"》,《解放日报》1981 年 8 月 27 日。

《封建长期　似乎不长》,《社会科学战线》1981 年第 1 期。

《中国历史知识及其年代学的处理》,《文史知识》1981 年第 2 期。

《以研究世界史来庆祝党的六十周年》,上海《社会科学》1981 年第 4 期。

《毛泽东同志的历史功绩是第一位的》,《前进》1981 年第 9 期。

《莫逆于心两共鸣》,《前进》1981 年第 11 期。

《所谓意境》,《艺术世界》1982 年第 2 期。

《我是怎样研究世界史的》,《历史教学问题》1982 年第 3 期。

《办好历史系的几点意见》,《高教战线》1982 年第 4 期。

《着重统一体,反对欧洲中心论》,《文汇报》1982 年 5 月 10 日。

《建设社会主义精神文明,培养青少年的心灵美》,《复旦学报》1982 年第 6 期。

《社会主义宪章确定了民主与法制》,《前进》1982 年第 6 期。

《谈洋务运动的研究》,上海《社会科学》1983 年第 1 期。

《立大志　学理论　能刻苦：我所知道的毛泽东同志青年二三事》,《上海青运史资料》1983 年第 5 期。

《五四时期的自由辩论》,《文化史料丛刊》1983 年第 7 期。

《我是怎样研究起史学来的》,《文史知识》1983 年第 10 期。

《在历史课中进行爱国主义教育的建议》,《前进》1983 年第 10 期。

《〈现代西方哲学讲演集〉序》,《光明日报》1983 年 12 月 5 日。

《我随毛主席从事农民运动的回忆》,《光明日报》1983 年 12 月 10 日。

《历史与爱国主义教育》,《红旗》1983 年第 32 期。

《毛泽东的四位老师》,《纵横》1984 年第 1 期。

《中国文化史研究的意义和希望》,《中国文化研究集刊》1984 年第 3 期。

《〈中国现代教育家传〉序》,《人民日报》1984 年 11 月 8 日。

《谈〈周恩来统一战线文选〉》,《光明日报》1985年1月7日。

《古典文明在我国的空白必须填补》,《世界历史》1985年第11期。

《〈传统蒙学丛书〉序言》,《人民日报》1986年3月3日。

《略谈教育与经济的关系》,《教育与经济》1986年第3期。

《九年义务教育的师资问题》,《群言》1986年第4期。

《悼念章伯钧同志》,《人民政协报》1986年6月13日。

《文化不是铁板一块》,《中国文化报》1986年7月9日。

《西方资产阶级民主不是一朵花》,《北京日报》1986年12月28日。

《如何看中西文化的交流》,《文史知识》1987年第1期。

《关于民主协商的体会》,《前进》1987年第10期。

《〈中国普及义务教育调查〉序》,《教育研究》1987年第11期。

《全社会都来关心基础教育改革问题》,《人民日报》1987年12月26日。

《接见中国农工民主党全国党刊工作座谈会代表时的讲话》,《前进》1987年第3期。

《与〈瞭望〉杂志记者谈文物保护工作的重要性》,《瞭望》1987年第34期。

《世界是个多元的整体》,《文汇报》1988年3月6日。

《加强近现代史的研究》,《光明日报》1988年6月15日。

《世界史上"现代化"的加速发展》,《文汇报》1989年1月31日。

《把中国近代史放在世界现代化中去研究》,《求索》1989年第2期。

《在中国殷商文化国际讨论会开幕式上的讲话》,《殷墟博物苑苑刊》1989年创刊号。

《五四精神与中国现代化》,《求是》1989年第8期。

《对史学工作的几点意见》,《求实》1989年第8期。

《共产党引导中国走上强盛的路》,《中国教育报》1990年9月

8日。

《再谈中国古代历史分期的看法》,《文汇报》1990年10月3日。

《毛主席鼓励我参加农民运动》,《中国青年报》1991年6月28日。

《论封建长期说》,《江海学刊》1993年4月。

三　论文集

《近代欧洲政治演变之动力》,《公论丛书》第3辑,1938年。

《评斯坦因的〈古代中亚之遗迹〉》,《史学与美学》1980年。

《评格鲁赛的〈中国文化〉》,《史学与美学》1980年。

《我所感受的团结》,《统战史料选辑》第1辑,1982年。

《历史完形论》,《周谷城史学论文选集》1983年。

《评冯友兰的〈新理学〉》,《周谷城史学论文选集》1983年。

《评冯友兰的〈新原人〉》,《周谷城史学论文选集》1983年。

《评熊十力的〈新唯识论〉》,《周谷城史学论文选集》1983年。

《五四时期的北京高师》,《五四运动与北京高师》1984年。

《〈中国历代名人小传〉序》,《中国历代名人小传》1985年。

《〈论师、为师、尊师〉序》,《论师、为师、尊师》1987年。

《商务印书馆与中国现代化》,《商务印书馆建馆九十周年特刊》1987年。

《论中西文化的交融》,《中国传统文化再估计》1987年。

《〈四个时代的我〉序》,《四个时代的我》1987年。

《〈世界文学丛书〉序》,《世界文学丛书》1987年。

《中美文化区》,《太平洋文集》1988年。

《〈中国普及义务教育调查〉序》,《中国普及义务教育调查》1988年。

《蔡元培先生与北京大学》,《论蔡元培》1989年。

《〈民国丛书〉序》,《民国丛书》1989年。

《我所感受的团结(续篇)》,《统战工作史料选集》第9辑,1990年。

《教师的快乐是无穷的》，《周谷城教育文集》1991年。

《〈晏阳初文集〉序》，《周谷城教育文集》1991年。

《现代中国人和历史的集大成》，《周谷城文化、艺术文集》1991年。

《〈世界文化丛书〉总序》，《周谷城文化、艺术文集》1991年。

《关于加强世界古典文明史研究工作的意见和建议》，《周谷城文化、艺术文集》1991年。

《热切希望教育的基本法规早日诞生》，《周谷城文化、艺术文集》1991年。

《重商主义下世界之变化》，《周谷城学术论著自选集》1992年。

《〈世界通史〉影印本新序》，《周谷城学术论著自选集》1992年。

（备注：此部分或为未见诸报端的单篇文章，或为专著再版和影印本新序，或为其主编之丛书及为他人文集所作序言。）

后　　记

　　本书是在笔者博士论文和国家社科基金项目的基础上修改而成。

　　本书的写作经历了一番艰苦历程。周谷城是近现代中国"纵论今古，横说中外"的学术大家。他在哲学、史学、教育学、社会学、美学和逻辑学等方面都卓有建树，其史学思想涉及诸多领域和方面。周谷城高寿98岁，其学术生涯几乎贯穿整个跌宕起伏的20世纪。无论是纵向考察看，还是横向把握看，对周谷城史学思想进行研究对笔者而言都是极大的挑战。博士论文定题后，笔者诚惶诚恐，担心才疏学浅和学术积淀有限而驾驭不了这一挑战性选题。经过一番漫长的日夜煎熬后，博士论文总算写了出来，也通过了论文答辩。但笔者深知，这篇博士论文就是个急就篇，其中的不足和缺憾肯定不少。

　　工作稳定下来后，再反观和琢磨自己这篇博士论文，发现其中的不足和缺憾确实不少，值得深挖、补充和完善的地方也很多。以博士论文为基础，笔者成功申报了国家社科基金项目。课题立项后，笔者又用了几年的时间对博士论文进行全面的修改、补充和完善，然后信心满满地提交材料并等待结果。不料等来的却是结项报告未通过的消息。有评审专家提出了尖锐意见，认为结项报告仍需修改和重新鉴定。依据评审专家的修改意见，又是一番漫长的日夜煎熬，结项报告总算修改完毕并顺利结项。

　　本书的写作过程，凝结着太多人的心血和付出。从论文选题、基本思路、谋篇布局以致具体论断，业师姜义华先生耳提面命，不吝赐教。先生的学者风范和治学精神深深地感染了我，并将激励我迎难而上、永远前行。本书在写作过程中也得到了熊月之先生、瞿林东先

后　记

生、章清教授、许纪霖教授、戴鞍钢教授、朱荫贵教授和其他老师及评审专家的指导及宝贵意见。周谷城的后人周骏羽先生为论文写作提供了宝贵信息，复旦大学历史系资料室为论文写作鼎力相助，河南大学马克思主义学院为本书的出版慷慨以助，我的家人特别是我的妻子张静女士在本书写作过程中默默付出。在此一并致谢！

邢战国

2021 年 11 月于河南开封